Florian Wagner

RENTE MIT 40

Florian Wagner

RENTE MIT 40

Finanzielle Freiheit und Glück
durch Frugalismus

Econ

Die erwähnten Anlageprodukte sind immer mit Risiken behaftet.
Alle Informationen und Hinweise stellen keine Anlageberatung oder
Empfehlung dar. Sie wurden nach bestem Wissen und Gewissen aus
öffentlich zugänglichen Quellen übernommen. Bevor mit Anlage-
produkten gehandelt wird, wird empfohlen, weitere Informations-
materialien heranzuziehen und eine individuelle Strategie festzulegen.
Empfehlungen für weiterführende Materialien sind am Ende des Buchs zu
finden. Alle zur Verfügung gestellten Informationen dienen allein der
Bildung, Unterhaltung und Veranschaulichung. Eine Haftung für die
Richtigkeit kann nicht übernommen werden.

Econ ist ein Verlag
der Ullstein Buchverlage GmbH

2. Auflage 2019

ISBN 978-3-430-21017-1

»Wie sähe unser Leben aus, wenn wir nicht mehr für Geld arbeiten müssten? Wie würden wir unsere Zeit verbringen, was würden wir anders machen? Schnell sind wir in Gewohnheiten und Alltagstrott gefangen und vergessen leicht das Wichtigste: Wie sieht unser erfülltes und glückliches Leben aus? Geld spielt hierbei oft eine wichtige Rolle: Gibt es einen Mangel, führt es zu Sorgen, ist es ausreichend vorhanden, ermöglicht es Freiheiten. Das Konzept des Frugalismus ist für mich die perfekte Kombination aus mehr Bewusstsein, geschicktem Umgang mit Geld und mehr Lebensqualität.«

Inhalt

Vorwort

Wir leben in einer der reichsten Gesellschaften, die jemals in der Menschheitsgeschichte existiert hat. Unsere Häuser haben Regenduschen, intelligente Fußbodenheizungen und Einbauküchen mit Induktionsherd. Wir können per Handy ein unbegrenztes Warenangebot zu uns nach Hause liefern lassen, machen Wochenendausflüge in klimatisierten Autos, fliegen mehrmals im Jahr in tausende Kilometer entfernte Länder.

Doch obwohl unser Wohlstand immer weiterwächst, werden wir nicht glücklicher. Studien zeigen, dass wir unser Leben heute nicht als erfüllter wahrnehmen als in den 1950er und 1960er Jahren, obwohl unsere Wohnungen seitdem größer, unsere Autos komfortabler und unsere Urlaubsziele exotischer geworden sind. Wir scheinen den Punkt überschritten zu haben, an dem all die modernen Annehmlichkeiten noch mehr zu einem erfüllten und glücklichen Leben beitragen können.

Trotzdem wenden wir ungeheuer viel unserer kostbaren Zeit und Lebensenergie für diesen Lebensstandard auf. Tag für Tag gehen wir in unseren Jobs arbeiten, um das notwendige Geld zu verdienen. Der Alltag ist stressig, für Freunde und Hobbys fehlt uns oft die Zeit. Für eigene Projekte sind wir nach Feierabend zu erschöpft. Und die überwältigende Mehrheit findet nicht einmal Erfüllung in ihren Jobs, was Umfragen wie die jährlich veröffentlichte Gallup-Studie immer wieder bestätigen. Unser Leben dreht sich also zu einem großen Teil darum, in einem einigermaßen erträglichen Job Geld zu verdienen, das wir für Konsumgüter und Dienstleistungen wieder ausgeben, von denen viele für unser Lebensglück vollkommen egal sind.

Oft sind wir uns dieser Verschwendung unserer Lebensenergie nicht einmal bewusst. Mit jeder Gehaltserhöhung steigen wie von Geisterhand auch unsere Ausgaben. Wir ziehen in größere Wohnungen, schließen Verträge und Abos ab, bauen uns einen wachsenden Apparat aus Fixkosten auf. Wir belohnen uns immer öfter mit immer teureren Genüssen für den harten Arbeitsalltag, geben Geld auf Autopilot aus, aus Bequemlichkeit oder Langeweile – ohne dass wir merklich zufriedener werden. Aber hat unser Leben nicht mehr zu bieten? Schließlich leben wir nur einmal. Was wäre, wenn wir mehr aus unserer verfügbaren Lebenszeit machen könnten? Wenn wir mehr Zeit und Muße für unsere Familie, Sport, Abenteuer, Weltverbesserung, für unsere eigenen Ideen und Träume hätten?

Warum nutzen wir unser mühsam verdientes Geld nicht, mehr von dem zu bekommen, was uns wirklich glücklich macht? Auch ich dachte früher, für ein erfülltes Leben müsse man viel Geld ausgeben, die richtigen Produkte und Dienstleistungen kaufen: schöne Kleidung, die passende Automarke, eine perfekt eingerichtete Wohnung, tolle Hotels, Besuche in guten Restaurants.

Als ich Frugalismus für mich entdeckte, begriff ich, dass ich damit falsch lag. Denn die wahren Zutaten für ein gutes Leben kosten kaum Geld oder sind überhaupt nicht käuflich: gute Freundschaften und Gespräche, eine erfüllende Tätigkeit, Herausforderungen, Gesundheit, Sport, Zeit in der freien Natur, genügend Schlaf, Lachen, Dankbarkeit, lebenslanges Lernen.

Frugalismus heißt, mehr Zeit und Energie auf genau diese Aspekte zu lenken, die mein Leben erfüllter und spannender machen. Es bedeutet, dass ich mein Geld bewusster, effizienter und cleverer ausgebe, sodass ich mehr Zeit und Freiheit für genau diese Dinge übrig habe. Ich optimiere mein Leben auf maximale Lebensfreude statt auf mehr materiellen Wohlstand.

Menschen wie Florian, die diesen Weg eingeschlagen haben, berichten fast immer, dass sie ganz automatisch viel weniger Geld ausgeben und gleichzeitig zufriedener mit ihrem Leben sind. So verwundert es nicht, dass viele Frugalisten genug Geld sparen, um bereits Jahrzehnte vor dem gesetzlichen Rentenalter finanziell ausgesorgt zu haben. Dann können sie arbeiten, so viel oder wenig sie möchten, ohne weiter zum Geldverdienen gezwungen zu sein.

Jeden Tag hinterfragen mehr Menschen den Teufelskreis aus Arbeit und Konsum und suchen nach alternativen Lebensmodellen. Meist bildet sich eine Gegenbewegung dort zuerst, wo eine Fehlentwicklung am deutlichsten hervortritt. So sind ausgerechnet in den USA – der wohl größten Konsumgesellschaft der Erde – in den letzten Jahrzehnten Bewegungen wie Minimalismus, Voluntary Simplicity, FIRE und Frugalismus entstanden.

Aber auch in Deutschland und Europa trifft Frugalismus den Nerv der Zeit. Heute diskutieren bereits Tausende Frugalisten in Blogs und Online-Communitys, was ein erfülltes Leben ausmacht, wie man Geld sparen und gleichzeitig glücklicher leben kann und wie man das Ersparte am sinnvollsten anlegt und vermehrt. Tageszeitungen und Fernsehen berichten über Frugalisten, es gibt Meet-ups und Konferenzen zum Thema. Events wie die europäische Financial Independence Week, auf der ich Florian vor zwei Jahren zum ersten Mal traf, finden von Jahr zu Jahr mehr Zulauf.

Frugalismus begeistert, weil es der ultimative Life-Hack ist. Und weil es für jeden etwas ist, egal, in welcher Lebenssituation wir uns gerade befinden. Frugalismus hat das Potenzial, das Leben von uns allen zu verbessern und uns ein Stück freier und zufriedener zu machen.

Oliver Noelting (*www.frugalisten.de*)

1

Alternativen zum Hamsterrad bis 67

Es geht um mehr Lebensqualität

Um 6.00 Uhr klingelt der Wecker. Wir drehen uns um und schlummern bis 6.30 Uhr. Zweiter Versuch. Die Sonne scheint durchs Fenster, und wir möchten eigentlich eine Fahrradtour unternehmen. Es ist jedoch Dienstag – wir müssen ins Büro. Das Handy wird gecheckt und etwas Ablenkung in den sozialen Medien gesucht, bevor wir uns aufraffen, mit einem Gefühl der Fremdbestimmtheit den Tag anzugehen. Nach dem Anziehen und einem Blick auf die Uhr fällt das Frühstück in Ruhe wieder flach. Die erste Besprechung ist um 8.00 Uhr, gestern war schon Stau. Beim Bäcker rasch eine Butterbrezel und Coffee to go gekauft, dann geht es in den morgendlichen Berufsverkehr. Gehetzt auf der Arbeit um 8.10 Uhr, die Besprechung wurde zwischenzeitlich abgesagt. Bereits genervt vom Anfahrtsstau erst mal eine rauchen. Auf der Arbeit von 8.00 bis 17.00 Uhr oder länger, während wir in den Pausen und beim Blick aus dem Fenster vom Wochenende träumen. Wir stellen Lieferanten, Chefs und Kollegen zufrieden, die E-Mails werden trotzdem nicht weniger. Einspruch gegen unrealistische Deadlines einzulegen, haben wir aufgegeben. Das zusätzliche Arbeitspensum wird geschultert, denn einen sicheren Job gibt es ja nicht ohne Einschränkung. Vielleicht klappt es bald mit der Gehaltserhöhung, dann ist eine größere

Wohnung drin oder ein neues Auto. Mehrere Kaffeepausen mit Diskussionen, warum die Abläufe früher viel besser waren. Stellenstreichungen machen die Runde. Bangen, dass nichts schiefgeht, sonst sieht es mit der Tilgung des Eigenheimkredits schwierig aus. Um 17.00 Uhr oder später die letzte Geduldsprobe im Berufsverkehr zurück. Die Fahrt dauerte länger und die Kinder schlafen schon. Ausgelaugt versuchen, die Laune hochzuhalten und Interesse am Tag des Partners zeigen. Zum Kochen viel zu müde, ordern wir wie so oft beim Lieferdienst: Pizza, um die Stimmung zu heben. Nach dem Abendessen abwesend vor dem Fernseher sitzen und sich noch eine Stunde berieseln lassen. Morgen ist wieder tolles Wetter angesagt, wir sollten ins Schwimmbad oder wandern gehen. Schnell aber wieder verinnerlichen, dass morgen Mittwoch ist, und die To-dos für den nächsten Tag gedanklich durchgehen. Versuchen, Ruhe zu finden, bald ist Freitag. So würde es nun bis zur Rente weitergehen. Sieht so ein zufriedenes Leben aus? Hat sich die Anstrengung in Ausbildung und Job gelohnt, oder leben wir fremdbestimmt vor uns her?

Vielleicht erkennt sich der eine oder andere in Teilen in diesem fiktiven Alltag wieder. Nach meinem Ingenieursstudium begann ich meinen ersten Job in der Automobilindustrie. Es machte Spaß, ich lernte viel, und mein Gehalt stieg an. Mit jeder Gehaltserhöhung wuchsen automatisch die Ausgaben, die Lebensfreude jedoch nicht merklich. Geld interessierte mich schon immer, aber ich wusste nicht warum. Mit drei Geschwistern wuchs ich in einem kleinen Dorf in Süddeutschland auf. Das Taschengeld, das nach dem Kauf von Fußballsammelbildern übrigblieb, legte ich beiseite. Mit Zeitungen austragen, dem Erstellen von Internetseiten oder als Helfer im Landschaftsbau hatte ich schon immer diverse Nebenjobs. Damals kannte ich kein Excel, meinen Vermögensstand protokollierte ich trotzdem händisch jeden

Monat als Diagramm. Meine ersten Aktien kaufte ich mit 15. Hierbei machte ich alle Anfängerfehler, da ich keine Ahnung von der Sache hatte. Später wollte ich einmal viel Geld haben, um mir all das kaufen zu können, das würde mich ultimativ glücklich machen. Dachte ich.

Bis ich auf einen jungen Mann aus Kanada stieß, der meine Sicht auf Geld, Ausgaben und ein selbstbestimmtes Leben für immer verändern sollte.

Peter: Ausbruch aus dem Hamsterrad mit 31

Peter Adeney,[1] 44, ist Kanadier und lebt heute in den USA. Er studierte Informatik, arbeitete in verschiedenen Unternehmen und gab nur Geld für das aus, was ihm langfristige Lebensfreude brachte. Die monatlichen Überschüsse von 70 Prozent des Gehalts investierten seine Frau und er nach einfachen Regeln breit gestreut am Aktienmarkt – ohne sich mit den Börsenkursen und einzelnen Unternehmen zu beschäftigen, Monat für Monat. Als er 31 Jahre alt war, bekamen die beiden einen Sohn. Die Erträge aus ihrem Vermögen deckten die Lebenshaltungskosten, sie waren finanziell unabhängig von einem Arbeitseinkommen und hatten ausgesorgt. Dies erreichten sie ohne Lotteriegewinn, Erbschaft oder Einschränkung an Lebensqualität. Sie kündigten ihre Jobs, verbringen viel Zeit als Familie, gehen eigenen Projekten und gelegentlichen Jobs aus Freude nach. Das Einkommen war optional geworden. Da ihr Lebensweg nicht dem der breiten Masse entspricht, erzählt Peter von seiner Lebensweise und dem passiven Investieren auf seinem Blog als Mr. Money Mustache.

Heute entscheiden sie frei vom Zwang, Geld verdienen zu müssen, wie sie ihren Alltag verbringen und welche Projekte sie wann und mit wem angehen. Sie genießen es, viel Zeit mit ihrem Sohn zu verbringen und einen positiven Einfluss auf ihr Umfeld zu haben. Peter verdiente zwar überdurchschnittlich, dennoch sind viele Menschen, sogar mit deutlich höherem Einkommen, viel länger an ihren Job gebunden. Wie ist das möglich? Peters Antwort: »Wer sich auf das Glück selbst konzentriert, kann ein viel zufriedeneres Leben führen als diejenigen, die sich auf Bequemlichkeit und Luxus konzentrieren und der finanziell ungebildeten und Werbung konsumierenden Mittelschicht der meisten reicheren westlichen Länder folgen.«[2]

Meilensteine von Peters Vermögensaufbau[3]

Jahr 0: 1997, Peter ist 22 Jahre alt und hat seinen Abschluss als Informatiker in der Tasche. Er nimmt seine erste Festanstellung an und zieht hierfür in eine 300 Kilometer entfernte Stadt. Einstiegsgehalt: umgerechnet 36 000 Euro pro Jahr. Durch Nebenjobs und 9000 Euro Unterstützung der Eltern hat er keine Studienschulden, aber auch kein Vermögen. Er besitzt kein Auto, nur ein Fahrrad, einen Rucksack und seinen Abschluss. Sein Vermögen: 0 Euro.

Jahr 1: Peter kauft einen Sportwagen für 14 000 Euro, wofür er sogar noch einen Kredit bei der Schwester aufnimmt – niemand startet perfekt. Gleichzeitig verschleudert er das erste Geld mit vielen Restaurant- und Barbesuchen, kauft Autozubehör und macht einen Trip nach Mexiko. Er arbeitet fleißig und viel. Sein Arbeitseinsatz sowie ein boomender Tech-Markt führen zu einer Gehaltserhöhung auf 50 000 Euro. Sein Vermögen am Jahresende: 4500 Euro in Form betrieblicher Altersvorsorge des Arbeitgebers.

Jahr 2: Peter wohnt während der ersten Jahre mit Kollegen in WGs, wo er rund 300 Euro monatlich Miete zahlt. Nachdem der Sportwagen abbezahlt ist und dank einer weiteren Gehaltserhöhung wächst sein Vermögen am Jahresende auf 20 000 Euro.

Jahr 3: Mit 25 wechselt er zum ersten Mal den Job und zieht in die USA – dadurch erhöht sich sein Gehalt auf 68 000 Euro. Weiterhin wohnt er in einer WG für mittlerweile 350 Euro. Er kauft sein erstes Haus und zieht dort ein. Seine Anzahlung: 42 000 Euro. Sein Vermögen: 60 000 Euro aus der Anzahlung für das Haus sowie Bargeld und betriebliche Altersvorsorge.

Jahr 4: Seine Freundin schließt ihr Studium ab und zieht für den ersten Job zu ihm. Ihr Jahresgehalt beträgt 40 000 Euro. Peter wird abgeworben und wechselt den Job mit einer Gehaltserhöhung auf 74 000 Euro. Trips nach Neuseeland, innerhalb der USA und nach Hawaii. Früh in Rente zu gehen, ist noch kein Gedanke. Vermögen: 130 000 Euro.

Jahr 5: Beide arbeiten viel und gut, daher gibt es eine Gehaltserhöhung auf 90 000 Euro für ihn, auf 50 000 Euro für sie. Am Feierabend renoviert er das Haus, sie schmeißen Partys zu Hause und genießen ihr Leben. Vermögen nach dem fünften Jahr: 220 000 Euro.

Jahr 6: Geringe Gehaltserhöhung bei der Freundin und keine überflüssigen Ausgaben stehen am Ende des sechsten Jahrs. Er verkauft ein Auto, vermissen wird er es nie. Durch Kursgewinne am Aktienmarkt steigt das Vermögen auf 325 000 Euro.

Jahr 7: Es gibt zwar keine Gehaltserhöhungen, jedoch steigen die Kurse der Aktien um etwa 25 000 Euro. Das Ausgabenniveau der beiden bleibt moderat bei rund einem Drittel ihres Einkommens. Gesamtvermögen: 440 000 Euro.

Jahr 8: Peter feiert seinen 30. Geburtstag, seine Hochzeit und eine Gehaltserhöhung bei seiner Frau auf 60 000 Euro. Er testet die Teilzeitarbeit und reduziert auf vier Tage die Woche als ersten Schritt in eine frühe Rente. Vermögen: 530 000 Euro.

Jahr 9: Peter kündigt seinen Job im Großraumbüro und macht, worauf er mehr Lust hat: Er gründet eine kleine Handwerksfirma, die ihm etwa 45 000 Euro im ersten Jahr einbringt. Seine Frau arbeitet, bis im Lauf des Jahrs ihr Sohn geboren wird. Zusätzlich ziehen sie in einen neuen Stadtteil und erwerben ein günstigeres Haus, während sie das bisherige sehr gut vermieten, sodass die Mieteinnahmen von 2000 Euro Zins und Tilgung beider Häuser mehr als decken. Sie benennen ihren Status nun beide als offiziell »in Rente«, da auch seine Frau ihren Job kündigt, um für den Sohn da zu sein. Durch Renovierungen und steigende Immobilienpreise klettert ihr Vermögen auf 640 000 Euro.

Jahr 10: Ab diesem Zeitpunkt arbeiten beide nur noch gelegentlich. Peter führt Renovierungen für Freunde und Bekannte durch, seine Frau arbeitet als Maklerin für Kunden, die ihr sympathisch sind. Beide genießen es, ihr Leben frei von dem Zwang, Zeit gegen Geld tauschen zu müssen, zu verbringen und das zu tun, was sie glücklich macht. Ihr passives Einkommen aus Miete und den ausgeschütteten Aktiengewinnen in Form von Dividenden übersteigt ihre genügsamen monatlichen Ausgaben von 1500 bis 2000 Euro. Die niedrigen laufenden Kosten bezeichnet er neben den Investmentgewinnen als den größten Hebel ihres Vermögensaufbaus, die Erträge des »Nichtkaufens«.

Sparen ist keine Einschränkung

Das Gehalt von Peter gilt auch in den USA als überdurchschnittlich – eine Sparquote von monatlich 70 Prozent ebenfalls. Wie konnten sie so viel sparen und dabei ein glückliches Leben ohne Einschränkung leben?

Statt auf mehr Bequemlichkeit und Luxus konzentrierte Peter sich auf mehr körperliche Anstrengung und Kreativität. Er wurde immer effizienter hinsichtlich seiner Ausgaben. Was bringt wie viel Lebensqualität? Er fährt mit dem Rad zur Arbeit, zum Einkaufen, in die Kita. Konsumschulden sind nicht notwendig. Seine Frau und er zogen in die Nähe der Arbeit, um keine Pendelkosten und -zeit zu verlieren. Wann immer er kann, entscheidet er sich für körperliche Aktivität statt für bequeme Motoren. Anstatt eines Fitnessstudios hat er eine Hantelbank im Garten. Essen bereiten sie meist selbst zu. Statt Fernreisen unternehmen sie heute mehr Ausflüge mit dem Rad in der Umgebung. Sie genießen die Zeit zu dritt, spielen an Flüssen, helfen bei Freiwilligenprojekten. Das erfüllt ihn nun deutlich mehr als die Arbeit im Großraumbüro.

Was machte er mit dem überschüssigen Geld? Er ließ es nicht auf dem Sparbuch, sondern investierte es in Immobilien und Aktien. Geht es an den Börsen auf und ab, lässt ihn das kalt. Er hat nicht vor, seine Aktien jemals zu verkaufen, sondern lebt von den Ausschüttungen. Der bewusste Umgang mit Geld und Konsum ermöglichte ihm ein selbstbestimmtes und finanziell unabhängiges Leben mit Anfang 30. Das Wichtige auf dem Weg zur finanziellen Freiheit war kein Spezialwissen über Anlageprodukte, sondern seine Einstellung zum Geld und das Hinterfragen seiner Gewohnheiten. Er erreicht heute ein für ihn und seine Familie glückliches Leben viel effizienter, mit einem viel geringeren Einsatz von Geld.

Warum wir montags schon auf Freitag warten

Viele erkennen sich vielleicht in einem Teil des anfangs beschriebenen Tagesablaufs im Hamsterrad wieder. Vicki Robin[4] beschreibt, dass »Making a living«, wie Geldverdienen in den USA heißt, oft mehr als ein Aufopfern unseres Lebens für Geld erscheint. Erfolgssymbole wie das eigene Büro oder ein Geschäftswagen werden zu erstrebenswerten Zielen. Selbst wenn wir es am Ende sogar schaffen, uns all die Annehmlichkeiten und den Luxus, den wir uns immer erträumt haben, zu erarbeiten, fällt uns auf, dass wir vielleicht einen zu großen Preis dafür bezahlt haben. Waren wir glücklich in all den Jahren? Unsere Trägheit und alten Denkmuster halten uns in unserem 9-bis-17-Uhr-Trott gefangen. Vorstellungen vor der Ausbildung, einmal durch unsere Jobs Erfüllung zu finden, sind dem Alltagsstress gewichen. Unter der Woche warten wir sehnsüchtig auf Hobbys, Urlaub und eine Pause von unproduktiven Besprechungen.

Manch einer hat einen Job gefunden, der ihm Freude bereitet. Niemand, dessen monatliche Kapitalerträge ausreichen, um auf kein Arbeitseinkommen mehr angewiesen zu sein, ist gezwungen, seinen Job aufzugeben – er bekommt lediglich die Option, dies zu tun. Der Zwang, den Job allein des Geldes wegen auszuüben, fällt weg. Laut der seit 2001 jährlich durchgeführten Arbeitnehmerbefragung im Rahmen der Gallup-Studie[5] wurde festgestellt, dass 14 Prozent der Beschäftigten in Deutschland, also 5 Millionen Menschen, bereits innerlich gekündigt haben und keine echte Verpflichtung ihrer Arbeit gegenüber verspüren. 71 Prozent machen lediglich Dienst nach Vorschrift. Die Realität zeigt eine hohe Unzufriedenheit vieler Deutscher in ihrem Job.

Wenn Geld auf der hohen Kante dazu beiträgt, den Schritt zu wagen, den Job zu wechseln, sich in einer Auszeit neu zu orientieren oder seinen Job motiviert in Teilzeit auszuüben, kann dies zu einem deutlich zufriedeneren und produktiveren Leben führen. Wer bereits einen Job gefunden hat, der ihn zufriedenstellt, kann ihn weiter ausüben, ohne sich um Geld zu sorgen.

Was uns im Hamsterrad gefangen hält

Wenn wir unglücklicher im Job sind, sollten wir immerhin mehr Geld haben, richtig? Leider nein. Obwohl die Deutschen mit einer Sparquote von knapp 10 Prozent leicht über dem US-Durchschnitt von 5 Prozent liegen, ist das nicht genug, um auch im Alter finanziell sorgenfrei leben zu können.[6] Nach einer Hochrechnung galten 2018 knapp 7 Millionen Privatpersonen über 18 Jahren in Deutschland als überschuldet: Sie können die Summe fälliger Zahlungsverpflichtungen auch in absehbarer Zeit nicht begleichen und zur Deckung des Lebensunterhalts stehen weder Vermögen noch Kredite zur Verfügung.[7]

Die Höhe unserer Schulden und der Mangel an Ersparnissen machen einen oftmals ungeliebten Job im Hamsterrad bis 67 zur Regel. Zwischen unseren Kreditraten für das Eigenheim, der Autofinanzierung, hohen monatlichen Fixkosten eines aufgeblähten Lebensstandards und Raten für Verbraucherkredite können wir es uns nicht leisten, unseren Job zu kündigen. Wir kaufen Dinge, die wir nicht brauchen, um Leute zu beeindrucken, die wir nicht kennen. Nun müssen wir weiter arbeiten gehen, um diese Dinge abzuzahlen oder zu unterhalten. Wir kaufen ein Haus mit vier schönen Extrazimmern, die wir aber nie nutzen. Und dann müssen wir in einem Job ausharren, in dem wir unzufrieden sind, und mit dem Gehalt dieses Haus abbezahlen mit Zimmern, die wir nie betreten.[8] Viele opfern sich unter der Woche für Schmerzensgeld, um das Leben am Wochenende nachzuholen.

Würde die Masse an Konsum nur unser Privatleben verschlechtern, wäre das schlimm genug. Nicht zu verachten sind aber auch die Konsequenzen unseres steigenden Konsums für unsere Erde. Das Global Footprint Network gibt hierfür einmal pro Jahr den Overshot Day[9] bekannt – den Tag, an dem wir all die Ressourcen verbraucht haben, die unser Planet in einem Jahr wieder erneuern kann, ohne Schulden zu machen. 1987 fiel dieser Tag auf den 19. Dezember, 10 Jahre später auf den 12. November und 2018 war es bereits der 1. August. In Deutschland haben wir schon am 1. Mai so viele Ressourcen verbraucht, wie sie innerhalb eines ganzen Jahres erneuert werden können. Wenn wir privat Schulden machen, verlieren wir vielleicht unser Auto, unser Haus oder die Möglichkeit, uns überhaupt Geld zu leihen. Aber solange wir am Leben sind, können wir unsere Taschen wieder füllen. Mit der Umwelt geht das nicht, wir haben nur diese eine Erde.

Was wirklich zählt: Glück und ein erfülltes Leben

Wir verkaufen unsere Zeit für Geld. Es spielt dabei keine Rolle, wie hoch unser Stundenlohn ist. Die einzige Ressource, die wir im Leben haben, ist unsere Zeit – und die ist endlich. Geld können wir verdienen, mehr Lebenszeit nicht. Zeit steht uns zur Verfügung, um all das zu erleben, was für uns das Leben lebenswert macht – seien es die Liebe für die Familie, Freundschaften, Freizeit und Genuss, Herausforderungen, Erlebnisse oder Erfahrungen oder unser Beitrag zur Gesellschaft.

Unsere endliche Ressource verkaufen wir regelmäßig für Geld, das nur symbolischen Charakter hat, aber eigentlich nicht von Bedeutung ist. Ich finde daher die Betrachtungsweise von Geld als eine Art »Lebensenergie« sehr zutreffend.[10] Wenn wir wissen, dass Geld etwas ist, für das wir unsere Lebensenergie einsetzen, können wir bewusst neue Prioritäten setzen, wie wir diese endliche Energie bestmöglich verwenden wollen.

Diese Betrachtungsweise brachte mich dazu, mir folgende Frage zu stellen: Wie viel Zeit bin ich bereit für Geld zu verkaufen? Möchte ich eine Tätigkeit ausführen, die mir wenig Freude bereitet, aber gutes Geld einbringt? Wir können uns das für alle Dinge fragen, die wir im Lauf der Zeit angeschafft haben. Wie viele Stunden Lebensenergie haben wir eingesetzt, um den neuen Schrank, das Auto, den Massagesessel oder ein Haus zu kaufen? Im Kern geht es dabei gar nicht um absolute Summen von Geld oder um die Anzahl an Gegenständen. Es geht darum, unsere

Beziehung zu Geld und Konsum zu hinterfragen und zu prüfen, ob sie uns zur Erschaffung unseres bestmöglichen Lebens dienlich ist.

Vielleicht realisiert der junge Familienvater, dass er mehr Zeit mit den Arbeitskollegen verbringt als mit der Tochter oder Freunden. Vielleicht möchte er eigentlich mehr Zeit mit seiner Tochter verbringen, öfter in seiner Band mitspielen oder mehr Sport treiben, ist aber abends immer zu erschöpft. Ein bewusster Umgang mit Zeit, Geld und Konsum ermöglicht ihm mehr Wahlmöglichkeiten und Freiheit.

Über Geld spricht man nicht

Leider ist das Thema Geld und Vermögen in Deutschland immer noch ein Tabuthema. Unser Umfeld hält es für eine absolut vernünftige Idee, die neue Küche auf Kredit zu kaufen, eine Sparquote von 5 bis 10 Prozent im Monat ist bewundernswert, und Ratenzahlung für den neuen Flachbildfernseher geht ebenfalls in Ordnung, wenn das Geld gerade knapp ist. Mit einer derartigen Lebenseinstellung wird eine vernünftige finanzielle Situation immer außer Reichweite bleiben. Aber selbst dann, wenn finanzielles Wissen vorhanden ist, gibt es eine große Hürde zu überwinden: Verhaltensweisen so zum Besseren zu verändern, dass sie dauerhaft bestehen bleiben.

Von Geldanlage wollen wir nichts wissen, Aktien sind Teufelszeug und das Eigenheim ist die beste Altersvorsorge. Das ist auch der Grund, warum das Sparbuch, auf dem das Geld durch die Inflation jedes Jahr an Wert verliert, unsere liebste Anlageform ist. Widmen wir uns doch einmal dem Thema Altersvorsorge und Geldanlage, verlassen wir uns blind auf einen Berater mit roter Krawatte, ohne wirklich zu verstehen, was wir gerade machen. Am Ende bleibt uns außer Gebühren nicht viel.

Indem wir bewusster im Umgang mit Geld, Wissen, Konsum und der Gestaltung unseres Lebens werden, können wir unser Leben dafür verwenden, dass es unseren Werten dient – statt unsere Zeit dafür einzusetzen, dem Geld zu dienen.

Es ergab alles Sinn

Was Peter schrieb, öffnete mir die Augen. Ich hatte auf einmal das Ziel erkannt, das mir Vermögen bieten konnte: Freiheit. Ich wollte Freiheit, ich wollte selbst entscheiden über die Gestaltung meines Lebens. Ich verschlang alle seine Beiträge inklusive Kommentare und dokumentierte meine eigenen Erfahrungen mit dem Konzept auf meinem Blog www.geldschnurrbart.de. Zusätzlich hatte ich viele Finanzbücher gelesen und verstanden, was bei meinem ersten Versuch mit Aktien schiefgegangen war.

Es ergab alles Sinn: Ich änderte meine Ernährung, machte mehr Sport, brauchte weniger Geld und investierte die Überschüsse am Aktienmarkt, diesmal mit Sinn und Verstand. Zwei Drittel meines Gehalts legte ich monatlich beiseite und nach vier Berufsjahren hatten sich rund 140 000 Euro angesammelt, die bereits knapp 200 Euro an passiven Erträgen monatlich einbrachten. Mit 40 hätte ich genug, um in Rente zu gehen und bis ans Lebensende von den Erträgen zu leben.

Während es finanziell immer besser lief, realisierte ich, dass ich jedoch nicht bis 40 warten möchte, um das zu tun, was ich gerne mache. Mein Job machte mir anfangs viel Freude, seit einigen Monaten war ich jedoch nicht mehr zufrieden. Anstatt die Situation zu akzeptieren, weil man es eben so macht, kündigte ich meinen sicheren und gut bezahlten Job, um mich Themen zu widmen, die mich derzeit mehr begeistern. Ich besuchte Seminare und sprach mit vielen tollen Menschen, die ebenfalls vom Konzept der finanziellen Freiheit und Frugalismus begeistert sind: Einige von ihnen erzählen ihre Geschichten in diesem Buch. Ich machte mich selbstständig als Finanzcoach und Autor, verwende mehr Zeit für meinen Blog und probiere neue Ideen aus.

Wohin mich die Reise führt, weiß ich noch nicht. Ich habe nichts gegen einen Angestelltenjob oder meinen Beruf. Vielleicht arbeite ich in einigen Monaten wieder angestellt, wenn sich eine interessante Position ergibt. In der jetzigen Situation fühlt es sich jedoch richtig an und ich habe es bis jetzt noch nie bereut. Dank finanziellem Puffer und einem bewussteren Leben habe ich jedoch bereits jetzt mehr Lebensqualität gewonnen. Als risikoaverser Mensch hätte ich diesen Schritt nie gewagt, wenn ich hohe Fixkosten und keinen finanziellen Puffer gehabt hätte.

Praxisaufgabe: Wie zufrieden bist du mit deinem Leben?
- Wie würdest du deinen Tag gestalten, wenn du nicht mehr für Geld arbeiten müsstest?
- Wie zufrieden bist du mit der jetzigen Verwendung deiner Zeit?
- Hast du genug Geld?
- Kommst du von deiner Arbeit meistens zufrieden nach Hause und freust dich sonntags auf den Montag?
- Hast du genug auf der hohen Kante, um die nächsten 6 Monate ohne Einkommen gut über die Runden zu kommen und deine laufenden Kosten decken zu können?
- Lebst du dein Leben passend zu deinen Werten, was Gesundheit, Beziehungen, Aktivitäten und Ausgaben angeht?
- Dient dir das Geld oder dienst du dem Geld? Überlege, wie viele deiner täglichen Entscheidungen anders aussähen, wenn du nicht auf das Geld angewiesen wärst.

2

Mehr Glück und Zufriedenheit durch Frugalismus

Meteorologe Lars: Je mehr Geld ich habe, desto mehr kann ich bewirken

Es ist ein kalter Wintervormittag in Berlin, als ich mit Lars in einem Café verabredet bin. Ich erkenne ihn sofort: Er trägt eine markante Brille und begrüßt mich mit einem Lächeln. Wir setzen uns in das am Freitagvormittag fast leere Café an der Friedrichstraße im Herzen Berlins. Lars ist jetzt 48, von Beruf Meteorologe und arbeitete 14 Jahre beim Wetterdienst. Doch vor 4 Jahren kündigte er seinen Angestelltenjob – er hatte finanzielle Unabhängigkeit erreicht: Seine monatlichen Ausgaben von knapp 2000 Euro konnte er allein durch die Erträge aus den Gewinnausschüttungen seiner Aktien decken. Sein Angestelltengehalt kam als »Sahnehaube« oben drauf.

Ich frage Lars beeindruckt, ob er mit Geld schon immer gut umgehen konnte. Immerhin hatte er es ja geschafft, innerhalb seiner 14 Berufsjahre ein Vermögen aufzubauen, von dem er nun leben konnte. Lars lacht. »Absolut nicht. Im Gegenteil!« Sein finanzielles Umdenken kam vielmehr durch einen Schreckmoment zu Beginn seiner Karriere. Damals, im Jahr 2000, verdiente er rund 1700 Euro netto. »Man sollte meinen, als Single davon gut leben zu können«, sagt Lars. Er habe es aber irgendwie geschafft, dass es nicht reichte. »Ich bin einfach nicht gut mit meinem Geld umgegangen, habe viel geraucht und in Gaststätten rumgehangen. Auch habe ich, wie ich heute weiß, die typischen Anfänger-fehler begangen«, berichtet er mit einem Schmunzeln im Ge-sicht. Er kaufte sich zum Berufsstart für 7000 Euro einen Opel Corsa – immerhin keinen Neuwagen –, bezahlte jedoch 5000 Euro davon auf Kredit.

Sein Konto war bereits dauerhaft überzogen, sodass er sogar am Tag des Gehaltseingangs leicht im Minus steckte. Irgendwann spuckte der Bankautomat kein Geld mehr aus. Die Hoffnung, es liege am Automaten, verflog schnell, als auch der zweite Automat die Geldausgabe verweigerte. Auf dem Kontoauszug sah er dann das Übel: Eine Abbuchung zwei Tage zuvor war der Grund, dass er seinen Dispo überschritten hatte. »Das war ein richtiger Schockmoment für mich«, erklärt mir Lars mit steifer Miene.

Sein erster Gedanke war, sich Geld von einem Kumpel zu lei-hen, der Unternehmer und immer liquide war. Sein Stolz, dem Freund von der Pleite berichten zu müssen, sowie die fehlende Aussicht, diese Situation dauerhaft ändern zu können, hielten ihn jedoch davon ab. Es ging ja auch anders: Lars hatte nämlich einige Jahre zuvor ein wenig in Aktien investiert. Das Geld brauchte er nun dringend und deshalb wollte er seine Wertpapiere verkaufen. Doch es war das Jahr 2001, als während der Dot-com-Krise sein Depot nur noch die Hälfte wert war und selbst die Bankangestellte meinte, dass es für einen Verkauf ein ungünstiger Zeitpunkt sei. Lars aber brauchte das Geld, er hatte keine andere Wahl.

Nach dem Schock

Dieses Erlebnis am Bankautomaten führte zu einer Wende. »Fei-erabend!«, sagte er sich. Auch wenn sein Leben nach außen hin tadellos schien mit Job, Zweizimmerwohnung für 400 Euro und einem Auto, das noch abbezahlt werden musste: Lars war bankrott. Sein Leidensdruck war nun so hoch, dass er etwas ändern musste.

Lars fuhr nach Hause und begann seine gesamten Ausgaben zu erfassen und auf den Prüfstand zu stellen. »Da bin ich auf Abonnements von Zeitschriften gestoßen, die ich schon lange nicht mehr lese«, meint er immer noch sichtlich verwundert. »Ich fing an, unnötige Ausgaben zu streichen.« Mit Erfolg: Schon nach einigen Monaten war sein Konto wieder ausgeglichen. Gleichzeitig begann er, seine Wohnung zu entrümpeln. »So wie die Wohnung aussieht, so ist das Leben. Als ich mein Geld nicht im Griff hatte, sah auch die Wohnung aus wie Kraut und Rüben!« Nie getragene Schuhe und anderer Krempel fanden einen neuen Besitzer. Bis heute fragt sich Lars einmal pro Jahr bei allen Gegenständen in seinem Besitz, ob er sie in letzter Zeit benutzt hat und ob sie für ihn noch einen Wert haben.

Auch seine Gewohnheiten kamen auf den Prüfstand. Sein Gesundheitszustand war gut, der Druck, mit dem Rauchen aufzuhören, ziemlich gering, da er bislang keine Atembeschwerden oder Schlimmeres hatte. »Zu realisieren, dass ich jedoch in einem Jahr einen kompletten Monatslohn durch Zigaretten hinausblies, öffnete mir die Augen«, erzählt Lars. 5 Euro an 30 Tagen ergaben nach 12 Monaten 1800 Euro. Anstatt eines Sandwichs unterwegs, das meist mit ungesunder Remoulade bestrichen war, bereitete er zunehmend selbst Essen mit frischen Zutaten zu.

Mit all diesen Maßnahmen konnte Lars nun 70 Prozent seines Nettogehalts zurücklegen, jeden Monat! Als er jedoch anfing, sich ein Budget für seinen Strom- und Wasserverbrauch zu setzen, fiel ihm selbst auf: »Ich hatte es zwischenzeitlich übertrieben.« Von da an lockerte er den Rahmen seiner Ausgaben, sodass er nicht mehr das Gefühl hatte, sich einzuschränken. Seine Sparquote, mit der er sich wohlfühlte, betrug nun grob die Hälfte seines Einkommens von mittlerweile 2400 Euro netto. »Ich hatte ein Maß gefunden, das für mich genug war. Ich hatte kein Verzichtsgefühl, sondern fühlte mich wohl, das war sehr angenehm«, meint Lars zufrieden.

Nachdem er seinen Notgroschen auf dem Konto angespart hatte, investierte er den Rest am Aktienmarkt – zu Beginn nach irgendeiner »Wild-West-Methode«, wenig später und nach einer Weiterbildung zum Thema Aktien vernünftiger und nach klaren Regeln. Er achtete mehr auf seine Gesundheit, kaufte qualitativ hochwertige Lebensmittel und entwickelte ein Bewusstsein für seine Ausgaben. Von da an lebte er wie befreit: »Es war ein tolles Gefühl, seine Finanzen im Griff zu haben, während man sein Leben lebt, wie es einem gefällt.« Er schaffte sein Auto ab, das sowieso im Durchschnitt 23 Stunden am Tag nur herumstand. Nun war er mit seinem Fahrrad mehr an der frischen Luft und belastete die Umwelt weniger. Dies sowie der Verzicht auf Zigaretten seien die Veränderungen mit dem größten finanziellen Effekt für ihn gewesen – bis er das Konzept der finanziellen Unabhängigkeit entdeckte: Nicht mehr angewiesen zu sein auf ein Arbeitseinkommen, das sollte sein nächstes Ziel werden.

Seine Arbeit beim Wetterdienst, zu der er jeden Tag zwei Stunden mit der Bahn pendelte, hatte ihn zu Beginn seiner Karriere begeistert. Im Lauf der Zeit und mit einem Aufstieg auf der Karriereleiter, der einen immer geringeren Bezug zum Fachlichen nach sich zog, ließ diese Begeisterung jedoch merklich nach. Stattdessen entwickelte er eine neue Leidenschaft für Finanzen und brachte sich bei, wie man Internetseiten erstellt. Mittlerweile hatten die Erträge aus seinen Aktieninvestments, die er monatlich weiter investiert hatte, eine beträchtliche Größe erreicht und 2014, also 13 Jahre nach seinem Schreckmoment, überstiegen seine passiven Einnahmen die Ausgaben. Er hatte sein Ziel erreicht und war finanziell unabhängig. Es gab von nun an eine weitere Alternative für seine Lebensweise – sein Arbeitseinkommen war optional geworden. Da ihn seine Arbeit mittlerweile immer weniger begeisterte und zuletzt auch seine Gesundheit darunter litt, beschloss er 2015 zu kündigen.

Die Verbissenheit ist weg

Inzwischen sind 4 Jahre vergangen, in denen der 48-Jährige »in Rente« ist. »Wie sieht heute dein Alltag aus und wie steht es um deine Zufriedenheit und dein Lebensglück?«, will ich wissen. Mit einem Strahlen im Gesicht erzählt er, dass er sehr viel zufriedener ist. Sein Tag beginnt meistens um 6 Uhr morgens. Mit einer Tasse Kaffee setzt er sich an seinen Schreibtisch und arbeitet drei Stunden produktiv an der Weiterentwicklung seiner Internetseiten oder gibt als Coach sein Finanzwissen weiter. »Es erfüllt mich viel mehr, anderen zu helfen.« Auch genießt er die Freiheit, selbst zu entscheiden, welche Projekte er wann, wo und mit wem angeht. Dass er eine Aufgabe braucht, war ihm nach zwei Wochen Strandurlaub schnell bewusst. Durch seine Internetprojekte lernt er ständig neue Menschen und Methoden kennen, was ihm viel Freude macht. Wenn er seine Woche plant, schaut er aber auch auf das Wetter: Wenn im Juni die Sonne scheint, unternimmt er spontan von Montag bis Mittwoch eine Radtour an die Ostsee. Auch achtet er mehr auf seine mentale Gesundheit: Anstatt sich wie früher abends von schlechten Nachrichten im Fernsehen berieseln zu lassen, hört er sich positive Podcasts an, in denen inspirierenden Menschen interviewt werden.

Ich will wissen, wie sich seine Sicht auf Konsum heute verändert hat und was ihm durch den Kopf geht, wenn er den schicken neuen Sportwagen für 70 000 Euro im Schaufenster stehen sieht. Lars schmunzelt: »Da denke ich immer: Wenn ich wollte, könnte ich ihn einfach mitnehmen. Das reicht mir schon.« Wenn er Klamotten einkauft, achtet er auf Qualität, aber nicht auf die Marke. Seine Einstellung zum Geld hat sich verändert. »Die Verbissenheit ist weg«, sagt er. »Das ist ein befreites Gefühl.«

Mich interessiert, ob er nun, da er nicht mehr für Geld arbeiten muss, überhaupt noch einen Anreiz hat, Geld zu verdienen. Seine Antwort ist eindeutig: »Ja, es gefällt mir weiterhin, Geld zu verdienen«, und er erklärt es mit den Superreichen wie Bill Gates. Dieser wird seine Lebensqualität durch eine weitere Million nicht mehr steigern, er verdient jedoch trotzdem weiter Geld und setzt es für Spenden ein. Das treibt auch Lars an: »Je mehr Geld ich habe, desto mehr kann ich bewirken.« Er kann sich an Stiftungen beteiligen, Hilfswerke unterstützen und vieles mehr, das hält er für sehr sinnvoll.

Diese Wandlung von der konsumorientierten Person, die getrieben durch den Alltag marschiert, zu seiner heutigen Lebensweise hat mich beeindruckt. Er bezeichnet sich als Frugalisten. »Dabei verstehen viele Menschen darunter etwas anderes.« Sie verwechseln es mit Minimalismus oder denken: »Ich trage abgewetzte Sachen und schnorre und kaufe immer das Billigste.« Für ihn bedeutet es jedoch vielmehr, dass er unter seinen finanziellen Möglichkeiten lebt – das heißt monatlich sparen kann – und gleichzeitig durch einen bewussten Umgang mit Konsum, Freiheit und äußeren Zwängen bereits heute das Beste aus dem Leben macht und es genießt.

Frugalismus und FIRE

Was bedeutet Frugalismus, wie leben Frugalisten, und muss nun jeder seinen Job wie Lars mit Mitte 40 kündigen und in Aktien investieren? Schauen wir genau hin.

»Frugalismus« leitet sich vom englischen Wort »frugal« ab,

was »genügsam, einfach, sparsam« bedeutet. Im lateinischen Ursprung »frugalis« finden wir die Bedeutung »genießen, nutzenbringend«. Das Streben nach einem genügsamen Leben, das den meisten Nutzen für uns Menschen bringt, besteht seit Menschengedenken. Frugalismus als Bewegung und als konkrete Lebensweise wird jedoch oft mit dem Jahr 1992 und dem erstmaligen Erscheinen des Buchs *Your Money or Your Life* von Vicki Robin und Joe Dominguez in Verbindung gebracht.

Vicki Robin wuchs in New York auf und engagierte sich in Umweltschutzprojekten. Sie begann eine Karriere als Schauspielerin, wovon sie jedoch schnell desillusioniert war, und erbte von ihrer Tante umgerechnet 130 000 Euro nach heutigem Wert. Sie beendete ihre Schauspielkarriere und unternahm einen Roadtrip quer durch die USA und Mexiko, wo sie Joe Dominguez kennenlernte. Joe war Investmentbanker an der Wall Street und bereits 1969 im Alter von 31 Jahren und mit einem verdienten Vermögen aus seiner kurzen Karriere von rund 600 000 Euro nach heutigem Wert in Rente gegangen.

Es entwickelte sich eine enge Freundschaft zwischen beiden und die gemeinsame Erfahrung sowie Verbindung aus bewusstem Leben, Umweltschutz und Finanzwissen brachte sie zu dem Konzept ihres Buchs: Darin vermitteln sie die Idee, dass Geld nicht nur zum Verkonsumieren da ist, sondern vielmehr eine Form von Lebensenergie darstellt, die wir einsetzen können, um unser Leben nach unseren eigenen Vorstellungen zu gestalten. Ein Frugalist ist demnach Meister in der Tugend, viel Wert aus jeder eingesetzten Minute Lebensenergie zu bekommen. Es geht ihnen darum, zu genießen und wertzuschätzen, was wir haben.

Wenn wir etwa zehn Paar Schuhe besitzen, aber immer noch das Gefühl haben, nichts anzuziehen zu haben, könnte es sein, dass wir Frustkäufer sind. Die kurzfristige Belohnung, die wir beim Kauf neuer Schuhe erfahren, bereitet uns mehr Freude als der tatsächliche Besitz und das Tragen der Schuhe. Wenn wir jedoch zwanzig Paar Schuhe haben und diese über Jahre hinweg täglich mit großer Freude anziehen, ist das frugalistisch. Nach Meinung der Autoren liegt die Verschwendung nicht in der Anzahl an Gegenständen, die wir besitzen, sondern in dem Unvermögen, sie zu genießen.

Hier stimme ich zu, denn für mich ist Frugalismus etwas Subjektives und jeder entscheidet selbst, wie er ihn umsetzen möchte. Entgegen dem verbreiteten Vorurteil wird Erfolg im Frugalismus daher nicht an Pfennigfuchserei gemessen, sondern an der Fähigkeit, bewusst materielle Dinge zu genießen und selbst zu erkennen, was uns wahre Freude bereitet. Es geht darum, dass uns die Dinge, für die wir Geld als Lebensenergie einsetzen, viel und nachhaltige Freude geben – ein hohes Freude-Ding-Verhältnis.[11]

Ich kenne viele Menschen, die sehr viel und immer mehr besitzen, aber immer wieder nach kurzen Hochs unglücklich sind. In Argentinien habe ich unzählige Menschen kennengelernt, die im Vergleich zu uns in großer Armut leben. Aber aus dem, was sie haben, können sie unglaublich viel Freude ziehen und es genießen.

Wider die Verschwendung von Zeit, Lebensenergie und Zufriedenheit

Neben dem Buch von 1992 war der Start des Blogs von Jacob Fisker 2007 unter dem Namen *Early Retirement Extreme* (auf Deutsch etwa »Frührente extrem«) ein weiterer Meilenstein für die Frugalistenbewegung. Fisker beschrieb hier seinen Weg und seine Methoden, wie er mit knapp über 30 in Rente ging und von den Erträgen seines Vermögens leben konnte.

Damals, genauso wie heute, sah das Verständnis von Geld, Konsum und Arbeit eher wie folgt aus: Unser modernes Leben heute wird immer teurer, weshalb wir beinahe alles Geld ausgeben müssen, das wir verdienen, egal wie viel das ist. Den kleinen Teil, den wir monatlich sparen können, legen wir über viele Jahre an, um im Ruhestand einen aufwendigen Lebensstil aufrechtzuerhalten: exotische Kreuzfahrten, alle fünf Jahre einen Neuwagen und 20 000-Euro-Hochzeiten für die Enkel.

Die Ansichten, die Jacob Fisker in seinem Blog und dem gleichnamigen Buch vertrat, standen hierzu im krassen Gegensatz. Er war der Meinung, dass besonders wir in der westlichen Welt viel zu viel Geld ausgeben für Dinge, die wir für unser Glück nicht brauchen. Wir verschwenden damit neben den Ressourcen unseres Planeten unsere Zeit, Lebensenergie und Zufriedenheit. Vielmehr sollten wir herausfinden, was unsere wahren Bedürfnisse sind, und uns Mittel und Wege überlegen, wie wir diese möglichst effizient, das heißt mit geringem Ressourceneinsatz, erfüllen können. So leben wir effizienter, natürlicher und glücklicher, während wir für einige Jahre weiter unser üppiges Gehalt der westlichen Welt kassieren. Da dann unsere Einnahmen die Ausgaben bei Weitem übersteigen, können wir den Überschuss sparen und investieren. Der Zwang, für Geld arbeiten zu müssen, würde damit schnell verschwinden.[12]

Eine wachsende FIRE-Familie

Neben dem bewussten Umgang mit Geld, Lebensenergie und Konsum investieren Frugalisten demnach ihr Geld am Aktienmarkt oder in Immobilien, um passives Einkommen zu generieren. Einkommen, das ihnen zufließt und dabei fast passiv ist, also nur wenig Aufmerksamkeit und damit einen geringen Teil ihrer aktiven Zeit erfordert. Unter dem Akronym FIRE (»Financial

Independence and Retiring Early«, auf Deutsch »Finanzielle Unabhängigkeit und Frührente«) entstand eine Bewegung von Menschen, die mit einem etwas genügsameren Lebensstil mit 30 oder
40 Jahren – und somit Jahrzehnte vor dem staatlichen Rentenalter – nicht mehr auf ihr Arbeitseinkommen angewiesen sind.
Gleichzeitig führen sie dabei mit weniger Geld ein nach ihren
Maßstäben zufriedeneres Leben als die meisten ihrer Mitmenschen.

Einen großen Anteil an der Verbreitung dieser Idee hatte der
Kanadier Peter Adeney, dessen Geschichte wir im ersten Kapitel
kennengelernt haben. 2011 startete er seinen Blog unter dem
Namen *Mr. Money Mustache*. Unterhaltsam und aufrüttelnd beschreibt er seinen eigenen Weg zur finanziellen Unabhängigkeit
im Alter von 31. Und er erklärt, wie seine Lebensqualität durch
seinen bewussten Lebensstil gestiegen ist. Seitdem sind weitere
Bücher, Blogs und eine wachsende Community entstanden, in
denen Einzelne ebenso wie Familien berichten, wie sie ihr Leben
mit einem genügsameren Lebensstil und der zunehmenden Unabhängigkeit von einem Arbeitseinkommen gestalten.

Mittlerweile gibt es einige Veranstaltungen, auch in Europa,
bei denen sich Menschen zum Thema Frugalismus austauschen.
Ich selbst war schon dreimal bei der jährlich stattfindenden Financial Independence Week.[13] Für die bestmögliche Kommuni-
kation in Vorträgen, Workshops und Diskussionsrunden ist die
Teilnehmerzahl dort begrenzt. In Budapest trafen sich beispielsweise 2019 circa 40 Personen, um über das Thema finanzielle Unabhängigkeit und die Inhalte des Frugalismus zu diskutieren.
Dabei sind junge Menschen, die sich auf dem Weg zur finanziellen Unabhängigkeit befinden, Familien, die gerade den Eintritt
in die Rente mit Mitte 40 planen, oder Menschen, die bereits
mehrere Jahre finanziell unabhängig sind und gekündigt haben
oder ihren Job weiterhin ausüben. Die beiden Initiatoren dieser

Veranstaltung werden wir später in einem Erfahrungsbericht kennenlernen.

Oft wird der Ursprung der Frugalistenbewegung mit der Rezessionsphase nach der Finanzkrise 2007 in Verbindung gebracht: Viele Amerikaner waren damals gezwungen, den Gürtel enger zu schnallen, und mussten ihre Ausgaben einschränken. Diesen Konsumtyp bezeichnete Eike Wenzel[14] in dem Buch *Wie wir morgen leben werden* als Frugalist. Er hat jedoch wenig mit dem Begriff Frugalist im Zusammenhang mit der FIRE-Bewegung zu tun und wie sie Oliver mit seiner deutschsprachigen Verwendung von Frugalisten oder ich verstehen. Nach unserer Auffassung geht es den Frugalisten nicht darum, auf Teufel komm raus zu sparen und dafür Einschränkungen in Kauf zu nehmen. Vielmehr geht es um den effizienten Einsatz seiner Zeit und des eigenen Geldes.

Bei den bisherigen Berichten über Frugalisten kann man den Eindruck bekommen, dass sie Menschen sind, die sehr gut mit Geld haushalten und durch Investitionen Erträge erwirtschaften, sodass sie früh in Rente gehen. Dabei spielen Sparen und Geld gar nicht die entscheidende Rolle.

Mehr als Geld – ein glückliches Leben

> »Streichen Sie die Begriffe Arbeitszeit und Freizeit aus Ihrem Wortschatz, ersetzen Sie diese durch Lebenszeit, und fragen Sie sich: Macht das Sinn, was ich mache?«
> (Götz Werner, Gründer dm-Drogeriemarkt)

Wer denkt, dass es im Frugalismus um Sparen als Selbstzweck geht, liegt völlig falsch. Frugalismus verfolgt im Kern das Ziel, das bestmögliche Leben zu gestalten – wie auch immer dies für jeden von uns aussehen mag. Es geht daher um die Frage: Wie können wir ein glückliches Leben führen?

Da wir weder in der Schule noch während einer Berufsausbildung oder im Studium lernen, wie wir es schaffen, ein glückliches Leben zu gestalten, glauben wir dem, was wir täglich sehen: Werbung in einer materialistischen Welt voller Konsum. Wenn wir uns diesen tollen Pauschalurlaub leisten, tun wir uns etwas Gutes und werden richtig glücklich sein. Wenn unser Auto neuer und teurer ist als das unseres Nachbarn, fühlen wir uns großartig, denn er wird vor Neid erblassen. Wenn wir uns im Job anstrengen und genug Überstunden leisten, werden wir befördert und erhalten mehr Geld, sodass wir uns eine größere Wohnung leisten können – und dann wird das Leben besser.

In einer Umfrage unter jungen Menschen der Generation Y wurden die Teilnehmer nach ihren Lebenszielen befragt. Über 80 Prozent gaben an, reich sein zu wollen, und über 50 Prozent wollten berühmt werden.[15] Das ist ein nachvollziehbares Ergebnis angesichts der vorherrschenden Meinung, dass wir uns bei zunehmendem Wettbewerb und dem Vergleich über soziale Medien immer mehr anstrengen müssen, um mehr zu haben und damit mehr zu sein. Uns wird suggeriert, dass Reichtum und Berühmtheit erstrebenswert sind, um ein gutes Leben zu führen.

Gute Beziehungen machen glücklich

Was sind die wahren Faktoren, die ein glückliches Leben ausmachen? Sind es wirklich materielle Dinge, Reichtum und Ansehen, wie es uns täglich vorgelebt wird? Was können wir heute machen, worin unsere Zeit und Energie investieren, um die bestmögliche Zukunft zu erschaffen?

Hierzu wurde von Forschern an der Harvard-Universität eine

umfangreiche Studie über das Glück von Erwachsenen durchgeführt, die sich mit der Frage beschäftigte: Was lässt uns gesund und glücklich durch unser Leben gehen? Das Problem bisheriger Studien war, dass bei der Befragung von Menschen in fortgeschrittenem Alter ihre Erinnerungen über vergangene Entscheidungen und deren Auswirkungen oft nicht präzise waren: Wichtige Aspekte wurden weggelassen oder die Vergangenheit kreativ in der Erzählung verändert. Das Besondere an der Harvard-Studie: Sie ist die längste jemals durchgeführte Untersuchung über die Entwicklung Erwachsener. Robert J. Waldinger, amerikanischer Psychiater und Professor an der Harvard Medical School, leitet die Studie in der vierten Generation. Seit 1938 wurde über 75 Jahre das Leben von 724 Männern beobachtet – erst 2003 wurden Frauen um eine Teilnahme an der Studie gebeten, mit der Reaktion: »Das wurde aber auch Zeit!« Jahr für Jahr wurden die Teilnehmer zu Arbeit, Gesundheit und Familienleben befragt – ohne die Kenntnis darüber, wie sich ihr Leben weiter entwickeln würde. 60 der Teilnehmer sind auch heute noch am Leben und nehmen im Alter von über 90 weiterhin an der Studie teil.

Bei der Untersuchung gab es zwei Gruppen von Teilnehmern. Die erste bestand aus Personen, die sich im zweiten Jahr ihres Studiums an der Harvard-Universität befanden und meist aus wohlhabenden Akademikerfamilien stammten. Die zweite Gruppe der Teilnehmer waren Jugendliche, die aus den ärmsten und am stärksten benachteiligten Familien im Boston der 1930er Jahre kamen. Sie wuchsen in armseligen Mietshäusern auf, die oft nicht einmal über fließend Wasser verfügten. Dieser Aspekt des Experiments hat mein Interesse geweckt, da wir oft Reichtum mit Glück assoziieren.

Zu Beginn der Studie wurden alle Jugendlichen zu Hause besucht, interviewt und ärztlich untersucht; auch ihre Eltern wurden befragt. Ihre Leben gingen weiter, sie wurden Fabrikarbeiter, Anwälte, Ärzte oder Handwerker. Ein Teilnehmer wurde sogar Präsident der Vereinigten Staaten: John F. Kennedy. Andere wurden Alkoholiker oder entwickelten psychische Krankheiten. Manchen gelang der soziale Aufstieg, andere fielen von ganz oben nach ganz unten. Alle 2 Jahre befragten die Forscher sie in ihrem Zuhause, lasen die medizinischen Gutachten ihrer Ärzte, nahmen ihnen Blut ab und führten Hirnscans durch.

Was war die Erkenntnis aus dieser ungeheuren Datenmenge aus über 75 Jahren über das Leben dieser Menschen? Erstaunlicherweise sagen die Ergebnisse nichts aus über Reichtum, Berühmtheit oder die Notwendigkeit, immer härter zu arbeiten. Die klarste Botschaft hingegen war: Gute Beziehungen machen uns glücklicher und gesünder. Menschen, die bessere soziale Beziehungen haben zu Familie, Freunden und innerhalb ihrer Gemeinschaft, sind nicht nur glücklicher und gesünder, sondern leben auch länger. Die Gesundheit von Menschen, die einsamer sind, als sie sein wollen, verschlechtert sich schon früh in der Lebensmitte, Gehirnfunktionen nehmen schneller ab und die Lebenserwartung sinkt. Die Forscher fanden auch heraus, dass dabei nicht die Zahl der Freunde, ob Single oder nicht, eine Rolle spielt, sondern die Qualität der engen Beziehungen das Entscheidende war. Ein Leben in ständigen Konflikten schadet unserer Gesundheit. Das Ergebnis der Studie überraschte mich nicht, da meine bisherigen Erfahrungen im Leben etwas Ähnliches vermuten ließen.

Die Forscher gingen noch einen Schritt weiter und wollten Muster erkennen, mit deren Hilfe man zur Lebensmitte die Aussichten der Teilnehmer vorhersagen konnte. Nicht der Cholesterinspiegel prognostizierte, wie alt sie wurden, sondern die Frage, wie zufrieden sie in ihren Beziehungen waren. Die Menschen, die mit 50 angaben, am zufriedensten in ihren Beziehungen zu sein, waren die Gesündesten im Alter von 80 Jahren. Männer und Frauen im Alter von über 80, die in glücklichen Beziehungen waren, berichteten, dass sie an den Tagen, an denen sie körperliche Schmerzen hatten, trotzdem eine positive Stimmung bewahren konnten. Auch die Auswirkungen auf das Gehirn waren positiv. Das Gehirn von Menschen, die mit über 80 noch in glücklichen Beziehungen waren, blieb länger leistungsfähig. Personen, die nicht das Gefühl hatten, sich in Beziehungen auf den anderen verlassen zu können, hatten früher mit Gedächtnisabbau zu kämpfen.

Das Wissen, dass soziale Beziehungen der wichtigste Baustein für ein glückliches Leben sind, ist seit langer Zeit bekannt. Warum sind wir aber nicht alle glücklich und zufrieden, sondern beschweren uns, jammern und fühlen uns machtlos? Dies liegt an der Eigenart von uns Menschen, dass wir immer sofort eine Lösung wollen: etwas, das wir bekommen können und unser Leben gut werden und bleiben lässt. Beziehungen verlaufen oft turbulent, und ein gutes Verhältnis zu Familie, Freunden und dem Partner aufrechtzuerhalten, ist mit Arbeit verbunden und dauert ein Leben lang. Im Gegensatz zu materiellen Dingen wie Reichtum und Status zeigte die Studie immer wieder, dass die Menschen, die in ihre Beziehung zu Freunden, Partner, Familie, Gemeinschaft investiert haben, das glücklichste und zufriedenste Leben führten.[16] Das deckt sich sehr gut mit meinen eigenen Erkenntnissen und Erfahrungen, wenn ich überlege, was meine Lebensqualität maßgeblich bestimmt.

In persönliche Beziehungen zu investieren, kann auf unzählige Arten geschehen. Angefangen bei ganz einfachen Dingen, wie die Zeit vor dem Fernsehgerät durch Zeit mit Menschen zu ersetzen, Beziehungen durch gemeinsame Unternehmungen wieder aufleben zu lassen oder sich bei einer Person zu melden, mit der man seit Jahren nicht gesprochen hat. Es kann jedoch auch bedeuten, dass sich der frischgebackene Familienvater durch Erreichen finanzieller Unabhängigkeit den Luxus erlauben kann, in Teilzeit zu arbeiten, um seine Kinder aufwachsen zu sehen, oder den Angestelltenjob zu kündigen wie Peter. Auch kann es bedeuten, dass die Familie gemeinsam entscheidet, ein intensives Jahr auf Weltreise miteinander zu verbringen. Neben sozialen Beziehungen gibt es weitere Bausteine für ein glückliches Leben, das Frugalisten maximieren wollen.

Erfüllende Tätigkeit und das Warum

Neben sozialen Beziehungen ist eine erfüllende Tätigkeit – eine Aktivität, die uns das Gefühl gibt, unsere Zeit sinnvoll zu verbringen – ein weiterer Baustein eines glücklichen Lebens. Doch wer mit seiner Tätigkeit dauerhaft nicht zufrieden ist, ist auf sein Einkommen angewiesen – besonders bei einem schlechten Umgang mit den eigenen Finanzen und hohen Fixkosten. Lars hingegen konnte nach langer Unzufriedenheit seinen Angestelltenjob kündigen und erfüllenden Tätigkeiten nachgehen.

Dabei darf nicht der Eindruck entstehen, dass Frugalisten, die mit 30, 40 oder 50 Jahren in Rente gehen, nur auf der faulen Haut liegen. Niemand fühlt sich zufrieden und glücklich, wenn er den ganzen Tag ziellos auf der Couch verbringt. Alle Menschen, die ich kenne und die finanzielle Unabhängigkeit erreicht haben, sind danach geschäftstüchtiger als zuvor. Der Grund ist, dass ihre Motivation hoch ist, weil sie sich frei von dem Zwang, Geld verdienen zu müssen, sehr bewusst für ihre Tätigkeit entschieden haben. Arbeit ist besser, wenn wir nicht auf das Geld angewiesen sind. Erreichen wir finanzielle Unabhängigkeit, müssen wir nicht sofort den Job kündigen – vielmehr haben wir von nun an zusätzliche Optionen.

Dabei definieren wir uns stark über unsere Arbeit. Wir halten die Arbeit für das, was uns ausmacht. Beim Klassentreffen wird insgeheim der Erfolg ehemaliger Klassenkameraden danach gemessen, was sie auf Fragen nach Job, Auto und Haus antworten. Wir fragen jedoch nicht, ob sie ein glückliches Leben führen, das genau nach ihren Vorstellungen gestaltet ist, und wie gut ihre Beziehungen sind. Dabei wäre das ein viel entscheidenderer Indikator für Erfolg, wenn wir damit unser Lebensglück bewerten.

Die alles entscheidende Frage lautet jedoch: Wie würde unser Leben aussehen, wenn wir nicht mehr für Geld arbeiten müssten? Oft liest man in der Beschreibung von Frugalisten, es seien Menschen, die zwingend aus dem Hamsterrad der Arbeitswelt ausbrechen wollen.[17] Dies trifft meiner Meinung nach nicht zu. Wenn Arbeit als Zwang empfunden wird und man montags das Gefühl hat, in einem unerfüllenden Hamsterrad bis Freitag zu strampeln, um am Wochenende zu »leben«, tun diese Menschen gut daran, etwas an dieser Situation zu ändern. Es gibt aber auch Frugalisten, die haben in ihrem Angestelltenjob eine für sie erfüllende Tätigkeit gefunden: Obwohl sie nicht mehr auf das Geld angewiesen sind, wollen sie ihre Beschäftigung weiterhin ausüben. Sie haben allerdings die Möglichkeit, den Umfang, den die Tätigkeit in ihrem Leben einnimmt, frei zu bestimmen. Der Job bringt ihnen vielleicht Freude, aber sie möchten nicht 50 Stunden in der Woche darauf verwenden, sondern nur 30 Stunden. Wie in der Gallup-Studie gezeigt ist die Mehrheit der Deutschen nicht zufrieden in ihrer Tätigkeit, für die sie bezahlt wird.

Kannst du dich daran erinnern, als du derart in eine Aufgabe vertieft warst, dass du um dich herum alles vergessen hast? Unter höchster Konzentration und gleichzeitiger Zufriedenheit hast du effizient eine Tätigkeit ausgeführt. Diesen Zustand nennen Wissenschaftler wie Mihály Csíkszentmihályi »Flow-Erlebnis«:[18] Eine erfüllende Tätigkeit lässt uns oft in diesen Arbeitsfluss geraten und wir schaffen effizient und bei gleichzeitigem Glücksgefühl etwas. Das kann eine Freizeitaktivität wie Klettern sein, das Schreiben eines Buchs oder die Extraktion eines Zahns für einen Zahnarzt.

Viele bahnbrechende Erfindungen sind bei solchen Flow-Erlebnissen entstanden. Große Wissenschaftler haben seit Jahrhunderten ihre Arbeit als Hobby betrieben: Nikolaus Kopernikus entwickelte seine Erkenntnisse über die Planetenumlaufbahnen während seiner Zeit als Domherr in Frauenberg. Albert Einstein hatte seine größten Geistesblitze während seiner Zeit als Angestellter im Schweizer Patentamt. Der Physiker Albert Michelson, der mit dem Nobelpreis für seine Erkenntnisse auf dem Gebiet der Optik ausgezeichnet wurde, soll auf die Frage, warum er so viel Zeit mit der Beobachtung des Lichts verbracht habe, geantwortet haben: »Weil es mir so viel Freude bereitet hat.«[19] Ich selbst bemerke schnell, wenn ich in den Flow-Zustand gerate: Die Arbeit fühlt sich nicht nach Arbeit an, ich arbeite höchst fokussiert und verspüre Freude.

Erfüllung ist dabei eine Erfahrung tiefer Zufriedenheit: ein gutes Essen, eine Arbeit, die gelungen ist. Wir haben eine Erwartung und verspüren Freude, wenn diese erfüllt wurde. Eine Voraussetzung für dieses Gefühl ist die Tatsache, dass wir überhaupt wissen, wonach wir suchen. Nur wenn wir für uns definiert haben, warum wir die Dinge tun, die wir tun, und was wir wirklich vom Leben wollen, können wir das auch erreichen. Es gibt zahlreiche Hilfestellungen, die uns dabei unterstützen: Ein Buch, das ich hierbei sehr hilfreich fand, ist *Find Your Why*[20] von Simon Sinek. Zu merken, was uns in Bezug auf Nahrung oder andere kurzfristige Vergnügen zufrieden macht, ist einfach. Um diese Zufriedenheit jedoch in einem größeren Sinn, unserem Leben als Ganzem zu haben, braucht es Träume, Visionen und klare Vorstellungen. Oftmals sind wir jedoch gefangen in einem Job, den wir hauptsächlich nur deshalb ausüben, um Geld zu verdienen und damit unseren Lebensstil zu finanzieren. Viele haben im Alltagstrott des Erwachsenenlebens auch ihre Träume verkleinert oder aufgegeben, damit sie in die auferlegten Rahmenbedingungen passen.

Eine entscheidende Ursache für diese Einschränkungen können dabei Schulden darstellen, die wir aufnehmen, um das Glück in Materiellem zu suchen. Der Kredit, um die Traumhochzeit zu finanzieren, das Traumauto oder das Traumhaus. Bei jedem neuen Traum merken wir jedoch, dass wir zuerst bestehende Schulden abzahlen müssen, bevor wir weiterkommen können. Es ist oft normal, dass Schulden oder eine finanziell angespannte Situation das Erwachsenenleben bestimmen.

Eine neue Sichtweise auf Geld und Ausgaben hilft uns, unsere Träume wiederzubeleben. Die Träume wieder zu aktivieren heißt nicht, dass wir die finanzielle Realität ausblenden und vom Privatjet träumen, ohne etwas dafür zu tun. Vielmehr akzeptieren wir die Realität und nutzen die positive Energie, die uns das Ziel und unser Warum geben, um uns auf dieser langen Reise nach mehr finanzieller Freiheit zu motivieren.

Seien es Träume, Visionen oder ein starkes Warum – Frugalisten sehen einen Sinn in ihrem Leben, der über die aktuellen Umstände inklusive des Jobs hinausgeht. Sie sind offen für Neues, hinterfragen Gewohnheiten und sind bereit, notwendige Veränderungen durchzuführen, auch wenn sie unbequem erscheinen. Sie übernehmen die Verantwortung für ihr Leben und beweisen Durchhaltevermögen, um neben guten sozialen Beziehungen auch einer erfüllenden Tätigkeit nachzugehen.

Sport, Ernährung und Natur

Neben guten sozialen Beziehungen und einer erfüllenden Tätigkeit sind körperliche Bewegung und gesunde Ernährung ein weiterer Grundstein für ein glückliches Leben.[21] Kein Rauchen, kein

Übergewicht und wenig Alkohol tragen dazu bei. Dabei führt ein geändertes Verhalten, das unserer Gesundheit zuträglich ist, meist auch zu einer gleichzeitigen Verbesserung unserer Vermögenssituation.

Das hat etwa der Fall des ehemaligen Rauchers Lars deutlich gemacht, der hierdurch im Jahr ein ganzes Monatsgehalt zusätzlich zu seiner Verfügung hatte. Beim Raucher ist es offensichtlich: Durch das Abgewöhnen des tödlichen Lasters profitiert neben der Gesundheit der Geldbeutel massiv. Und als ich statt der U-Bahn mein Fahrrad für den Arbeitsweg benutzte, war ich nicht nur mehr an der frischen Luft und betätigte mich körperlich, sondern sparte als Nebeneffekt auch noch Geld. Von den Auswirkungen einer gesunden Ernährung ganz zu schweigen: Wenn man sich den Kassenzettel eines Großeinkaufs anschaut, sind Süßigkeiten und Fertigprodukte bekannter Marken ziemlich teuer, abgesehen vom schlechten Einfluss auf unsere Stimmung und Gesundheit. Wer hier Verhaltensänderungen bewirkt, die der Gesundheit zuträglich sind, wird meist ebenfalls mit geringeren Ausgaben und einem schneller wachsenden Vermögen belohnt.

Lebenslanges Lernen, Kreativität und der Ausbruch aus der Komfortzone

Ein weiterer Aspekt, der laut Wissenschaftlern für ein glückliches Leben maßgeblich ist: Lernen und persönliche Weiterentwicklung. Bei uns Menschen werden viele Aktivitäten durch Ausschüttung von Glückshormonen angeregt, um unseren Fortbestand zu sichern. Beim Akt der Fortpflanzung ist uns der Sinn dieses Glücksempfindens aus Sicht der Evolution einleuchtend. Wozu jedoch ist es dienlich, dass wir auch beim Erlernen neuer Fähigkeiten, beim kreativen Lösen von Problemen Glück verspüren?

Gerhard Roth, Neurowissenschaftler und Direktor des Instituts für Hirnforschung an der Universität Bremen, sieht in der Belohnung neuer Erfahrungen durch Glück die Grundlage für unser Zurechtfinden in der Welt. Lernen wir etwas Neues, müssen neue Nervennetze ausgebildet werden, was Energie kostet. Unser Gehirn ist im Sinn der Effizienz bemüht, Anstrengung zu vermeiden. Unsere neuronale Beweglichkeit durch das Erlernen neuer Fähigkeiten wird daher durch Freude, Neugier und Belohnung motiviert. Erfindungsreichtum und persönliches Wachstum führen zu nachhaltigem Glücksempfinden.[22]

Anstatt das Leben in einem bequemen Alltagstrott und der sicheren Komfortzone zu verbringen, können wir Glück empfinden durch das Verlassen dieser sicheren Umgebung. Am eigenen Leib habe ich dies erfahren, als ich meinen ersten Marathon laufen wollte – ein damals ziemlich ambitioniertes Ziel. Mein Körper wehrte sich anfangs gegen diese neue Belastung und mein innerer Schweinehund machte sich an vielen Trainingstagen bemerkbar. Gleichzeitig verschafften mir das Training, das Verlassen meiner Komfortzone und die Belohnung durch den Zieleinlauf ein unglaubliches Glücksgefühl, das lange anhielt.

Viele Sportler kennen dieses Gefühl: Triathletin und Neurologin Iris Reuter berichtet von unglaublicher Kreativität, die sie versprüht, wenn sie bis zu 60 Kilometer pro Woche in der freien Natur ist und joggt. Sie könne danach stets eine Liste mit neuen Ideen verfassen. Doch nur wenige gehen regelmäßig aus ihrer Komfortzone heraus, tasten sich an ihre Grenzen heran und gehen freiwillig den unbequemen Weg, den der Körper reich belohnt. Dabei sind unmittelbares Erleben und lebenslanges Lernen sehr förderlich für ein glückliches Leben.[23]

Wer bei dem kleinsten Defekt seiner Kaffeemaschine direkt bei Amazon eine neue bestellt, verpasst die Chance, durch das Erlernen neuer Fähigkeiten und das kreative Lösen von Problemen nachhaltige Freude zu verspüren. Wer hingegen die Herausforderung annimmt und versucht, eine Reparatur mit eigenen Mitteln durchzuführen, lernt Neues und erweitert seinen Horizont.

Betrachten wir die Erkenntnisse der Wissenschaft, was zu einem glücklichen Leben führt, fällt auf, dass hierbei kein Smartphone, keine Villa und kein Luxusauto auftauchen. Diese Dinge mögen uns kurzfristiges Vergnügen bereiten, aber für unser langfristig glückliches Leben sind sie gar nicht wichtig. Was dagegen wirklich zu unserem Lebensglück beiträgt wie soziale Beziehungen, erfüllende Tätigkeiten, Sport, Natur und das Erlernen neuer Fähigkeiten, kostet meist kein Geld. Frugalisten versuchen daher, sich auf das Glück selbst zu konzentrieren, und erreichen dadurch, dass sie ein zufriedeneres Leben führen als diejenigen, die sich auf Bequemlichkeit und Luxus ausruhen. Sie folgen damit nicht der finanziell wenig gebildeten und Werbung konsumierenden Bevölkerung, die in den meisten wohlhabenden Industrieländern vorherrscht.[24]

Glück kommt aus verschiedenen Quellen, aber in den wenigsten Fällen aus Luxusgegenständen und schicken Handtaschen. Diese Erkenntnis ist nicht die eines Konsumverweigerers oder Aussteigers, der im Wald lebt. Vielmehr erkennen Menschen mit einem durchschnittlichen Lebensstil, welche Verbesserungen sie in Bezug auf ihr Lebensglück erreichen, wenn sie gewohnte Verhaltensweisen hinterfragen. Es geht um Effizienz, das Erreichen eines glücklichen Lebens auf geschickte Art und Weise, indem man für den Einsatz von Lebensenergie und Geld das Maximum an Glück erhält. Möchten wir zum Beispiel unsere körperliche Verfassung, die ein bewiesener Faktor für unser Lebensglück ist, verbessern, können wir das auf mehrere Arten machen: Wir können für 2000 Euro pro Monat einen Personal Trainer engagieren oder uns gebrauchte Hanteln für 100 Euro kaufen und im Park joggen – es führt zur gleichen Lebensfreude bei sehr unterschiedlichen Kosten.

Indem wir unser Leben in Bezug auf Effizienz hinterfragen, werden wir schnell feststellen, dass durch einen sparsamen Einsatz von Ressourcen, ohne Verzicht und Einschränkung, nicht nur die eigene Lebensqualität steigt, sondern gleichzeitig ein positiver Effekt auf die Umwelt eintritt. Viele Frugalisten sehen als Motivation für die Hinterfragung ihrer Lebensweise auch die positiven Auswirkungen auf unseren Planeten: Wer beim Kauf neuer Dinge auf Qualität achtet statt auf billige Massenware zu setzen, profitiert durch langfristig mehr Freude an seinem Produkt. Gleichzeitig fördert er durch seinen Kauf die Herstellung qualitativ hochwertiger Waren gegenüber Billigware.

Wenn wir etwa eine hochwertige Bohrmaschine einmal in 30 Jahren kaufen oder das billige Werkzeug aus der Werbung nehmen, das nach 2 Jahren auf den Müll wandert und Ressourcen verbraucht, ist das eine grundsätzliche Entscheidung auch mit Blick auf ein nachhaltiges Leben. Fahren wir mit dem Fahrrad statt mit dem Auto, wirkt sich das positiv auf Gesundheit, Glück, Geld und Umwelt aus. Überdenken wir den Fleischkonsum, indem wir uns bewusst machen, was und wie viel wir essen, können wir selbstbestimmtere Entscheidungen im Alltag treffen als vorher, als wir das Geld unbewusst als treudoofer Konsument in die Welt hinausgeschüttet haben.

Neben Einflüssen der Nachhaltigkeitsbewegung und des Umweltschutzes finden sich auch Ideen des Minimalismus in den Gedanken der FIRE-Mitglieder wieder. Minimalisten haben für sich erkannt, dass mehr »Zeug« sie nicht zwingend glücklicher macht, sondern im Gegenteil oft zu mehr Stress, Aufwand und Ohnmacht führt. Durch Trennung von überflüssigen Gegenständen erfahren sie mehr Klarheit, Einfachheit und Bewusstheit. Frugalisten wollen ebenfalls unter Einsatz minimaler Ressourcen die größtmögliche Lebensfreude gewinnen. Indem sie unnötige Gegenstände loswerden, machen sie nicht nur anderen eine Freude und steigern ihr Vermögen, sondern reduzieren gleichzeitig den Aufwand an Lebensenergie, die sie benötigen, um sich um die »Dinge« zu kümmern.

Frugalismus ist daher sehr vielschichtig und umfasst neben dem Ziel eines glücklichen Lebens den bewussten Umgang mit Geld, Konsum und den täglichen Gewohnheiten. Vom wehrlosen und passiven Konsumenten, der unbewusst, bequem und gelangweilt bei hohem Geldverbrauch durch sein Leben geht, hin zu einem aktiven, selbstbestimmten Leben voller neuer Erfahrungen und Glück bei einem Bruchteil an eingesetztem Geld!

Frugalismus ist nichts für trockene Sparbrötchen

Nach den ersten Berichten über Frugalisten und Menschen, die mit einem genügsameren und bewussten Lebensstil Jahrzehnte vor dem gesetzlichen Rentenalter nicht mehr auf ein Arbeitseinkommen angewiesen sind, ließen kritische Stimmen nicht lange auf sich warten. Kritik ist immer berechtigt, wenn man durch die Auseinandersetzung inhaltlich vorankommt. Es existieren jedoch einige unsinnige Vorurteile, die viele davon abhalten, sich mit dem Thema Frugalismus zu beschäftigen, und ihnen damit die Chance verwehren, ihr Leben zu verbessern. Aus diesem Grund will ich auf die gängigsten Vorurteile und Befürchtungen eingehen – denn sie treffen auf die meisten Frugalisten nicht zu.

Wer viel spart, ist zwanghaft geizig

»Knausern für die Rente mit 30«:[25] Unter dieser Schlagzeile schrieb die TAZ über Frugalismus. Als mich ein Bekannter fragte:

»Wie viel sparst du eigentlich im Monat?«, konnte ich sein mitfühlendes Unbehagen nach meiner Antwort in seinem Gesicht ablesen: »Rund 60 Prozent meines Nettogehalts.« Die meisten Menschen zucken beim Wort »sparen« leicht zusammen. Denn Sparen wird assoziiert mit Einschränkung und dem Gefühl von Verzicht. »Oh, das ist aber extrem. Da bin ich nicht so. Ich genieße lieber mein Leben und gönne mir mal was«, höre ich oft bei einer solchen Unterhaltung.

Was viele dabei übersehen, ist der Grundgedanke des Frugalismus: die Erschaffung des bestmöglichen Lebens für sich und seine Mitmenschen. Hat man für sich als oberste Priorität Lebensglück und Zufriedenheit gesetzt, wird man keine Sparmaßnahme durchführen, welche die Lebensqualität mindert. Vielmehr wird man bemüht sein, effizienter zu werden, das heißt die gleiche oder mehr Lebensfreude zu erschaffen bei geringerem Einsatz von Ressourcen wie Geld und Lebensenergie.

Wie ich 60 Prozent spare und ein gutes Leben führe

Ich kann aus eigener Erfahrung berichten: Zu Beginn meiner Berufstätigkeit betrug meine monatliche Sparquote circa 30 Prozent, 4 Jahre später 60 Prozent, obwohl meine Lebensqualität parallel wuchs. Freute ich mich zu Beginn noch bei einer Gehaltserhöhung, dass ich meine Ausgaben in gleichem Maße erhöhen konnte – unter der falschen Annahme, dass dies meine langfristige Lebensfreude steigern würde –, fragte ich mich mit der Zeit immer mehr, ob ich denn mit meinem Lebensstil vor der Gehaltserhöhung nicht auch schon zufrieden gewesen war. Von diesem Tag an habe ich meine Ausgaben von meinem Verdienst entkoppelt: Ich gab nur noch so viel Geld aus, dass es mir das für mich beste Leben ermöglichte, gemessen an der Lebensfreude, die ich für diesen Geldeinsatz erhielt. Bei der nächsten Gehaltserhöhung blieben meine monatlichen Ausgaben unverändert – ich lebte ja bereits in mich zufriedenstellenden Verhältnissen.

Ja, ich konnte meine Ausgaben sogar verringern – nicht getrieben von einem unbedingten Sparwillen, vielmehr war ich auf der Suche nach der Effizienzsteigerung für mein Glück. Durch das Hinterfragen einiger kostspieligen Gewohnheiten, die nicht viel und vor allem keine langfristige Lebensfreude brachten, sanken meine Ausgaben für Essen, Trinken, Freizeit um 100 Euro auf monatlich 300 Euro. Gleichzeitig empfinde ich heute mehr Lebensfreude als vor vier Jahren, als ich für diesen Posten noch 400 Euro im Monat angab.

Eine Umstellung betraf meine Ernährung, die überhaupt nicht mit meinem Ziel, einen Marathon zu laufen, in Einklang stand. Für mein Vorhaben brauchte ich gesundes, nahrhaftes Essen, um meinen Körper über die Strecke von 42 Kilometern zu bringen. Doch getrieben von Faulheit und geringem Gesundheitsbewusstsein standen für das Abendessen nach einem anstrengenden Tag oft ein Döner oder eine Pizza vom Take-away um die Ecke auf dem Speiseplan. »Gesund und lecker kochen wäre heute wirklich zu viel des Guten, das mache ich ab morgen wieder«, redete ich mir ein.

Doch irgendwann änderte ich meine schlechten Essgewohnheiten, ging einmal wöchentlich frische, gesunde und leckere Zutaten einkaufen und kochte folglich viel häufiger selbst. Und das hatte einen weiteren Vorteil: Im Gegensatz zu meinen früheren Spontankäufen landeten nun weniger Süßigkeiten im Einkaufswagen.

Ich steigerte also meine Zufriedenheit langfristig durch den Ausbau meiner Kochkünste, fühlte mich besser und bereitete meinen Körper effizienter auf die Anstrengung eines Marathons vor – und sparte dabei auch noch Geld. Mein Körper bekam gesündere Nahrung, und gleichzeitig wuchs mein Vermögen schnel-

ler. Sparen in meinem Beispiel führte daher zu mehr Lebensfreude statt weniger. Anstelle von Einschränkung erhielt ich mehr
Zufriedenheit, auch über das Wissen, den unbequemeren Weg
gewählt zu haben – einen Weg, der sich langfristig auszahlt.

Wenn Frugalisten daher von einer hohen Sparquote sprechen,
geschieht dies meist unter der Voraussetzung, die Lebensqualität
steigern und nicht reduzieren zu wollen. Ist dies sichergestellt,
heißt sparen lediglich, Lebensfreude effizienter durch einen geringeren Einsatz an Geld zu erhalten.

Frugalisten sind geizig und unsozial

Ein weiteres Vorurteil: Frugalisten, die einen Großteil ihres Einkommens sparen, verhalten sich auch gegenüber Mitmenschen
geizig, um ja das Geld zusammenzuhalten. Geiz ist im *Duden* als
»übertriebene Sparsamkeit«[26] definiert. Das bedeutet, dass die
Ambition zu sparen bei geizigen Menschen beinahe zwanghaft
ist und ihr oberstes Lebensziel darstellt. Insofern verwundert es
nicht, dass wir gerne andere Personen als geizig beschreiben,
uns selbst aber nie.

Wer einen geizigen Lebensstil pflegt, hat typischerweise Ansichten wie: »Ich darf mir nichts gönnen!«, »Ich habe zu wenig
von ...«, »Mir fehlt noch ...«, »Die anderen dürfen mir das nicht
nehmen ...«. Ursachen sind meist Verlustängste, etwa vor dem
Verlust des Arbeitsplatzes, Angst vor sozialem Abstieg oder Angst
vor Ablehnung. Geiz zeigt sich daher auch im Umgang mit anderen Menschen in egoistischem Verhalten: möglichst viel vom
eigenen Geld für sich behalten und möglichst wenig davon abgeben.

Wie wir anhand der Erkenntnisse aus der Glücksforschung
gesehen haben, stellen Beziehungen jedoch die wichtigste Komponente eines glücklichen und zufriedenen Lebens dar, dem sich

Frugalisten verschrieben haben. Sich geizig und unsozial zu verhalten, wirkt sich negativ auf unsere Beziehungen aus, was daher kontraproduktiv wäre. Vielmehr sind sich Frugalisten der Wichtigkeit zwischenmenschlicher Beziehungen bewusst. Wer einen guten Umgang mit Geld beherrscht, kann Freunde und Mitmenschen finanziell leichter unterstützen als andere – und das auch noch viel einfacher, weil klar ist: Geld ist nur Mittel zum Zweck, und dank geringer Ausgaben wächst das Vermögen stetig.

Zudem sieht man an Beispielen von Personen, die finanzielle Unabhängigkeit erreicht haben, dass ohne den Druck, Geld verdienen zu müssen, viel häufiger Projekte umgesetzt werden, die den Mitmenschen oder der Umwelt zugutekommen. Robert, den wir später kennenlernen werden, setzt einen Großteil seiner freien Zeit ein, um selbst und in Zusammenarbeit mit Politikern eine saubere Stadt zu gewährleisten. Peter hilft unentgeltlich als Freiwilliger in der Schule seines Sohnes mit und arbeitet in den USA an einem Konzept für die Schaffung einer Fahrradstadt ohne Autos. Ein frugalistischer Lebensstil, ein bewusster Umgang mit Ressourcen und das Wissen über Geldanlage sind somit ein Schritt weg von einer egozentrischen und geizigen Einstellung hin zu einer Sicht auf unsere Gesellschaft und den Planeten als Ganzen. Das eigene Leben ist ja bereits gut versorgt, was die Finanzen angeht, daher kann man sich nun anderen Themen widmen.

Wer viel spart, lebt heute nicht richtig

Eine weitere Befürchtung, die mir und anderen Frugalisten oft entgegengebracht wird, lautet: »Oh je, wenn du so viel sparst, lebst du ja heute gar nicht richtig. Das letzte Hemd hat doch keine Taschen!« Auch das ist ein nachvollziehbarer, aber unzutreffender Einwand. Was sicherlich richtig ist: Es besteht die Gefahr, dass dieses Bestreben zu extrem wird, wenn man sich in einem Bereich radikal verbessern möchte und folglich sein Ziel verfehlt.

So erging es auch Lars, nachdem er nach dem Vorfall am Bankautomaten panisch all seine Ausgaben und Gewohnheiten auf den Prüfstand stellte. Zu Beginn hatte er sicherlich nicht das frugalistische Ziel eines glücklichen Lebens vor Augen, sondern das unbedingte Vermeiden des unguten Gefühls, kein Geld mehr zu bekommen. Er verwehrte sich Urlaube und steckte viel Lebenszeit in die Kontrolle seiner Ausgaben. Schnell merkte er jedoch, dass seine Lebensqualität hierunter litt. Daraufhin lockerte er seine finanziellen Vorgaben und stellte seine Lebensfreude wieder an oberste Stelle. Immerhin hatte er nun eine Sparquote von 50 Prozent erreicht – im Gegensatz zu der negativen Quote zuvor.

Sein Beispiel zeigt, dass es wichtig ist, sich bei jeder Weiterentwicklung regelmäßig sein Ziel vor Augen zu führen, warum man die Veränderungen durchführt. Hat man erst einmal angefangen, einen Überblick über die eigenen Finanzen zu bekommen, und beobachtet den stetigen Anstieg des Vermögens, erweckt das oft einen Spieltrieb, indem man immer größeren Summen hinterherrennt. Wer aber regelmäßig durch den Austausch mit anderen – auch über Finanzielles – selbstreflektiert sein Leben bewertet, ist vor der Gefahr geschützt, das eigentliche Ziel aus den Augen zu verlieren.

Mir selbst hilft dabei die etwas makabre Frage: Was wäre, wenn ich morgen bei einem Unfall sterben würde? Dann möchte ich mir nicht sagen, dass ich heute doch mehr gelebt haben sollte. Wir wissen nie, was morgen sein wird, daher ist es wichtig, auch bei einem großen Ziel wie der finanziellen Unabhängigkeit das Leben bereits jetzt in vollen Zügen zu genießen. Frugalisten sorgen dafür, bereits ihr Leben heute und in naher Zukunft bestmöglich zu gestalten. Sie übernehmen dafür auch heute schon die Verantwortung und zielen nicht auf ein Leben ab, das erst in Rente gut wird. Mit 70 Jahren im wohlverdienten Ruhestand und in guter finanzieller Situation lässt sich die Zeit, die eigenen Kinder aufwachsen zu sehen, nicht nachholen. Frugalisten haben daher das glückliche Leben auch schon im Hier und Heute im Fokus.

Jeder muss mit 40 seinen Job kündigen

Ein weiterer Mythos über Frugalisten ist die Befürchtung, dass jeder mit 40 seinen Job kündigt und dann gelangweilt am Strand liegt. Dabei habe ich bereits ausführlich beschrieben, wie wichtig eine erfüllende Tätigkeit für unser glückliches Leben ist. Ohne Aktivität und eine im Auge des Einzelnen sinnvolle Beschäftigung ist ein erfülltes Leben nicht möglich. Frugalisten, die vor dem gesetzlichen Renteneintritt ausreichend Vermögen angehäuft haben, sodass sie ihren Lebensstil allein aus Kapitalerträgen bestreiten könnten, müssen ihren Job keineswegs kündigen. Sie haben jedoch mehr Optionen.

Wie wir später noch lesen werden, gibt es Frugalisten, die finanzielle Freiheit anstreben und trotzdem bereits wissen, dass sie ihren Job nicht aufgeben möchten, weil sie ihn gerne ausüben. Sie haben jedoch mehr Möglichkeiten: Ihren Job können sie in Teilzeit ausüben, wenn sie mehr Zeit für Familie oder Hobbys einsetzen möchten. Auch können sie als Selbstständige nur noch die Aufträge annehmen, die ihnen besonders viel Freude bereiten oder von Kunden kommen, mit denen sie gerne zusammenarbeiten. Auch wer nicht gleich ein Vermögen anspart, das ein lebenslanges Auskommen sichert, profitiert von einem guten Umgang mit Geld: Ein finanzielles Polster lässt Frugalisten ruhiger schlafen. Zu wissen, dass es bei Arbeitslosigkeit einige Monate oder Jahre keine finanziellen Probleme gibt, sorgt dafür, dass sie in solchen Notlagen eine Sorge weniger haben.

Abgesehen davon würde man als Frugalist nicht in einem ungeliebten Job verharren und warten, bis endlich die finanzielle Freiheit erreicht ist. Da Lebenszeit kostbar und nicht nachholbar ist, übernehmen Frugalisten bereits heute die Verantwortung und würden einen Job, der sie nicht mehr erfüllt, wechseln oder beenden. Dank finanziellem Polster können sie auch in schwierigen Umbruchphasen ihre Situation verbessern, ohne durch hohe Fixkosten und fehlende Rücklagen in eine finanzielle Schieflage zu geraten.

Dies war auch mein Vorgehen, nachdem ich über längere Zeit keine Motivation für den Job mehr verspürte: zu kündigen und mir in Ruhe zu überlegen, womit ich meine Zeit stattdessen verbringen wollte. Ohne das bis dahin angesparte Vermögen, mit dem ich meinen Lebensstandard für 7 Jahre hätte aufrechterhalten können, hätte ich diesen Schritt nicht gewagt.

Alexander liebt seinen Job und sucht trotzdem finanzielle Freiheit

Alexander, 32 Jahre alt, arbeitet seit 2013 als angestellter Zahnarzt. Seinen Werdegang beschreibt er selbst als »unspektakulär«, als ich mich mit ihm auf dem Balkon seiner Zweizimmerwohnung in Bayern unterhalte. Bis zur 10. Klasse waren seine Noten nicht so gut, dass er sich hätte vorstellen können, später einmal Medizin zu studieren. Als seine Noten jedoch besser wurden – warum, weiß er bis heute nicht –, machte er sich über seine Zukunft Gedanken. Interessen hatte er viele, aber ihm war zugleich klar, dass die meisten für nicht viel mehr als brotlose Kunst taugten. Aber aus seiner Begeisterung für Biologie und Handwerk sollte man doch vielleicht was machen können?! Chirurg oder Zahnarzt dachte er sich. Letztlich entschied er sich für den Werdegang des Zahnarzts, und zwar aus zwei Gründen: »Breites Tätigkeitsfeld und die bessere Möglichkeit der Selbstständigkeit«, so sagt er. Und auf diesem Weg befindet er sich aktuell.

Geld spielte für ihn lange keine entscheidende Rolle. Vor dem Studium hatte er seinen Wehrsold gespart und war für einige Monate arbeiten. »So hatte ich bereits ein kleines finanzielles Polster.« Außerdem unterstützten ihn seine Eltern mit einem zinslosen Darlehen. So musste er während des Studiums nicht nebenbei jobben: »Das war eine große Erleichterung.« Für ihn war aber auch klar, dass er mit seinem Geld vernünftig haushalten musste und das Studium damals sein »Hauptberuf« war. Er wohnte günstig, unternahm keine großen Reisen, sondern beschäftigte sich in der vorlesungsfreien Zeit mit der Wiederholung und Vorbereitung des Semesters. So konnte er sein Studium mit Auszeichnung abschließen und bekam eine überdurchschnittlich honorierte Doktorandenstelle offeriert. »Nach 4 Monaten konnte ich meinen Eltern in einer Summe das Darlehen zurückzahlen und war seit diesem Punkt schuldenfrei«, berichtet er zufrieden.

Seinen Ausführungen über seinen Alltag merke ich schnell an, dass ihm seine Arbeit als Zahnarzt gefällt und er sie nicht als Hamsterrad betrachtet, dem er schnell entkommen muss. »Warum strebst du trotzdem finanzielle Freiheit an?«, will ich wissen. Seine Antwort: »Um wirklich frei und unabhängig zu sein.« Das bedeutet für ihn in erster Linie, sich »nicht für jeden Euro verbiegen zu müssen«. Als Beispiel nennt er die Anschaffung eines medizinischen Geräts, das ihm Freude bringt, aber sich wirtschaftlich nicht unbedingt lohnt, oder die Fokussierung auf Behandlungsfälle, die ihn herausfordern und die seine Patienten wertzuschätzen wissen. Er möchte sich seine Arbeit so gestalten können, dass sie ihm »Freude und Zufriedenheit« beschert, denn mit ihr verbringt er den größten Teil seiner Zeit.

Wie er sich seinen Arbeitsalltag nach Erreichung der finanziellen Freiheit vorstellt? »Idealerweise ändert sich gar nicht viel.

Ohne finanziellen Druck werde ich Projekte angehen, die mir mehr Spaß und Freude bringen. Das wird allerdings oft bedeuten, dass diese Projekte wirtschaftlich vermutlich ein Verlustgeschäft werden. Allerdings lohnen sie sich für mich, wenn ich dadurch jeden Tag aufs Neue motiviert bin und sie mir Spaß bringen. Zusätzlich wäre mit zunehmendem Alter eine freiere Einteilung der Wochenarbeitszeit toll.« Was ihn trotz der Freude an seiner Tätigkeit stört: dass »zu oft bei Entscheidungen neben medizinischen auch betriebswirtschaftliche Gesichtspunkte betrachtet werden müssen«. Nicht selten ergebe sich hieraus ein »unbefriedigender Kompromiss« für ihn. Finanzielle Unabhängigkeit würde für ihn diesen Druck deutlich entschärfen.

Mit seinem Ziel vor Augen spart Frugalist Alexander monatlich rund 50 Prozent seines Einkommens. Dabei hat er nicht das Gefühl »zu sparen«, er lebt vielmehr bewusst. »Eine Einschränkung ist es für mich auf keinen Fall, denn alles, was ich möchte, kaufe ich mir. Mein großer Vorteil ist sicher mein vernünftiges Elternhaus, das mir ganz nebenbei den Wert von einem soliden Umgang mit Geld vermittelte, ebenso wie die Tatsache, dass ich wenig Interesse an großem Konsum wie Auto, Fernreisen oder den neuesten Tech-Gadgets habe.«

Dabei hat Alexander nichts gegen Konsum. Eine Konsumgesellschaft ist seiner Auffassung nach elementar wichtig, damit unser Zusammenleben funktioniert und sich weiterentwickeln kann. »Der Konsum von Produkten, die man nicht selbst herstellt, treibt unseren Wirtschaftskreislauf an, fördert Wettbewerb und Entwicklung.« Aber er wendet zugleich ein: »Eine stupide und faule Konsumgesellschaft, die unvernünftig und nichtnachhaltige Billigwaren konsumiert, ist auf Dauer nicht überlebensfähig.« Daher schätzt und kauft er Qualitätsprodukte, die er täglich nutzt. Zu seiner Lebensqualität tragen hauptsächlich Aktivitäten mit Freunden sowie selbst gekochtes Essen bei.

Er freut sich auf seine Zukunft, in der er Geld als Mittel einsetzen kann, um seine Tätigkeit, die ihn erfüllt, noch mehr nach seinen Bedürfnissen zu gestalten. Das motiviert ihn, trotz seiner erfüllenden und anspruchsvollen Tätigkeit auf die finanzielle Freiheit hinzuarbeiten.

Viele sind ja gar nicht richtig in Rente, sondern arbeiten noch

Beliebt ist auch der Einwand, dass viele finanziell unabhängige Menschen gar nicht wirklich in Rente seien, denn sie arbeiteten ja noch. Der Begriff »in Rente« muss nicht zwingend bedeuten, dass man als älterer Mensch mit leichten gesundheitlichen Problemen von gesetzlichen Rentenzahlungen gerade so über die Runden kommt, während man die Woche über aus dem Fenster schaut und sich am Wochenende zum Kaffee trifft. »Rente«[27] kann man auch verstehen als Zahlungen, die man aus Kapitalanlagen erhält, ganz unabhängig vom Alter. Fasst man »in Rente sein« auf als Lebensphase, in der man selbstbestimmt endlich mehr Zeit für Hobbys, soziale Beziehungen und erfüllende Tätigkeiten hat, trifft die Definition schon eher zu.

Lars gibt sein Wissen an Interessierte weiter und bildet sich als Internetunternehmer fort. Peter hat ein Renovierungsunternehmen aufgezogen, einen Coworking-Space gegründet und organisiert Treffen. Peters Erfahrung, nachdem er mit knapp über 30 seinen Bürojob gekündigt hatte: dass er viel mehr Energie hat als zuvor und einen großen Drang verspürt, aktiv zu sein. Da kommt es durchaus vor, dass einige dieser Dinge auch Geld einbringen. Wenn die monatlichen Erträge aus den Investitionen wie Mieteinnahmen und Dividenden die Ausgaben übersteigen, ist jedoch klar, dass nur aus Freude gearbeitet wird. Lars beschreibt, dass er es genießt, nach den eigenen Regeln zu arbeiten, was die Wahl von Kunden, Zeitpunkt und Dauer der Projekte angeht. Bei Peter kann es sein, dass er in einem Jahr gar nicht für Geld arbeitet und zum Beispiel in einer Schule als Freiwilliger unterrichtet; in anderen Jahren könnte er mehrere tausend Dollar verdienen, weil er für eine Arbeit bezahlt wird. Aber selbst dann würde er seinen Status jedoch immer noch als »in Rente« beschreiben.[28]

Nicht jeder muss seine eigene Seife herstellen und im Wald leben

Wer Geschichten von Menschen in 10-Quadratmeter-Häusern, sogenannten »Tiny Houses« liest, von Personen, die ihre Seife selbst herstellen,[29] oder von Konsumaussteigern, die in der selbstgebauten Hütte im Wald leben, ist vielleicht erst einmal abgeschreckt. Das Tolle ist jedoch: Was frugal ist, ist höchst subjektiv – und das bestimmt jeder für sich selbst. Wer wäre ich, wenn ich eine Grenze festlegte, ab der jemand nicht mehr als Frugalist gilt? Vielmehr begeistert mich an dem Konzept, dass es Impulse gibt, die eigene Lebensweise zu hinterfragen, und Ideen sowie motivierende Beispiele anderer Menschen liefert. Verschiedene Ausprägungen von Frugalisten gibt es in Hülle und Fülle, sie leben genügsam auf ganz unterschiedlichen Konsumniveaus – so wie sie es für ihr Leben am besten finden.

So gibt es Frugalisten wie Max und Noreen, die ihre 80-Quadratmeter-Wohnung in Brandenburg gegen eines dieser Tiny Houses auf einem Anhänger mit 28 Quadratmetern eingetauscht haben. Sie haben sich von 80 Prozent ihres in der großen Wohnung angehäuften Besitzes getrennt und fühlen sich nun befreiter und glücklicher als zuvor. Was lange Zeit ungenutzt im Keller stehe, brauche man ihrer Meinung nach auch nicht. Ihnen gefällt das Leben auf kleinstem Raum, denn hier sei man gezwungen,

Konflikte direkt zu lösen ohne Rückzugsmöglichkeiten.[30] In Niedersachsen, in der Nähe von Lüneburg in unmittelbarer Seenähe und schöner Natur, entsteht derzeit ein ganzes Tiny-House-Dorf.[31]

Es gibt Frugalisten, für die die Vorstellung, in einem Tiny House zu leben, mit einem Verlust an Lebensqualität verbunden wäre, und denen die Decke auf den Kopf fiele. Jeder hat unterschiedliche Präferenzen und kann für sich entscheiden, was für ihn genügsam und effizient in Bezug auf das eigene Leben bedeutet. Natürlich gibt es auch den kompletten Konsumverweigerer, der im Wald lebt und sich als Frugalisten bezeichnet. Genauso gibt es den Frugalisten in der zentralen Großstadtwohnung, der Mitglied in einem Fitnessstudio ist und es genießt, einmal die Woche mit seiner Partnerin im Restaurant zu speisen. Wenn er dies alles bewusst für sich gestaltet und für die eingesetzte Lebensenergie viel Freude erhält, ist auch dieser Lebensstil frugalistisch.

Der Anwalt, der sich seit Jahren todunglücklich in seine Kanzlei schleppt, der bereut, seine Kinder nicht aufwachsen zu sehen, und der am Wochenende erschöpft vor dem Fernseher verbringt, nur um die 150 000 Euro Jahresgehalt zu erwirtschaften, um seine drei Sportwagen, die er selten fährt, abzubezahlen und sein Haus zu unterhalten, in dem er nur einen Bruchteil der Zimmer benutzt, ist nicht frugalistisch. Lebt er stattdessen bewusst, geht gerne zur Arbeit, genießt jeden Tag die Erfahrungen, die er durch seine Ausgaben erhält, kann auch das Leben auf einem höheren Ausgabenniveau frugalistisch sein, indem er subjektiv und effizient seine Lebensenergie für maximales Lebensglück einsetzt.

Lars spart 50 Prozent seines Einkommens und lebt sein zufriedenes Leben mit circa 1200 Euro im Monat. Frugalist Oliver, den wir später noch kennenlernen, lebt von 800 Euro im Monat. Andere geben 2000 Euro, 3000 Euro oder mehr aus. Die Prioritäten in unserem Leben und wie wir für uns die meiste Lebensfreude erschaffen, können nur wir selbst herausfinden.

Bausteine des Frugalismus

Die Idee hinter Frugalismus ist die Schaffung des bestmöglichen Lebens voller Gesundheit, Glück und Zufriedenheit. Geld spielt dabei eine entscheidende Rolle, da es Sorgen bereitet, wenn es zu knapp ist, und Möglichkeiten bietet, wenn es ausreichend vorhanden ist. Die für mich und im Gespräch mit anderen Frugalisten relevanten Bausteine um die eigene Lebensqualität zu steigern, bewusster und letztlich glücklicher zu werden, habe ich wie folgt identifiziert:

Baustein 1: finanzielle Freiheit. Der erste Baustein ist das Konzept der finanziellen Freiheit. Es geht um deine Einstellung zu Geld und darum, welche Prioritäten du in deinem Leben setzen willst und wie der geschickte Umgang mit Geld dir hierbei dienlich sein kann. Wie sollte dein Leben gestaltet sein, damit du dich ausreichend um deine sozialen Beziehungen kümmern kannst, die ein Hauptträger eines glücklichen Lebens sind? Wie viel Vermögen benötigst du, damit du nicht mehr für Geld arbeiten musst? Wie kannst du auch als Geringverdiener davon profitieren?

Baustein 2: Bewusstsein. Nachdem die Vision definiert ist, geht es um das Bewusstsein. Welche Ausgaben bringen dir die meiste Lebensfreude? Es geht um den wichtigen Unterschied zwischen Kurz- und Langfristbelohnung. Wer mehr Bewusstsein erlangt über die eigenen Finanzen und das eigene Leben, wird freier von äußeren Einflüssen. Du lernst, deine finanziellen Entscheidungen unabhängig von dem zu treffen, was Verkäufer als gut für ihr Geschäft ansehen. Anstatt der Manipulation zu erliegen, Dinge zu kaufen, die dich nicht glücklich machen, entscheidest du selbst ganz bewusst, wofür du deine Lebensenergie einsetzt.

Baustein 3: Komfortzone. Es geht um die Frage, wie du deinem Leben durch das Erlernen neuer Fähigkeiten und das Überwinden des inneren Schweinehundes zu mehr Qualität verhilfst – warum oftmals der Einsatz deiner Muskelkraft statt des bequemen maschinellen Ersatzes nicht nur für die Umwelt und den Geldbeutel besser ist, sondern auch für dich selbst. Anhand der Geschichte von Oliver erfahren wir, warum er mit einem Lächeln auf seinem Fahrrad durch den Starkregen zur Arbeit fährt und warum ihm eine kaputte Spülmaschine Freude bereitet hat.

Baustein 4: Überblick. Ein bewusster und effizienter Umgang mit den Finanzen funktioniert nur mit einem guten Überblick. In diesem Baustein erklärt Michael, warum er allein dadurch, dass er seine Ausgaben vor Augen geführt bekam, als Pleitestudent innerhalb eines Jahres 6000 Euro ansparte. Es geht um Möglichkeiten, wie du ohne großen Zeitaufwand dauerhaft den Überblick über deine Finanzen behältst. Zudem erkläre ich die 752-Regel, die es uns erleichtert, die Auswirkungen unserer Gewohnheiten zu erkennen.

Baustein 5: Effizienz. Nach dem Überblick über Einnahmen und Ausgaben geht es nun um Effizienz. Wie gut setzt du dein Geld ein? Kennst du die wahren Kosten deiner täglichen Entscheidungen? Kannst du das Ergebnis mit einem geringeren Einsatz von Geld und Lebensenergie erreichen? Ein Blick auf die größten Kostentreiber und Finanzfehler des unreflektierten Konsumenten hilft dir, dein Geld effizienter einzusetzen. Neben konkreten Spartricks, die Geldverbrauch senken und Lebensqualität erhöhen, hast du nun die Möglichkeit, den Grundstein für einen bewussteren Umgang mit deinen Finanzen zu legen. Du erfährst von Robert, wie auch zwei Kinder ihn nicht davon abgehalten haben, vor 40 die finanzielle Unabhängigkeit zu erreichen.

Baustein 6: Investieren. Im letzten Baustein lernst du, was du mit all dem überschüssigen Geld machen kannst, um dein Leben weiter zu bereichern. Die Grundlagen des Investierens sind auch ohne Vorwissen leicht verständlich und einfach umzusetzen. Es geht darum, warum dein Geld auf dem Sparbuch keine Sicherheit, sondern jährliche Verluste bringt und wie du es profitabler einsetzen kannst. Du lernst Möglichkeiten kennen, wie du typische Anfängerfehler vermeidest und in nur wenigen Minuten im Monat dein Geld sinnvoll verwaltest.

Den größten Nutzen aus dem Buch ziehst du, indem du am Ende jedes Kapitels die Praxisfragen beantwortest.

Praxisfragen: Wie sieht dein erfülltes Leben aus?
- Wie sieht das bestmögliche Leben aus, das du dir für dich vorstellen kannst?
- Was wolltest du schon immer einmal machen, hast es aber noch nicht getan?
- Worauf in deinem Leben bist du wirklich stolz?
- In welchen Momenten hast du das Gefühl, alles um dich herum zu vergessen und im Flow zu sein?
- Was würdest du mit deiner Zeit anstellen, wenn du nicht mehr für Geld arbeiten müsstest?

3

Finanzielle Freiheit: Was ist das und wie kann ich sie erreichen?

»Der Mensch, denn er opfert seine Gesundheit, um Geld zu machen. Dann opfert er sein Geld, um seine Gesundheit wieder zu erlangen. Und dann ist er so ängstlich wegen der Zukunft, dass er die Gegenwart nicht genießt; das Resultat ist, dass er nicht in der Gegenwart lebt; er lebt, als würde er nie sterben, und dann stirbt er und hat nie wirklich gelebt.«
(Dalai-Lama, auf die Frage, was ihn am meisten überrascht habe)[32]

Familie Fischer: Mit der Tochter auf großer Reise

Der gebürtige Berliner Alex Fischer, 42, lebte mit seiner Frau Boboli und der 7-jährigen Tochter Leni im Bayerischen Voralpenland, bis die Familie 2014 in Rente ging. Auch Boboli gab ihre 60-Stunden-Woche in einem Telekommunikationsunternehmen auf. Interviewen kann ich Familie Fischer nicht persönlich, sondern nur per Skype, da sie sich derzeit auf Koh Phangan, einer kleinen Insel im Golf von Thailand, befindet. Im August 2018 haben sie ihre Zelte in Bayern abgebrochen und sind seitdem auf Reisen – auf unbestimmte Zeit.

»Dabei bin ich ganz klassisch ins übliche Berufsleben gestartet«, meint Alex mit einem Lächeln. Nach seiner kaufmännischen Ausbildung und dem damals obligatorischen Zivildienst arbeitete er im technischen Kundensupport und programmierte Telefonanlagen. Als Quereinsteiger startete er dann bei einer Bank in München und verbrachte dort den Großteil seiner beruflichen Karriere. »Das war's auch schon. Mehr hatte meine ›normale‹ berufliche Karriere nicht zu bieten und in Summe waren das 20 Jahre meines Lebens«, so sagt er.

2000 waren seine Frau und er von Berlin nach Bayern gezogen, weil ihnen die Landschaft dort gut gefiel. Eine 100-Quadratmeter-Wohnung mit Garten im schönen Umland zwischen München und Tegernsee, umgeben von viel Natur. All die Jahre haben sie als Familie gutes Geld verdient und schon immer darauf geachtet, nie mehr als nötig auszugeben. »Uns hat es im Grunde an nichts gefehlt«, meint Alex rückblickend: »Wir bereisten Amerika, Asien und viele Stationen in Europa.«

Dennoch fühlten sie sich gefangen in einer Art Hamsterrad, die Alex mit dem Film *Und täglich grüßt das Murmeltier* vergleicht. Tag ein, Tag aus hasten die Menschen durch unsere Gesellschaft, ohne wirklich innezuhalten oder nachhaltige Dinge zu tun, ständig auf der Suche nach mehr von allem. »So braucht es eine immer steilere Karriere, deutlich mehr Einkommen – besser heute als morgen. Außerdem noch mehr Konsumdinge, die man im Grunde gar nicht braucht. Dazu kommt das Streben, stets das Ansehen zu erfüllen, das die Gesellschaft von uns erwartet«, stellt Alex fest. Seine Kollegen, die sich über Jahrzehnte für ein Eigenheim verschuldeten, konnte er nicht verstehen.

Familie Fischer identifizierte sich nicht mit diesen Vorgaben und wollte »ausbrechen« – sie suchte Unabhängigkeit: »Unabhängigkeit von einem Arbeitgeber. Unabhängigkeit von Ort und Zeit. Unabhängigkeit von Menschen, die einem nicht guttun.« Ich frage Alex nach seiner Einstellung zu Geld. »Geld gibt uns die Möglichkeit, im Hier und Jetzt zu leben und unsere Wünsche und Ziele nicht in eine Jahrzehnte entfernte Zukunft zu verschieben«, gibt er zu verstehen.

Wie kam es dazu, dass Familie Fischer sich schon früh das ambitionierte Ziel einer frühen Rente gesetzt hatte? »Wir kennen aus unserer bayrischen Heimat viele ältere Menschen. Sie alle haben ihr Leben lang geschuftet und haben mit dem Renteneintritt jedoch nicht die Welt bereist oder Abenteuer erlebt, von denen sie als Jugendliche träumten. Nein, die Mehrheit kämpft mit gesundheitlichen und finanziellen Problemen. Das Reisen ist allein deswegen schon gar nicht mehr wie erhofft möglich. Auf dieses Szenario hatten wir einfach keine Lust. Wir wollten jetzt, in verhältnismäßig jungen Jahren, die Welt sehen und das tun, worauf wir Lust haben. Später im Alter an einem Bergsee wohnen und die Berge bestaunen, können wir dann immer noch machen«, antwortet Alex bestimmt. Das Ziel war gesetzt: frühzeitig genug finanzielle Mittel zur Verfügung zu haben, um in Ruhe so leben zu können, wie sie es sich vorstellten. »In unseren Köpfen ratterte da so das Alter von 50 Jahren herum«, meint Alex.

2001 nahm Alex die Familienfinanzen genauer unter die Lupe und strich Überflüssiges. Unnötige Versicherungen wurden gekündigt und Ausgaben hinterfragt. »Bis zu meinem Ausstieg im Jahr 2014 konnten wir unser aktives Arbeitseinkommen im Jahr um den Faktor 2,25 steigern. Während des gleichen Zeitraums stiegen unsere Lebenshaltungskosten nur um den Faktor 1,35«, freut sich Alex. Entsprechend konnten sie ihre Sparquote zeitweilig auf über 60 Prozent anheben und so den Großteil ihres Haushaltseinkommens monatlich zur Seite legen, ohne das Gefühl zu haben, auf irgendetwas verzichten zu müssen. Die Ausgaben betrugen im Schnitt 2500 Euro pro Monat, zwei Autos und Urlaube inklusive. »Es ging in Summe darum, Geld lieber zu sparen und zu investieren, als es für Dinge auszugeben, die man nicht wirklich braucht«, erklärt mir Alex.

Gehaltserhöhungen flossen nicht in die Aufblähung des Lebensstandards, sondern in die Sparrate. Die Überschüsse investierte Alex in Aktienfonds und Einzelaktien. Viel Zeit verbrachte er damit aber nicht, er nutzte sie lieber für produktivere Dinge als für Börsengeschäfte. Seit 2014 sind durch Dividenden und Wertsteigerungen über 75 Prozent der Familienausgaben passiv gedeckt. Den Rest erwirtschaftet Alex durch Internetprojekte, die ihn aber nicht viel Zeit kosten. Geholfen hat dabei sehr, dass seine Frau und er dieselbe Vision eines unabhängigen Lebens teilen. »Es bringt eben nichts, wenn zwei Partner nur an einem Strang ziehen. Es muss am Ende auch die gleiche Richtung sein«, merkt Alex zufrieden an.

Dass Arbeit nicht alles ist, wussten Alex und seine Frau schon lange. Deshalb hatte er direkt nach der Geburt der Tochter seinen Job auf Teilzeit reduziert. Doch die Kosten blieben – besonders weil er jeden Tag drei Stunden zu seiner Arbeitsstelle pendeln musste und dort auch viel Geld für Essen ausgab. So machten die Kosten, die allein wegen seines Jobs anfielen, rund 25 Prozent seines Teilzeitgehalts aus. Als diese Arbeit wegfiel, war die Einkommensminderung daher kleiner als das volle Teilzeitgehalt. Und Alex hatte ja Alternativen: So betreibt er nebenberuflich mehrere Internetseiten, mit denen er ebenfalls Geld verdient. Zum Thema passives Einkommen hat Alex deshalb eine klare Meinung: »Man muss wegkommen vom Tauschgeschäft Zeit gegen Geld und sich auf Einkünfte konzentrieren, die nach einer Anlaufphase wenig Zeit erfordern. Und ja, auch passive Einkünfte bedürfen einer gewissen Aktivität. Das bekannteste Beispiel sind sicherlich Dividenden. Man muss erst einmal Geld investieren, um dann dauerhaft damit Erträge zu generieren.«

Raus in die Welt

Nachdem Alex und seine Frau die Rente mit 50 angepeilt hatten, freuten sie sich umso mehr, als es bereits im Alter von 37 soweit war. »Im Jahr 2014 kündigte ich meinen Arbeitsvertrag und kümmerte mich fortan um meine eigenen Projekte sowie um unsere Vermögensverwaltung«, erzählt Alex. Seine Frau und er haben sich ihren Traum von einer großen Reise erfüllt und dafür ihre Wohnung in Bayern aufgegeben. Im Juli 2018 brachen sie auf – zunächst mit dem Auto durch Europa, dann weiter nach Asien. Ihre Tochter Leni unterrichten sie währenddessen selbst. Das Leben nach der Kündigung beschreibt Alex als produktiver, kreativer und gesünder als zuvor.

»Wir führen ein völlig anderes Leben, als man es mit einem 9-to-5-Job führt. Wir kennen keinen Berufsverkehr mehr, müssen uns nicht um Urlaubspläne mit Kollegen streiten, keine Gehaltsverhandlungen führen oder Angst um unseren Job haben. Auch den Spagat zwischen Arbeitswelt und privatem Leben, immer alles irgendwie unter einen Hut zu bekommen und zu organisieren, müssen wir nicht mehr machen«, sagt Alex. Sorgen, Nöte, Stress und Probleme führen dazu, dass Menschen krank würden. Daher sind sie froh um jedes Jahr, in dem sie reisen können, viele interessante Menschen kennenlernen dürfen und gesund bleiben.

Ich bewundere den Mut der Familie, alles Gewohnte für die Erfüllung ihres Traums von einer Weltreise hinter sich zu lassen. »Weltreise« nennt Alex das übrigens nicht: »Weltreise impliziert, dass wir eine bestimmte Anzahl an Ländern nacheinander bereisen und nach einer gewissen Zeit wieder nach Deutschland zurückkommen. Das wissen wir aber noch gar nicht.«

Ein Leben mit Kind am anderen Ende der Welt stelle ich mir abenteuerlich vor. Ich frage nach ihrem Alltag als Familie auf Reisen. »Wir leben praktisch ähnlich wie viele andere in Deutschland, ein für uns ganz normales Leben. Nur, dass eben der Ort für eine gewisse Zeit immer wieder ein anderer ist. Daher sieht unser Alltag ähnlich aus. Der Unterschied besteht bei uns aber darin, dass wir die meiste Zeit zusammen als Familie verbringen.« Oft sei es so, dass Familien morgens das Haus verließen und erst am späten Nachmittag alle nacheinander wieder daheim zusammenkämen. Die wenigen Stunden Familienzeit würden zum Einkaufen, Essen vorbereiten und Fernsehen genutzt, bevor der Tag wieder zu Ende sei. »Das wiederholt sich, bis das lang ersehnte Wochenende kommt. Dieses ist dann minutiös verplant, um alle möglichen Dinge zu erledigen und Freunde und Bekannte zu treffen. Erschöpft startet man dann in die neue Woche.«

Für Familie Fischer ist es mittlerweile egal, welcher Wochentag heute ist. Einzig für die Möglichkeit einzukaufen ist dies relevant, und in der Regel haben die Geschäfte am Ort, wo sie derzeit leben, jeden Tag geöffnet. Dazu nehmen sie sich pro Tag eine gewisse Lern- und Arbeitszeit von 2 bis 3 Stunden. Den Rest des Tages verbringen sie gemeinsam: Sie erkunden den Ort, an dem sie gerade leben, und treffen sich mit anderen Reisenden und befreundeten Familien. »Ausflüge unternehmen wir zum Beispiel liebend gern unter der Woche, da es überall auf der Welt gerade am Wochenende ordentlich zugeht. Dann erholen wir uns lieber ein wenig am Pool«, lacht Alex.

Ich merke an, dass so eine Reise sicher auch mit nicht unerheblichen Kosten verbunden ist, und möchte wissen, ob sie stark auf ihr Geld achten müssen. »Wir haben ein Budget, mit dem wir reisen, das einmal pro Jahr festgelegt wird und je nach Plan der zu bereisenden Länder 12 bis 18 Monate ausreicht«, erklärt Alex. So können sie in Ruhe ihren Alltag bestreiten und müssen sich nicht alle 30 Tage um das Geld für den nächsten Monat sorgen. »Wir reisen sehr preisbewusst und können langfristig gesehen so deutlich günstiger leben als manch andere in Deutschland.« Und er ergänzt: »Es fehlt uns auch an nichts. Gerade bei Lebensmitteln kaufen wir gern, was uns schmeckt, und nicht, was der Preis vorgibt. Sparen tun wir eher beim täglichen Konsum, denn gerade die vielen kleinen Dinge des Alltags summieren sich oft zu größeren und belastenden Ausgaben. So finden sich meist schneller zehn Dinge, bei denen man monatlich 10 Euro sparen kann, als eine Sache, die eine Ersparnis von 100 Euro einbringt.«

Ihr sonstiger Konsum hält sich ebenfalls in Grenzen. »Er beschränkt sich auf wenige digitale Dinge – einfach aus dem Grund, dass wir nicht so viel mitschleppen können«, sagt Alex. Bücher und Musik kaufen sie online. Neue Technik versuchen sie gebraucht zu erwerben. Selbst kochen müssen sie momentan selten: »Zu günstig und reichhaltig ist hier in Asien das riesige Angebot an Essen außer Haus.« Sie sparen nicht bei essentiellen Dingen des täglichen Bedarfs: Zahncreme, Taschentücher, Obst und Gemüse sowie praktisches Reisegepäck sind ihnen wichtig. »Hier entscheidet bei uns oft die Qualität und nicht der Preis oder der Verzicht«, stellt Alex klar.

Entsprechend überschaubar sind auch ihre Versicherungsverträge. Es finden sich lediglich eine weltweit gültige Haftpflichtversicherung sowie eine Risikolebensversicherung, die ihre Tochter finanziell absichert. Zusätzlich haben sie eine internationale Krankenversicherung, für einen Bruchteil der Kosten, die in Deutschland durch die gesetzliche Krankenversicherungspflicht anfallen würden.

Alles, was sie besitzen, passt in zwei Reisetaschen und drei Rucksäcke. Ihr Business steckt im Notebook und ihr Vermögen liegt auf Online-Depots. »Das war's, mehr an physischem Besitz haben wir nicht vorzuweisen!«, sagt Alex entspannt. So reisen sie mittlerweile durch die Welt und bleiben dort, wo es ihnen gefällt, und so lange, wie sie wollen. Ihre Reise dokumentieren sie auf ReiseFamily.com. Für sie ist es das größte Glück, dass sie ihr Leben nach den eigenen Vorstellungen verbringen können und sie es sich »selbst erschaffen haben«.

Wann sie planen, von ihrer Reise zurückzukehren? »Stand heute wissen wir weder, wo wir in den nächsten Monaten landen werden, noch ob oder wann wir jemals wieder sesshaft werden. Irgendwann werden wir uns sicherlich wieder irgendwo niederlassen. Aber wo, können wir heute beim besten Willen nicht sagen. Dazu haben wir einfach auch noch zu wenig von dieser Welt gesehen.«

Alex freut sich, ein Vorurteil über Frugalisten widerlegen zu können. »Es wird oft unterstellt, dass eine frühere Rente nur für Zwanzigjährige möglich ist, die noch bei ihren Eltern leben und bislang wenige Dinge angehäuft haben und daher mit wenig Geld auskommen können. Wir als Familie mittleren Alters zeigen aber, dass dies nur ein Klischee ist und im Grunde jeder ein frugalistisches Leben führen kann. Auch ganz ohne Reiseträume kann man dort, wo man lebt und sich heimisch fühlt, finanziell bewusst durchs Leben gehen und seinen Alltag sparsam gestalten.«

Familie Fischer hat sich ihren Lebenstraum erfüllt, und das noch während sie bei guter Gesundheit und voller Abenteuerlust sind. Der gute Umgang mit Geld hat ihnen dies ermöglicht.

Unsere Einstellung zu Geld

Die Beziehung zu Geld ist hierzulande geprägt von Tabus, von Neid und von Ohnmacht. Im Gegensatz zu Asien, den USA oder Großbritannien müssen sich wohlhabende Menschen oder erfolgreiche Unternehmer für ihre finanziellen Erfolge oftmals rechtfertigen. Dazu gesellt sich die Vorstellung, dass Geld den Charakter verderbe.

Ich glaube nicht, dass Geld den Charakter verdirbt, sondern dass es den wahren Charakter mehr zum Vorschein bringt. Denn hat der Mensch, der sich arrogant, egoistisch und unsozial verhält, kein Geld, wird er nicht groß auffallen. Bringt es jemand mit genau diesen Charaktereigenschaften zu Vermögen, wird der Effekt seiner Handlungen sichtbar und entsprechend von anderen wahrgenommen.

Geld schafft Möglichkeiten

Bringt es hingegen ein Mensch mit positivem sozialen Verhalten zu Reichtum, kann er damit mehr auf unserer Welt bewirken als ohne Geld. Wenn uns die Umwelt und unser Planet am Herzen liegen, können wir unsere Zähne mit einer Holzzahnbürste putzen. Wenn wir zusätzlich ein Unternehmen gründen, Wert schaffen und durch das verdiente Geld weltweit Plastikzahnbürsten durch Holzzahnbürsten ersetzen, ist der Effekt auf die Umwelt weit größer.

Siehst du Geld als etwas Negatives an, das den Charakter verdirbt und schlechte Menschen anzieht, wird deine Beziehung zu Geld negativ sein und dir kein sorgenfreier Umgang damit gelingen. Siehst du Geld hingegen als Chancengeber und Mittel zum Zweck, das dir dein bestmögliches Leben ermöglicht, wirst du viel wahrscheinlicher Vermögen aufbauen. Geld bekommt nur dann zu viel Aufmerksamkeit, wenn es zu knapp ist. Ständige Geldsorgen zerrütten Ehen und zerstören Leben.

Für Alex und seine Familie ist Geld etwas, das ihnen Freiheit beschert. Sie konnten sich ihren langgehegten Wunsch erfüllen und ohne Geldsorgen auf Reisen gehen. Sie haben erkannt, dass sie nur jetzt ihre Tochter aufwachsen sehen können. Sie genießen es, dass sie viel von dieser Zeit mitbekommen und nicht mehr in einem Bürojob festhängen, um viele Jahre später in Altersrente zu gehen und dann die Zeit mit ihrer Tochter nachzuholen. Wenn wir Geld als Lebensenergie betrachten, erlaubt es uns, dass wir unsere wertvollste und endliche Ressource bestmöglich einsetzen: Zeit.

Die Macht der Ersparnisse

Sehen wir Geld als Möglichkeit, um unser Leben freier gestalten zu können, spielen Ersparnisse eine wichtige Rolle. Frage dich als Gedankenexperiment einmal: Wie würdest du deine Zeit verbringen, wenn du ein Jahr freinehmen könntest, bei vollem Gehalt. Wundere dich nicht, wenn dir vielleicht nicht gleich etwas einfällt. Im bisherigen Leben hast du dich wahrscheinlich größtenteils mit deinem Job identifiziert und deine Wünsche und Träume eher unterdrückt. Was würdest du also tun?

Ersparnisse stellen eine Art finanzieller Unabhängigkeit dar. Ersparnisse können mehr Selbstbewusstsein und Verhandlungsmacht im Job geben. Ersparnisse überbrücken schlechte Einkommensphasen als Freelancer oder Unternehmer. Ersparnisse können die Sorge vor Obdachlosigkeit mindern. Ersparnisse halten davon ab, aus Verzweiflung schlechte Entscheidungen zu treffen. Hätte Lars ausreichend Puffer auf seinem Konto gehabt, hätte er seine Aktien nicht zum denkbar ungünstigen Zeitpunkt – während der Finanzkrise 2001 – verkaufen müssen. Geld zu sparen baut die Möglichkeit von Freiheit auf – Freiheit von zukünftigen Notfällen, Freiheit von Sorgen, Freiheit von Schulden oder Freiheit von einem ungeliebten Job.

Geld sparen ist wie der Bau eines Damms in einem Fluss: Das Wasser, das sich hinter dem Damm aufbaut, hat eine immer größer werdende potenzielle Energie. Je besser du Ersparnisse aufbaust, desto mehr bist du gewappnet für die überraschenden Situationen des Lebens – vom Anstrich deines Hauses bis zur Neuausrichtung deines Lebens.

Stufen der finanziellen Freiheit

Wie könnten die Stufen aussehen, auf denen wir uns der finanziellen Freiheit nähern? Die meisten von uns starten zu Beginn in einer finanziellen Abhängigkeit – bis zur finanziellen Freiheit sind es dann 6 Stufen.

Stufe 0: finanzielle Abhängigkeit

Als Kinder beginnen wir unser Leben in völliger Abhängigkeit von anderen Personen. Auch finanziell sind wir abhängig: Ohne die Hilfe von Dritten würden wir unser Leben nicht bestreiten können. In dieser Situation sind finanzielle Bildung und Disziplin meist noch nicht oder nicht gut entwickelt: Wir haben keinen Überblick über unsere Finanzen. Meistern wir jedoch diese Herausforderungen, erreichen wir die nächste Stufe und werden finanziell eigenständig.

Stufe 1: finanzielle Eigenständigkeit

In Stufe 1 stehen wir finanziell auf eigenen Beinen und sind nicht mehr von anderen Personen abhängig. Durch unser Einkommen können wir unseren Lebensunterhalt selbst sicherstellen. Unser Bewusstsein für die Finanzen ist verbessert und Mahnungen oder Verzugszinsen gehören der Vergangenheit an. Kommen ungeplante Ausgaben auf uns zu, haben wir allerdings noch etwas zu kämpfen und geraten in Stress. Das ändert sich mit Erreichen der Stufe finanzieller Stabilität.

Stufe 2: finanzielle Stabilität

Haben wir finanzielle Stabilität erreicht, lebt es sich bereits deutlich entspannter. Wir haben einen Notgroschen auf unserem Konto aufgebaut: eine Absicherung gegen ungeplante Ausgaben wie eine kaputte Waschmaschine, gegen Arbeitslosigkeit oder gegen säumige Kunden. All das bereitet uns mit einem Puffer auf dem Konto keine großen Sorgen mehr. Je nach unserer Präferenz haben wir 3 bis 6 Monatsausgaben oder gar mehr jederzeit verfügbar auf unserem Konto. Das lässt uns sehr beruhigt schlafen. Die Gefahr, dass wir unser Konto überziehen und wie Lars kein Geld mehr vom Automaten bekommen oder unverschämt hohe Zinsen zahlen müssen, ist gering.

Stufe 3: Schuldenfreiheit

Ist eine Notreserve aufgebaut, kann unser Gesamtvermögen trotzdem negativ sein. Vielleicht haben wir durch unsere Ausbildung noch einen Kredit abzuzahlen, haben aus Unwissenheit Konsumschulden gemacht oder uns bei einem Bekannten Geld geliehen. Der nächste Meilenstein auf dem Weg zur finanziellen Freiheit ist daher der Schuldenabbau. Für viele von uns sind Schulden ein schwerer Mühlstein um den Hals, und Schuldenfreiheit zu erreichen ist ein beachtlicher Schritt. Viele haben mir erzählt, dass sie oft gar nicht bemerkt haben, wie sehr es sie belastet hat, bis die Schulden dann verschwunden waren.

Wie sieht es bei dir aus? Weißt du, wie viel du schuldest und wem? Weißt du, was dich deine Schulden monatlich kosten? Alle Überschüsse, die den festgelegten Notgroschen auf dem Konto übersteigen, können wir für die Schuldentilgung nutzen. Dabei beginnen wir mit den teuersten Schulden wie Kreditkartenschulden, Dispokredite et cetera. Ausnahme sind hierbei Hypothekenkredite auf eigene Immobilien, die vermietet werden und bei denen es sich lohnen kann, diese nicht oder nur langsam zu tilgen. Sind Konsumschulden getilgt, geht es schuldenfrei weiter in Richtung finanzieller Sicherheit.

Stufe 4: finanzielle Sicherheit

Geld ist für uns an dieser Stelle bereits nichts mehr, was uns zu sehr beschäftigt oder gar Sorgen macht. Konsumschulden sind getilgt, unser Gesamtvermögen ist positiv. Unser Notgroschen auf dem Konto gibt uns Gelassenheit im Alltag. Das Geld, das wir monatlich zur Seite legen und den Notgroschen überschreitet, können wir investieren. Anstatt Zinsen zu zahlen, erhalten wir von nun an Zinsen oder Dividenden aus unserem investierten Geld.

Wie sich dies vernünftig bewerkstelligen lässt und dass es gar nicht so schwierig ist, wie man denken mag, besprechen wir in Kapitel 8. Unsere Erträge sind zu Beginn klein: erste Dividenden aus Aktien, ein paar Zinsen aufs Ersparte, später vielleicht Mieteinnahmen aus einer Immobilie oder Erträge aus einem Gewerbe, das wir neben- oder hauptberuflich aufbauen und mit Freude ausüben. Lars etwa generiert den Großteil seiner Einnahmen aus Dividenden und einen kleinen Teil aus seinem Internetgewerbe.

Finanzielle Sicherheit haben wir erreicht, wenn unsere passiven Erträge – Aktien erwirtschaften ganz nebenbei Dividenden – so groß sind, dass sie unsere grundlegenden Lebenshaltungskosten für Wohnen, Essen, Mobilität und Versicherungen decken. Wir werden finanziell immer unabhängiger von unserem Arbeitseinkommen, da wir durch Investitionen sichergestellt haben, dass wir auch ohne den Tausch von Zeit gegen Geld unser Auskommen haben. Die Erreichung dieser Stufe wird weit länger dauern als die Stufen zuvor. Auf diesem Weg brauchen wir also Durchhaltevermögen und eine starke Eigenmotivation. Wichtig ist daher eine Antwort auf die Frage nach unserem Warum aus Kapitel 2.

Stufe 5: finanzielle Unabhängigkeit

Auf der Stufe der finanziellen Unabhängigkeit übersteigen unsere passiven Einnahmen aus Investitionen unsere Lebenshaltungskosten inklusive Urlaub, Freizeit und allem, was wir für ein glückliches Leben an Materiellem benötigen. Wenn wir das geschafft haben, sind wir finanziell unabhängig von einem Arbeitseinkommen, und unser Job wird optional. Das heißt keinesfalls, dass wir den Job schmeißen müssen, haben jedoch die Möglichkeit dazu. Bei Lars war zu diesem Zeitpunkt das Gehalt aus seinem Angestelltenjob lediglich ein Zusatzverdienst – seinen Lebensunterhalt konnte er vollständig aus den Ausschüttungen seiner Aktien bestreiten.

Stufe 6: finanzielle Freiheit

Nach der finanziellen Unabhängigkeit folgt zu guter Letzt die finanzielle Freiheit. Auf dieser Stufe sind die Erträge aus dem eigenen Vermögen so hoch, dass wir uns alle materiellen Wünsche und Träume erfüllen können. Die Erträge übersteigen das, was wir für uns selbst und für ein glückliches Leben benötigen. Wie Lars, der trotz finanzieller Unabhängigkeit weiter Geld verdienen möchte, um Gutes zu tun, haben auch wir die Möglichkeit, Ziele, für die wir uns engagieren wollen, nicht nur mit unserer Zeit, sondern auch materiell zu unterstützen.

Die 4-Prozent-Regel

Wie können wir herausfinden, wie viel Geld wir tatsächlich benötigen, um uns bis ans Lebensende darum keine Sorgen mehr machen zu müssen? An welche Summe denkst du?

Die Antworten auf diese Frage sind sehr unterschiedlich. Menschen ohne finanzielle Bildung – und damit die Mehrheit der Bevölkerung – nennen eine willkürliche Zahl zwischen 5 und 100 Millionen Euro. Hierin steckt die Annahme, dass wir den größten Teil unseres Gehalts ausgeben und unseren Lebensstandard aufgebläht haben. Werden Finanzberater oder Experten befragt, kommen sie meist auf einen Betrag zwischen 2 und 10 Millionen Euro, den es braucht, um dauerhaft davon leben zu können.

Menschen, die sich mit finanzieller Unabhängigkeit und den Ideen der FIRE-Bewegung beschäftigen, kommen der Wahrheit wohl ziemlich nahe. Sie sagen: Lege die jährlichen Ausgaben zugrunde und multipliziere diese Zahl mit einem Faktor zwischen 20 und 50. Das Ergebnis stellt das notwendige Vermögen für die finanzielle Unabhängigkeit dar. Multiplizieren wir unsere jährlichen Ausgaben beispielsweise mit dem Faktor 25, so nehmen wir an, dass wir jährlich 4 Prozent aus unserem Vermögen entnehmen können, ohne jemals pleitezugehen. Diese Faustregel ist als 4-Prozent-Regel bekannt.

Doch woher kommt diese Zahl? Vereinfacht stellen wir uns vor, unser Vermögen sei am Aktienmarkt oder in anderen Anlageformen investiert. Angenommen, das Kapital zahlt pro Jahr durchschnittlich 3 Prozent Dividenden – das sind die Gewinnausschüttungen von Aktien – und erfährt im Durchschnitt einen Kursgewinn von zusätzlichen 4 Prozent: In Summe bedeutet dies eine Steigerung von 7 Prozent vor Inflation, um die das Vermögen jedes Jahr anwächst. Da wir den Kaufkraftverlust durch die Inflation sowie die Schwankungen am Aktienmarkt zusätzlich zum Durchschnitt berücksichtigen müssen, müssen wir vorsichtiger sein und weniger entnehmen. Damit gleichen wir schlechte Jahre aus und gehen nicht frühzeitig pleite. 4 Prozent haben sich dabei in wissenschaftlichen Simulationen als sinnvolle Größe herausgestellt, bei der man ein geringes Bankrottrisiko hat, auch bei schwankenden Märkten.

Falls du aufgrund von Erinnerungen an Wirtschaftskrisen und Börsencrashs skeptisch bist, schauen wir uns an, welche Fakten dahinterstehen. Natürlich ist das eine idealisierte Rechnung: In der Realität steigen die Börsenkurse nicht jedes Jahr gleichmäßig um 7 Prozent. Auch die Inflation ist nicht in jedem Jahr gleich hoch. In einer Zeitspanne von 40 Jahren oder mehr, über die sich die Rente bei Frugalisten erstrecken kann, sind in der Vergangenheit extreme Ereignisse passiert.

Mit der sicheren Entnahmerate das Auf und Ab der Börse abfangen

Weltwirtschaftskrise, Weltkriege, Hyperinflation, Währungsreformen, New-Economy-Krise, Bankenkrisen, Zeiten mit einer zweistelligen Inflationsrate und zweistelligen Zinsen. Wären wir 1921 in Rente gegangen, mit einem Großteil unseres Vermögens investiert in Aktien, wären wir 1929 nach 8 Jahren so vermögend gewesen, dass wir die Auswirkungen der Weltwirtschaftskrise nicht groß gespürt hätten. Wären wir hingegen Anfang der 2000er Jahre in Rente gegangen, hätten wir nach kurzer Zeit einen großen Vermögenseinbruch und niedrige Dividendenausschüttungen erlebt. Nach nur einigen Jahren in Rente sähe es eher schlecht aus um unser Vermögen.

Führen wir uns den Sachverhalt an einem Zahlenbeispiel vor Augen: Angenommen, wir haben 2000 Euro angelegt und entnehmen pro Jahr 80 Euro zur Bestreitung unseres Lebensunterhalts. Im ersten Fall starten wir in einem Boomjahr mit einer Rendite von plus 30 Prozent, auf das im zweiten Jahr ein Rückgang um minus 20 Prozent folgt. Unser Vermögen steigt im ersten Jahr auf 2520 Euro und sinkt im zweiten Jahr auf 1936 Euro. Vertauschen wir jedoch lediglich die Reihenfolge der Ereignisse – die Krise schlägt also zuerst zu und danach kommt der Boom –, sieht unser Vermögen nach dem zweiten Jahr anders aus: Es wäre dann mit 1896 Euro geringer als im ersten Fall mit 1936 Euro.

Die Reihenfolge von hohen und niedrigen Renditen ist entscheidend, und das entsprechende Risiko wird als »Sequence of Returns Risk« (SOR) bezeichnet. Im Idealfall möchten wir zu einer Zeit mit niedrig bewerteten Aktien kurz vor einer langen Boomphase in Rente gehen.[33] Die Zukunft kann jedoch niemand voraussagen. Wie also finden wir trotzdem eine Antwort auf die Frage, wie viel wir für eine sorglose Rente benötigen?

Zum Glück haben Wissenschaftler der Trinity University in Texas 1998 errechnet, wie es einer fiktiven Testperson, die 1925 bis 1955 in Rente war, während dieser 30 Jahre ergangen wäre: Welchen Betrag hätte sie jährlich entnehmen können, ohne pleitezugehen? Danach errechneten sie dies für eine Person, deren Rente von 1926 bis 1956 währte, eine weitere für die Spanne von 1927 bis 1957 und so weiter bis zum Jahr 1995. Sie nahmen an, dass das Vermögen dieser Person zu 50 Prozent aus Aktien und zu 50 Prozent aus risikoärmeren Staatsanleihen bestand. Und es gab eine weitere Annahme: Die Testperson gab in den Berechnungen jedes Jahr einen um die Inflationsrate erhöhten Betrag aus.

Das Ergebnis dieser immensen Fülle an Berechnungen aus der sogenannten »Trinity-Studie«: Selbst im ungünstigsten Fall – die Rente hätte direkt vor dem Börsencrash 1929 begonnen – wären wir nicht pleitegegangen, wenn wir jährlich maximal 4 Prozent unseres Vermögens entnommen hätten.[34] Eine Testperson, die zu diesem Zeitraum gelebt hätte, hätte demnach bei einem Aktien- und Anleihevermögen von 200 000 Euro jährlich 4 Prozent, also 8000 Euro entnehmen können, ohne diesen Betrag während dieser 30 Jahre aufzubrauchen – und dabei die Summe sogar in Höhe der jährlichen Inflation steigern können. Dieser prozentuale Wert, den wir unserem Vermögen jährlich entnehmen können, wird »sichere Entnahmerate« genannt.

Das Ergebnis der Trinity-Studie schlägt damit eine sichere Entnahmerate von 4 Prozent vor. Diese stellt die unterste Grenze für den ungünstigsten Fall dar. In vielen Jahren hätten die Testpersonen auch 5 Prozent oder mehr entnehmen können und trotzdem noch mit einem Vermögenszuwachs rechnen können.

Reichen 4 Prozent wirklich?

Nichtsdestotrotz gibt es berechtigte Kritik an der Aussagekraft der Studie. Frugalisten, die früh eine Unabhängigkeit vom Arbeitseinkommen anstreben, wollen nicht nur eine Pleite während der ersten 30 Jahre verhindern. Vielmehr möchten sie ebenso wie beispielsweise Lars, der mit 44 in Rente ging, nicht nur bis 74 gut leben, sondern möglicherweise bis 100 oder noch länger.

Wenn wir anstelle von 30 Jahren einen Entnahmezeitraum von 50 Jahren in der Trinity-Studie annehmen, sinkt die Erfolgswahrscheinlichkeit auf etwa 80 Prozent. Für 100 Prozent Erfolgswahrscheinlichkeit bei 50 Jahren dürfte die Entnahmerate nur zwischen 3 und 3,5 Prozent betragen.

Ein weiterer Kritikpunkt ist die Tatsache, dass das untersuchte Wertpapierportfolio ausnahmslos Aktien amerikanischer Unternehmen enthielt, die während des Untersuchungszeitraums von 1925 bis 1995 eine höhere Rendite erzielten als der Durchschnitt der gesamten Welt. Auch die Renditen der Staatsanleihen waren im untersuchten Zeitraum höher, als sie es heute sind. Ebenfalls wurden keine Gebühren oder Steuerzahlungen berücksichtigt. Hinzu kommt die Unsicherheit persönlicher Umstände: Wir wissen nie, was ist, wenn unsere Ausgaben plötzlich aufgrund gesundheitlicher oder anderer Probleme massiv ansteigen.

Es gibt daher durchaus Gründe, warum die Entnahme von 4 Prozent pro Jahr zu hoch angesetzt sein könnte. Gleichzeitig gibt es jedoch Argumente, die eine höhere Entnahmerate rechtfertigen, ohne je in finanzielle Schieflage zu geraten. Ein Beispiel ist die Annahme der Trinity-Studie, dass jedes Jahr der exakt gleiche und um die Inflationsrate erhöhte Betrag entnommen wird. Wir sind jedoch in der Realität flexibler und können unsere Ausgaben innerhalb eines gewissen Rahmens situationsbedingt anpassen.

Außerdem geht die Studie davon aus, dass ein finanziell unabhängiger Mensch in seinem Leben niemals einen Cent zusätzlich verdienen wird. Wie wir gesehen haben, ist es jedoch unwahrscheinlich, dass ein aktiver, unternehmungslustiger Frugalist im Alter von 40 kein Geld mehr für eine Tätigkeit erhält – sei es ein Teilzeitjob, der Erfüllung bringt, eine selbstständige Tätigkeit oder die Freude am Angestelltenjob. Zudem unterstellt die Studie, dass die Testpersonen im Alter nicht weniger Geld ausgeben würden. Doch genau das ist bei älteren Menschen meist der Fall: Ihre Ausgaben sind nicht mehr so hoch wie in jüngeren Jahren. Zudem sind in der Studie Zahlungen aus gesetzlicher Rente, betrieblicher Altersvorsorge oder Erbschaft nicht berücksichtigt.

4 Prozent könnten für eine sichere Entnahme also auch zu niedrig angesetzt sein. Aus meiner Sicht ist allerdings gar nicht entscheidend, ob die sichere Entnahmerate bei 4 Prozent, bei 3 oder nur bei 2 Prozent liegt. Die 4-Prozent-Regel markiert viel-

mehr eine erste Ziellinie: Wenn wir finanziell unabhängig sein wollen, zielen wir darauf ab, ein Vermögen in Höhe des 25-Fachen unserer Jahresausgaben anzusparen. Sobald wir kurz vor der Zielgeraden stehen, sollten wir uns aber nicht mehr stur auf einen Prozentwert verlassen, sondern stattdessen unsere Ausgaben regelmäßig auf Flexibilität prüfen und einen konkreten Plan aufstellen: Wie flexibel können wir auf sich ändernde Lebensumstände oder Marktphasen mit unseren Ausgaben reagieren?

In diesem Fall stellt die 4-Prozent-Regel eine gute Faustregel für die benötigte Summe dar, um unabhängig von einem Arbeitseinkommen zu sein. Bei einer Entnahmerate von 4 Prozent nehmen wir das 25-Fache der jährlichen Ausgaben, bei einer Entnahme von 5 Prozent das 20-Fache und so weiter. Haben wir das 25-Fache unserer jährlichen Ausgaben angespart, steht auf jeden Fall fest, dass wir uns eine enorme finanzielle Unabhängigkeit verschafft haben. Selbst ohne Investitionserträge könnten wir über 20 Jahre von unserem Vermögen leben. Damit ist ein großer Hebel für eine freie Lebensgestaltung und nachhaltiges Glück geschaffen. Niemand zwingt uns, dann auch unseren Job aufzugeben.

Die monatliche Sparquote

Wenn es um ein genügsames Leben auf dem Weg zur finanziellen Freiheit geht, höre ich oft den Satz: »Meine Ausgaben sind mir egal. Ich erhöhe lieber meine Einnahmen.« Die Erhöhung des Einkommens und der Aufbau mehrerer Einkommensquellen sind in jedem Fall sinnvoll und beschleunigen den Vermögensaufbau – doch das allein reicht nicht. Wie viele Beispiele von Prominenten mit einem unfassbaren Gehalt kennen wir, die später ihre Kosten nicht mehr im Griff hatten und sogar pleitegingen? Für den Vermögensaufbau ist am Ende nicht wichtig, was hineinkommt, sondern was übrigbleibt. Dieser Grundsatz gilt unabhängig vom Einkommen.

Als Beispiel nehmen wir Elektriker Mark, der im Jahr 20 000 Euro aus seinem Teilzeitjob zur Verfügung hat. Er führt ein glückliches Leben mit Ausgaben in Höhe von 18 000 Euro und kann dabei 10 Prozent sparen, also 2000 Euro. Als Gegenbeispiel nehmen wir Justus, einen erfolgreichen Anwalt mit einem Jahresgehalt von 400 000 Euro: Er lebt in einer gewaltigen Villa, leistet sich drei flotte Sportwagen, mehrere Fernreisen und Golfklubmitgliedschaften. Trotzdem schafft er es nicht, alles Geld auszugeben, sondern es bleiben wie bei Mark 10 Prozent, in seinem Fall also 40 000 Euro, übrig. Justus spart damit im Vergleich zu Mark jedes Jahr die 10-fache Summe. Wenn beide bei jeweils gleichbleibendem Lebensstandard finanzielle Unabhängigkeit anstreben würden, wann hätten sie diese erreicht? Die Antwort: nach der gleichen Zeit! Denn das alleinige Kriterium, das bestimmt, wann wir finanzielle Unabhängigkeit erreichen, ist unsere Sparquote.

Warum die monatliche Sparquote der größte Hebel ist

Die Differenz aus unseren monatlichen Einnahmen und Ausgaben ist die Sparrate. Ein absoluter Betrag in Euro. Noch wichtiger ist jedoch die Sparquote. Sie beschreibt die Sparrate in Prozent: Welchen Teil unseres monatlichen Nettoeinkommens können wir sparen und für den Vermögensaufbau nutzen? Sie hängt sowohl von unseren Einnahmen als auch von unseren Ausgaben ab. Nehmen wir an, unsere Sparquote beträgt 0 Prozent: Alles Geld, das wir verdienen, geben wir auch aus. Damit werden wir niemals unabhängig von unserem Job werden und unendlich viele Jahre benötigen, um ein Vermögen aufzubauen, von dem wir leben können – es bleibt monatlich ja nichts übrig. Für unser

Auskommen sind wir auf Staat, Verwandtschaft oder Wunder angewiesen. Im anderen Extrem, bei einer Sparquote von 100 Prozent – wir leben also allein von Luft und Liebe –, wären wir bereits heute finanziell unabhängig. Irgendwo zwischen diesen beiden Extremen werden wir uns befinden.

Beginnen wir zu sparen und unsere monatlichen Überschüsse zu investieren, wird sich unser Vermögen aufbauen. Erträge erwirtschaften wiederum Erträge und unser Vermögen wächst exponentiell an. Je nach Höhe unserer monatlichen Sparquote lässt sich ausrechnen, wie viele Jahre wir benötigen, bis wir für immer von unserem Vermögen leben können und die Möglichkeit haben, in Rente zu gehen. Mit zunehmender Sparquote verringert sich die Zeit in einem Hamsterrad.

Diese Abnahme hat jedoch ebenfalls keinen linearen Verlauf, sondern eine Kurvenform. In Deutschland beträgt die monatliche Sparquote privater Haushalte laut Statistischem Bundesamt rund 10 Prozent.[35] Mit einer Sparquote von 10 Prozent und der Annahme, dass das investierte Vermögen 5 Prozent nach Inflation erwirtschaftet und 4 Prozent pro Jahr entnommen werden, müssen wir durchschnittlich 50 Jahre im Hamsterrad strampeln, bis wir finanzielle Unabhängigkeit erreichen.[36] Für Amerikaner mit einer durchschnittlichen Sparquote von 6 Prozent sind es übrigens sogar 62 Jahre. Das Einzige, was das Auskommen im Alter sichern kann, sind eine Erbschaft, die gesetzliche Rente oder eine betriebliche Altersvorsorge.

Nehmen wir jedoch nur kleine Veränderungen an unseren Lebensgewohnheiten vor – etwa keinen Neuwagen für 50 000 Euro auf Kredit zu kaufen, den wir ohnehin nur in der Stadt benutzen –, landen wir bei einer Sparquote von 20 Prozent. Allein diese Änderung, die unsere Lebensqualität vermutlich kaum einschränkt, bewirkt, dass wir knapp 15 Jahre weniger brauchen bis zur finanziellen Freiheit.

Entschließen wir uns außerdem, häufiger selbst zu kochen, teure und schädliche Laster wie das Rauchen aufzugeben, verringert sich die Zeit bis zur Unabhängigkeit weiter. Angenommen nach einigen weiteren Überlegungen in Bezug auf Gesundheit und Umwelt oder die Wahl eines Wohnorts nahe der Arbeitsstätte steigt die Sparquote wie in meinem Fall auf 62 Prozent: Das führt dazu, dass nur noch 12 Arbeitsjahre notwendig sind. Peter aus der Einleitung tat genau dies und ging nach 10 Jahren Berufstätigkeit im Alter von 31 Jahren in Rente. Benötigen wir für unser glückliches Leben gar weniger als ein Drittel unseres Einkommens und sparen 72 Prozent pro Monat wie Oliver, den wir später noch kennenlernen, besteht die Arbeitszeit, die bis zur Rente erforderlich ist, aus lediglich 8 Berufsjahren.

Sparquote schlägt Aktienmarkt

Liest man Berichte von Menschen, die früh die finanzielle Unabhängigkeit erreicht haben und ihren Lebensunterhalt aus den Erträgen ihrer Aktien bestreiten, kommt oft ein falsches Vorurteil zum Vorschein: »Oh wow, du bist also ein Börsenprofi und hast das richtige Händchen gehabt, deshalb konntest du so früh in Rente, richtig?« Dabei ist die Optimierung der letzten Nachkommastelle bei Renditen überhaupt nicht ausschlaggebend.

Stellen wir uns vor, wir sind ein Meister des Investierens und erzielen am Aktienmarkt pro Jahr eine Rendite von 15 Prozent über 40 Jahre lang wie die Investorenlegende Warren Buffett – etwa doppelt so viel wie die Rendite des faulsten Anlegers, der in einen ETF auf die Welt investierte. Nehmen wir außerdem an, das Nettoeinkommen beträgt 2100 Euro im Monat. Durch eine frugalistische Lebensweise erreichen wir ein glückliches Leben mit 1400 Euro und einer Sparquote von 33 Prozent. Diese 700 Euro im Monat ergeben jährlich 7400 Euro, um die unser Vermögen ansteigt, Kapitalerträge nicht mitgerechnet. Im Vergleich zum Durchschnitt in Deutschland, der 10 Prozent, also 2520 Euro jährlich sparen könnte, sind wir damit mehr als dreimal so gut. Der Unterschied zwischen Starinvestor und Durchschnitt beträgt 2 zu 1, wohingegen der Unterschied zwischen Durchschnittskonsumenten und bewusstem Frugalisten 3 zu 1 beträgt. Wir sehen: Es ist sehr viel sinnvoller, wenn wir uns darauf konzentrieren, einen effizienten Lebensstil mit geringen Ausgaben zu pflegen, statt als Börsenguru den Aktienmarkt schlagen zu wollen.

Der Grund dafür ist, dass eine dauerhafte Reduzierung des notwendigen Betrags, den wir für unser glückliches Leben benötigen, zwei Effekte hat: Zum einen erhöht sich der Sparbetrag, den wir monatlich zur Verfügung haben, um unser Vermögen aufzubauen. Zum anderen reduziert sich dauerhaft der Geldbetrag, den wir monatlich benötigen, bis ans Ende unserer Tage. Wir erhalten also insgesamt mehr passive Einnahmen aufgrund eines größeren Vermögens und benötigen gleichzeitig weniger Geld, um ein erfülltes Leben zu führen, weil wir unser Geld effizienter einsetzen können.

Indem wir uns daher auf die Sparquote als relevante Messgröße konzentrieren statt auf die letzten Optimierungen bei Investitionen, erhöhen wir unsere Chancen, finanziell unabhängig zu werden, und konzentrieren uns gleichzeitig auf das Wichtigste: ein erfülltes und glückliches Leben zu führen.

Finanzielle Freiheit für Geringverdiener

Wenn man sich in der FIRE-Community umschaut, fällt auf, dass besonders Akademiker wie Ingenieure, Ärzte oder Unternehmer, die meist ein hohes Einkommen haben, hier überdurchschnittlich häufig anzutreffen sind. Wenn Menschen mit niedrigerem

Einkommen dies bemerken, wenden sie sich meist vom Thema ab und gehen davon aus, dass die Ideen des Frugalismus nicht für sie anwendbar seien. Tatsächlich sind die Effekte eines frugalistischen Lebens jedoch umso größer, je weiter wir uns im Einkommensspektrum nach unten bewegen.[37]

Auf einem FIRE-Event in Rumänien habe ich einen Manager eines internationalen Konzerns kennengelernt. Sein Jahresgehalt betrug rund 250 000 Euro. Wenn man ihm sagte, dass er profitiere, wenn er in der Bar den dritten Cocktail für 10 Euro wegließe, würde er zu Recht antworten, dass diese Ausgabe nur rund 10 Minuten seines Arbeitslohns nach Steuern entspreche. Was aber ist mit jemandem, der im Jahr nur 25 000 Euro zur Verfügung hat? Eine Ausgabe von 10 Euro hat hier einen zehnmal so großen Effekt auf seine Finanzen wie auf die des Großverdieners. Einen noch größeren Effekt hat es auf seinen monatlichen Sparbetrag, sofern er etwas spart.

Frugalismus funktioniert auch für Geringverdiener

Trotz des plakativen Titels einer vorzeitigen Rente mit 40 ist klar, dass man als Geringverdiener nicht nach wenigen Jahren finanziell ausgesorgt haben kann. Das Konzept des Frugalismus kann jedoch das Leben bereits heute zum Besseren verändern: Durch mehr Durchblick in den Finanzen und mehr Bewusstsein für die Dinge, die uns glücklich machen, geben wir weniger Geld für Unnützes aus. Der Cocktail für 10 Euro ist dafür ein simples Beispiel: Gut gemacht und zu besonderen Anlässen mit Freunden in toller Atmosphäre genossen, bringt er durchaus Lebensfreude. Unbewusst aus Gewohnheit und im Alltagstrott bringt er uns jedoch keine Lebensfreude, sondern verringert unsere Freiheit durch den Verbrauch von Geld, das wir vermutlich besser einsetzen können. Mehrere dieser kleinen, aber regelmäßigen Ausgaben summieren sich schnell, was vielen nicht bewusst ist. Dies schauen wir uns später im Kapitel über Gewohnheiten und deren finanziellen Effekt genau an.

Eine Familie mit mittlerem Einkommen und einem Haushaltsverdienst von 50 000 Euro im Jahr, von denen sie 12 Prozent oder 500 Euro pro Monat spart, ist bereits besser als der Durchschnitt hierzulande. Doch leider bedeutet »besser als der Durchschnitt« immer noch mehr als 47 Jahre bis zur Rente.[38] Die Kündigung von Abos, das Streichen einiger Frappuccinos und mehr Bewegung anstatt unnötiger Autofahrten könnten die Sparquote auf 20 Prozent anheben, was ermöglichen würde, 11 Jahre früher in Rente zu gehen. Ich finde es spannend, sich die Frage zu stellen, ob Starbucks und Stunden vor dem Fernsehgerät es wert sind, dass zwei Vollzeitarbeitstätige dafür zusätzliche 11 Jahre arbeiten.

In einem Fernsehbeitrag des Bayerischen Rundfunks zum Thema Frugalismus wurde als kritische Expertenstimme die Berechnung von Carla Krolage am Münchner ifo Institut herangezogen: Sie rechnete vor, dass jemand, der mit 21 angefangen hat, zum Durchschnittslohn zu arbeiten, und dies bis zu seinem 40. Geburtstag fortgesetzt hat, trotz sparsamen Lebens nicht so früh in Rente gehen könne. »Frugalismus ist nicht massentauglich. Familie ist in diesem Szenario eh nicht drin«, lautete das Fazit der Expertin.[39] Auf genau diesen Aspekt von Familien mit Kindern kommen wir in Erfahrungsberichten noch zu sprechen.

Eine Rente mit 40 ist jedenfalls keinesfalls die einzige und unverrückbare Bedingung in einem frugalistischen Leben. Personen mit überdurchschnittlichen Einkommen haben die Möglichkeit, deutlich vor dem gesetzlichen Renteneintritt die Entscheidung zu treffen, nicht mehr für Geld zu arbeiten. Mit geringerem Einkommen sind offensichtlich mehr Arbeitsjahre notwendig. Es kann dann die Option auf eine Rente mit 45, 50 oder 60 bestehen – und das ist ja auch schon ein lohnendes Ziel.

Dies soll jedoch nicht heißen, dass es keine Vorbilder gibt, die ohne Studium mit dem Verdienst aus ihrem Ausbildungsberuf die finanzielle Unabhängigkeit vor 40 erreicht haben. Ein Beispiel ist Melanie, die bei Opel eine Ausbildung zur Energieelektronikerin gemacht hat. Durch Schichtarbeit und einen genügsamen Lebensstil investierte sie über die Jahre in vier Immobilien, die sie bis zu ihrem 38. Geburtstag abbezahlen konnte. Nach einer betriebsbedingten Kündigung inklusive Abfindung ist sie heute finanziell unabhängig und lebt von den Erträgen ihrer Immobilien. Sie kümmert sich um deren Verwaltung, geht mit ihrem Hund spazieren und achtet mehr auf ihre Gesundheit.[40]

Menschen mit geringem Einkommen schaffen keine Sparquoten von 60 oder gar 80 Prozent – das ist ganz klar. Denn sie müssen ihr gesamtes Geld oft bereits aus der Not heraus für das Notwendigste ausgeben. In einem meiner Interviews machte Ranga, der in der Mittelschicht Indiens aufwuchs und den wir in Kapitel 4 kennenlernen, eine wichtige Bemerkung: »Es gibt einen Unterschied zwischen arm und sparsam.« Wenn man die Möglichkeit hat, etwas zu sparen, ist das ein Luxus. Ein Mensch in Armut, der sein Geld zur Befriedigung der grundlegendsten Bedürfnisse verwenden muss, kann nicht sparen.

Einkommenskönig statt Sparhansel

Aber auch wenn wir nicht von Armut betroffen sind und ein geringes oder durchschnittliches Gehalt haben, stoßen wir bei der Optimierung unserer Finanzen irgendwann an eine Grenze: Versuchen wir, möglichst viel Lebensfreude für geringen Einsatz an Lebensenergie in Form von Geld zu erhalten, haben wir irgendwann ein Optimum erreicht. Würden wir unsere Ausgaben weiter reduzieren, wäre das mit einem Verlust an Lebensqualität verbunden – was Frugalisten nicht anstreben. Die Sparquote lässt sich daher durch Ausgabenreduzierung nicht weiter erhöhen.

Das sieht auch Alex, der mit seiner Familie auf Weltreise ist, so: »Wer vor dem Durchschnitt in Rente möchte, muss auch mehr tun als der Durchschnitt.« Damit meint er nicht, »der größte Sparhansel zu werden, sondern ein Einkommenskönig!«. Wer wenig verdient und ohne Verlust an Lebensqualität seine Ausgaben nicht weiter reduzieren kann, wird nicht viel für die finanzielle Freiheit sparen können. »Warum investiert man nicht einen Teil seiner Freizeit und vielleicht auch etwas Geld, um sich etwas aufzubauen? Etwas Eigenes, was einem Spaß macht, sich nicht nach Arbeit anfühlt und in Zukunft jeden Monat 1000 Euro einbringt«, führt Alex sein eigenes Beispiel an.

Die Möglichkeiten, Einkommen zu generieren oder zu steigern, sind praktisch unbegrenzt – sei es durch Weiterbildungen, um den eigenen Marktwert zu erhöhen und eine bessere Bezahlung pro Stunde zu erhalten, oder durch den Aufbau eines Nebengewerbes zusätzlich zum Angestelltenjob. Die Chancen sind dank des Internets heute so gut wie nie: Wir können einen Videokurs über unser Hobby erstellen und diesen auf einer Schulungsplattform zum Verkauf anbieten. Wir können unser Wissen und unsere Erfahrungen auf einem Spezialgebiet in Form von E-Books, Hörbüchern und vielem mehr der ganzen Welt zugänglich machen. Die Erhöhung unseres Einkommens ist meistens mit dem Verlassen der Komfortzone und dem Erlernen neuer Fähigkeiten verbunden. Wie wir im Kapitel über die Faktoren eines glücklichen Lebens erfahren haben, profitieren wir hiervon wieder einmal doppelt: mehr Glück und mehr Vermögen.

Ohne Sorgen durchs Leben gehen

Indem wir uns mit Finanzen, Glück und bewusstem Konsum beschäftigen, lernen wir noch eine weitere Form von Freiheit kennen: die psychologische Freiheit. Finanzielle Freiheit muss nicht immer eine frühe Rente oder ein ausreichendes Vermögen, das den Lebensunterhalt finanziert, bedeuten – sie kann auch darin bestehen, dass wir selbstbewusster und mit weniger Sorgen durchs Leben gehen.

Je mehr Bewusstsein wir für unsere Finanzen entwickeln, desto weniger sind wir den Marketingtricks im Kaufhaus oder Impulskäufen ausgeliefert. Wir entscheiden selbst und bewusst, wie wir unser Geld einsetzen. Auch unser emotionales Glück hängt nicht mehr von unseren Finanzen ab. Finanzielle Freiheit bei geringem Gehalt kann bedeuten, dass wir nicht mehr Freunde anpumpen müssen, um noch ein paar Tage bis zum nächsten Gehalt zu überbrücken. Eine kaputte Waschmaschine oder ein ungeplanter Schulausflug bringen uns nicht mehr ins Schwitzen, da ausreichend Puffer angespart ist. Wir müssen uns immer weniger mit dem Thema Geld beschäftigen und können unseren Alltag mit anderen Dingen füllen.

Das Vergrößern der finanziellen Freiheit ist vielschichtig und finanzielle Freiheit kann daher für jeden etwas anderes bedeuten: für die einen, nicht mehr auf das Arbeitseinkommen angewiesen zu sein, und für die anderen, sich weniger Sorgen um das Geld machen zu müssen. Geld wird nicht mehr zum Problem, und wir können uns wichtigeren Problemen widmen.

Eine Frage, die mich weitergebracht hat in Bezug auf meine Einstellung zu Geld: Wenn du morgen deinen Job verlieren würdest, wie lange könntest du deinen Lebensstandard aufrechterhalten, allein aus deinem angesparten Vermögen? Sind es Tage, Wochen oder Jahre?

Die Ausgangssituation ist für alle unterschiedlich. Bildungshintergrund der Eltern, Geschlecht oder Herkunft können das Ganze für manche weit schwieriger machen als für andere. Nichtsdestotrotz bin ich der Meinung, ob es der Traum vom Reisen, liebende Beziehungen zu erleben und Familie oder mehr Lebensqualität durch ein bewussteres Leben sind – wir können alle profitieren, auf jedem Einkommens- und Konsumniveau.

Praxisaufgabe: Was bedeutet finanzielle Freiheit für dich?
- Wie oft in der Woche machst du dir Sorgen um deine finanzielle Situation?
- Wie sähe dein Alltag aus, wenn Geld in deinem Leben keine Rolle spielen würde?
- Wer hat dir dein erstes Wissen über Geld beigebracht und was hast du gelernt?
- Wie hoch ist das Vermögen, das du für die finanzielle Unabhängigkeit brauchst? Schätze hierfür deine jährlichen Ausgaben und multipliziere sie mit 25. Dies ist dein Vermögen, von dem du mit der 4-Prozent-Regel leben kannst.
- Wie lange könntest du von deinem Vermögen leben, wenn du morgen deinen Job verlierst? Addiere hierzu alle Vermögenswerte und teile die Summe durch deine monatlichen Ausgaben. Das ergibt die Anzahl an Monaten, in denen du ohne finanzielle Sorgen deinen jetzigen Lebensstandard aufrechterhalten kannst.

4

Frugalismus-Baustein: Welche Ausgaben machen dich glücklich?

Ranga aus Nürnberg: Mittellos im fremden Land zur finanziellen Freiheit

Ranga[41] ist Mitte 30, verheiratet und lebt mit seiner Frau und zwei kleinen Kindern in Nürnberg. Ranga ist in Rente, auch wenn er das selbst nicht so nennen würde. Wir sind in einem kleinen Café in der Nähe seiner Wohnung verabredet. Er wirkt freundlich und gelassen, sein indischer Akzent ist hörbar, aber er spricht sehr gut deutsch. Dass er einmal mit Mitte 30 in Rente gehen und frei über seine Zeit mit den Kindern bestimmen könnte, hätte er sich früher nicht träumen lassen. 2003 kam er mit 22 Jahren aus Indien nach Deutschland: mit 400 Euro in der Tasche und den beiden Worten »bitte« und »danke« an Sprachkenntnissen.

Rangas Kindheit in Indien: 25 Personen unter einem Dach

Ranga wuchs mit seinem Bruder und seinen Eltern in der Nähe von Neu-Delhi auf. Er lebte mit seinen Verwandten in vier Generationen zusammen in einem Haus. Jede Familie hatte ein Zimmer, Küche und zwei Toiletten teilten sich die insgesamt 25 Familienmitglieder.

»Frugal zu leben, ist für mich ein Luxus!«, erklärt mir Ranga.

Dass er die letzten Jahre die Möglichkeit hatte, viel Geld zu sparen und sich dadurch Freiheit aufzubauen, sei ein Luxus gewesen. »Es gibt einen Unterschied zwischen sparsam und arm«, fährt Ranga fort: »Wenn du nichts hast, kannst du auch nicht sparsam sein. Erst wenn deine Grundbedürfnisse sichergestellt sind, hast du den Luxus, etwas sparen zu können.« Er weiß, wovon er spricht.

Die Schuhe, die seine Eltern ihm und seinem Bruder kauften, waren immer zwei Nummern zu groß, sodass sie länger hielten. »Ich musste später meine Zehen etwas einziehen, damit ich sie noch etwas länger anziehen konnte«, erklärt er. Erst wenn sie löchrig wurden, war es für die Eltern ein Signal, die Schuhe zu ersetzen. Mit 18 brauchte Ranga eine Brille, »aber wir haben es ein Jahr hinausgezögert, weil das Geld nicht da war«. Daher ist ihm die Unterscheidung zwischen arm und frugal sehr wichtig.

Schon als Jugendlicher sparte er und wollte, dass das Geld für ihn arbeitet – und nicht er für das Geld. »Ich stellte mir immer vor, dass eines Tages der Postbote vorbeikommt und mir Geld bringt«, erzählt Ranga mit einem Lächeln. Er beschreibt seine Kindheit als sehr glücklich. Sein Vater war Arzt, und im Vergleich zu vielen Familien in der Nachbarschaft ging es der Familie ziemlich gut: Sie gehörten in Indien zur Mittelschicht. Die Verhältnisse in Armut waren trotzdem sehr schwierig und prägend für Ranga. »Ich habe in der Praxis meines Vaters erlebt, dass Familien umgerechnet keine 10 Cent für eine lebensrettende Spritze für ihr Kind hatten. Viele Menschen sind gestorben!«

Ranga konnte nach der Schule studieren und wählte Elektrotechnik – ein Fach, das er in Indien mit einem Bachelor abschloss. Sein Vater wünschte sich, dass er auch den Master in Indien absolvierte. Ranga jedoch wollte andere Länder kennenlernen und schlug deshalb vor, den Master anderswo zu machen. Für 2 Jahre ins Ausland und wieder zurück, das war sein Plan. Da er Englisch sprach, wollte er in die USA – doch 20 000 Dollar pro Jahr für das Studium machten dies unmöglich. Daher kam er nach Deutschland und wagte im Alter von 22 Jahren das Experiment, ohne Geld und der Sprache nicht mächtig.

Ohne Geld und Sprachkenntnisse – aber mit einem Ziel

Als er in Deutschland ankam, war ihm klar, dass sein Geld begrenzt war. Sein Ziel war, sich mindestens 6 Monate durchzuschlagen. Wenn es schiefginge, müsste er zurück nach Indien.

Ich möchte wissen, wie er ohne Sprachkenntnisse an Geld für Nahrung und Miete gekommen sei, während er studierte: »Zu Beginn bin ich täglich ins Jobcenter gegangen. Ich habe eine Nummer gezogen, wie in einer Lotterie. Sie zogen Zettel aus einem großen Topf und, wenn man Glück hatte, bekam man Arbeit. Wenn es nicht klappte, ging ich wieder an die Uni.« Die Jobs dauerten meist nur einen Tag, manchmal auch etwas länger. »Ich verrichtete meistens Lagerarbeiten in einer Fabrik, reinigte Schiffscontainer oder verteilte Flyer für einen Stundenlohn von 5 Euro. An einem Tag stand ich stundenlang mit einem Werbeschild in der Kälte. Die passende Kleidung hatte ich noch nicht. Ein Passant hatte Mitleid und schenkte mir Handschuhe.«

Er lebte sparsam. Seine gesamten Monatsausgaben in Deutschland betrugen 260 Euro, inklusive Miete. »Gewohnt habe ich zur Miete in einer Einzimmerwohnung, die ich für 180 Euro mit einem Freund geteilt habe.« Er führte ein Haushaltsbuch. 20 Euro benötigte er für ein Handy. Nachdem Internet, Strom und ein Ticket für den öffentlichen Verkehr bezahlt waren, reichten ihm 25 Euro für Essen – im Monat. Etwas ungläubig frage ich, wie er sich für unter einem Euro pro Tag ernährt habe: »Einmal die Woche fuhr ich mit dem Bus zu einem speziellen, aber weiter entfernten Supermarkt, weil dort die Dose Kidneybohnen nur 10 Cent kostete – bei Aldi oder Lidl kostete sie 25 Cent. Die Busfahrt war in meinem Studententicket enthalten, und Zeit hatte ich ja.« Mir fällt auf, dass er von dieser Zeit keineswegs wehklagend berichtet oder jammert, dass er es schwer hatte – im Gegenteil: Er lächelt und wirkt ein wenig stolz. Als ich ihn darauf anspreche, lacht er: »Ja, ich kann mich nicht beschweren, ich hatte ja Spaß!«

»Das Doofe war aber, ich habe immer das Gleiche gegessen«, fährt er fort. Zum Frühstück, Mittagessen und Abendessen gab es Toastbrot für 50 Cent, bis es aufgebraucht war. Danach kochte er einen Sack Reis und aß 5 Tage Reis, morgens, mittags und abends. »Bis ich ins Krankenhaus kam, weil ich Bauchschmerzen hatte.« Sein Magen rebellierte gegen die einseitige Ernährung. Er erweiterte sein Essen daher um Linsen, Suppen und Brot.

»Aber man muss verstehen: Das war vorübergehend«, erklärt mir Ranga immer wieder. Er vergleicht es mit einer Bergwanderung: Wenn man einen Gipfel wie des Mount Everest erklimmen wolle, schleppe man auch keine Pasta oder Koteletts mit hoch. Man esse aus der Dose oder eine Tütensuppe, bis der Gipfel erklommen ist. Wenn man ein Ziel habe, sei es kein Problem, anstrengende Phasen zu bewältigen. Sein Ziel war, sein Studium in Deutschland innerhalb von 2 Jahren zu schaffen.

Der erste richtige Job

Er schlug sich 6 Monate durch und fand einen 400-Euro-Job bei einem Forschungsinstitut, wo er als Programmierer arbeitete. Er konnte sogar genug Geld sparen, um einen Flug nach Indien zu kaufen und seine Eltern nach 6 Monaten zu besuchen.

»Ich wünsche mir für mehr Menschen heutzutage diesen Kampfgeist, anstatt alles serviert zu bekommen.« Für Ranga war es selbstverständlich, dass er selbst etwas tun musste, um voranzukommen. Das war schon in Indien so, wo nur die besten 1 Prozent im Eignungstest einen Studienplatz bekamen. Ranga strengte sich an und ergatterte einen der 2000 Plätze, um den sich 200 000 Bewerber gestritten hatten.

Er sieht das Leben wie ein Spiel, das ihm Freude bereitet. Er kam aus Indien und wusste, dass er etwas unternehmen musste, um seinen Lebensunterhalt zu sichern. Es war ein Experiment – wäre es schiefgegangen, wäre er eben wieder zurückgekehrt. Zu essen gab es zum Glück genug, sterben würde er nicht. »Du bist draußen zum Spielen: Entweder spiel, genieß es, oder mach es dir zu Hause gemütlich, aber beschwere dich dann nicht«, fasst er zusammen.

Sein Studium schritt voran, er fand einen Praktikumsplatz in Süddeutschland, der mit 600 Euro pro Monat entlohnt wurde. Als Unterkunft suchte er nach einer Wohnung, für die er am Wochenende Hausmeisterdienste für die Eigentümer erledigen konnte, und im Gegenzug eine geringe Miete zahlen musste. In seinem Praktikum arbeitete er täglich 16 Stunden und bekam nach 3 Monaten eine Gehaltserhöhung auf 900 Euro: »Ich scheue keine Arbeit«, sagt er. Nach Praktikum und Masterarbeit erhielt er einen befristeten Vertrag, der später verlängert wurde. Er lernte seine Frau kennen, und kurze Zeit später kamen seine Kinder zur Welt.

Hoher Sparbetrag und erste Immobilien

Ich möchte wissen, ob er direkt zum Arbeitsbeginn das Ziel einer frühen Rente gehabt habe. Er verneint: »Meine Arbeit hat mich motiviert, ich wollte lernen und hatte Karriereziele.« Für ihn war spannend, die Sprache zu lernen, die Arbeit im Team zu erfahren und immer besser zu werden. Auch half ihm seine Erfahrung in Indien, die richtige Perspektive zu bewahren, wenn es auf der

Arbeit hektisch wurde: Eine wichtige Präsentation musste fertiggestellt werden, Kollegen und Chefs waren panisch und führten sich auf, als ob es um Leben und Tod ginge. Ranga sagte sich immer: »Es stirbt niemand, oder?«, während er an die Erlebnisse in Indien in der Praxis seines Vaters dachte.

Er arbeitete bis zu 16 Stunden am Tag und stieg schnell die Karriere- und Gehaltsleiter empor. Er lebte jedoch weiterhin genügsam: »Meine Ausgaben stiegen nur leicht an.« Er lebte immer in WGs, unternahm aber an den Wochenenden viele Reisen, um andere Orte kennenzulernen. Wenn er reiste, übernachtete er aber nicht in teuren Hotels in Touristengegenden, sondern wollte mit Einheimischen in Kontakt treten.

Ranga betrachtet eine frugale Lebensweise keinesfalls negativ und ein Leben unter seinen Verhältnissen als eine Notwendigkeit. »Für mich ist es dumm, wenn man 10 Euro verdient und 12 Euro ausgibt«, sagt er und vergleicht es mit der Natur: »Unser Körper speichert Energie in Form von Fett. Tiere und Bäume speichern Energie für den Winter. Wir selbst, wenn wir auf einen Berg wandern, speichern Wasser oder sind uns dessen bewusst, dass wir 2 Liter Wasser haben und es damit bis oben schaffen müssen. Es ist dabei egal, ob du Millionär bist oder ein ganz normaler Mensch – du würdest sparsam mit deinem Wasservorrat umgehen.« Seine Kindheit in Indien hat sicher zu dieser Haltung beigetragen: »Ich habe gelernt, wenn ich Hunger habe, kann ich nur eine bestimmte Menge essen und nicht unbegrenzt.« Es geht um die Frage: Was ist genug?

Nachdem Ranga genug zum Leben hatte, kam irgendwann der Gedanke, dass er zwar arbeiten möchte, aber selbst bestimmen, was, wann und mit wem. Doch diese Idee war nicht konkret: »Ich dachte wieder an meine Kindheitsvorstellung und den Postboten: Er soll kommen und das Geld bringen, aber wieso sollte er es mir geben?«, lacht Ranga. Er begann in Aktien zu investieren und suchte nach Immobilien – der »Postbote« sollte in Form von Dividenden und Mieten zu ihm kommen.

Der Kauf der ersten Immobilie war nicht einfach: »Bei meinem ersten Notartermin habe ich gezittert«, erinnert er sich. Er konnte noch nicht gut Deutsch, und die Verträge und Unterlagen musste er sich von einem Freund übersetzen lassen. Er arbeitete sich in das Thema Immobilien ein und investierte nach und nach in kleine Wohnungen, die er vermietete. »Ich habe gekauft, bevor es in Mode kam. Ich habe meine eigene Philosophie und meine eigenen Ziele. Ich habe nicht darauf spekuliert, dass die Preise steigen. Für mich ist das Wichtigste, regelmäßig Mieteinnahmen zu erhalten.« Er investierte daher nicht in riskanten Gegenden, in denen hohe Renditen möglich waren, sondern konzentrierte sich auf kleine Wohnungen für verlässliche Mieter, die nicht viel seiner Zeit beanspruchen. »Jeder muss für sich seine persönliche Anlagestrategie finden, da die Ziele und Umstände unterschiedlich sind. Meine Priorität war nicht die maximale Rendite, sondern Ruhe im Kopf.«

Durch sein bescheidenes Leben bei geringen Kosten und hohem Gehalt blieben monatlich bis zu 75 Prozent übrig. Darum steckte er die Überschüsse in die Tilgung seiner Immobilienkredite. Auch die Banker waren überrascht, wenn er mit bis zu 9 Prozent jährlich abzahlte. »Ich brauchte das Geld einfach nicht«, erklärt Ranga.

Wer durchschnittlichen Einsatz zeigt, erhält ein durchschnittliches Leben

Ranga war sich stets bewusst, dass man bei durchschnittlichem Einsatz ein durchschnittliches Leben bekommt. »Wer klassisch mit Aktienfonds und einer Sparquote von 20 Prozent mit 40 in Rente möchte, wird scheitern.« Wer solch ambitionierte Ziele habe, müsse erfinderisch sein, sich etwas aufbauen und die Extrameile gehen: »Am besten baut man sich ein Geschäft auf, das einem Spaß macht und das man auch umsonst tun würde«, lächelt Ranga. Drei Qualitäten seien dabei wichtig: Mut, Risikobereitschaft und eine Vision.

Eine seiner Wohnungen musste damals renoviert werden, was er selbst in die Hand nahm. »Um 3 Uhr in der Früh bin ich aufgestanden, habe ab 4 Uhr die Wohnung renoviert, und um 8 Uhr musste ich zurück sein, weil ich meinen Sohn in den Kindergarten bringen musste.« Um 9 Uhr war er dann bei der Arbeit – so verliefen die Tage oft. »Ich habe nur meine Freiheit gesehen, was mich angespornt hat. Auch musst du wissen, wann du Gas gibst und wann es genug ist.« Das musste auch er für sich lernen. Als sich seine Gedanken früher immer um Geld drehten, weil es zu knapp war, verwendete er nun all seine Energie darauf, mehr Geld zu verdienen: »Jede Minute. Jede Sekunde. Jeden Tag.« Er wollte mit dem Thema Geld aufräumen, um nicht mehr an Geld denken zu müssen. Er arbeitete bis zu 16 Stunden am Tag und kümmerte sich um seine Immobilien. Natürlich hatte er dabei großes Glück, weil die Immobilienpreise mittlerweile stark gestiegen waren. Für mich klingt Rangas Erfahrung weniger nach purem Glück oder Zufall. Ich denke dabei an das Bonmot, das ich von einem Unternehmer hörte: »Glück ist, wenn Vorbereitung auf Gelegenheit trifft.« Ranga war vorbereitet.

Mit seinem Ziel der finanziellen Unabhängigkeit vor Augen stellte er auch seinen Kollegen die Frage: Wenn dir der Postbote zum Monatsanfang dein Gehalt überreichen würde und dein Job optional wäre, würdest du ihn trotzdem weiterhin machen? Seine Kollegen waren wenig begeistert von dieser Vorstellung – sie wollten die Karriereleiter weiter emporklettern, um noch mehr zu verdienen und ihren Lebensstandard zu erhöhen. »Für mich war das anders. Ich dachte mir, ich könnte auf einen Berg wandern, klettern, ans Meer gehen, kochen, malen oder Fahrrad fahren. Warum soll ich nur dasitzen und in einen Computermonitor schauen?« Nun, da er sich nicht mehr Gedanken um das Essen für den nächsten Tag machen musste, begann er, immer konkreter über seine Freiheit nachzudenken.

Parallel änderte sich sein Leben schleichend, ohne dass er es bemerkte: »Ich war immer ein sehr aktiver Mensch, der viel draußen war. Plötzlich hatte ich jedoch beruflich immer mehr Verantwortung, musste abends immer länger am Computer sitzen und konnte nachts und am Wochenende nicht abschalten«, schildert er.

Rückblickend glaubt er, dass diese Lebensweise nicht zu ihm gepasst habe. »Ich war ein freier Mensch, ich wollte auch frei leben.« Während der letzten 5 Jahre hatte er sich jedoch wie in einem goldenen Käfig gefühlt. Er war unglücklich in einem Job, der für ihn wie ein »Gefängnis war, in dem man super bezahlt wird«. Er fühlte sich zunehmend sehr gestresst, hatte erhöhten Blutdruck, Übergewicht und bewegte sich kaum. Obwohl er alles erreicht hatte, was er wollte, war er unzufrieden. »Du bekommst jeden Monat dein Gehalt, aber was nutzt es dir? Das Wetter ist gut, ich möchte wandern, dafür brauche ich höchstens 10 Euro für ein Zugticket und etwas zu essen, mehr nicht. Ich brauche nicht so viel Geld für mein Glück.«

Als er zur Geburt seines Kindes ein Jahr in Elternzeit ging und Abstand von seinem Job gewann, merkte er: Sein Bluthochdruck verschwand, er wurde gelassener und zufriedener. 2015 traf er dann die Entscheidung: Er kündigte seinen Job. Für sein Umfeld war dieser Schritt schwer nachvollziehbar. Als er Freunden davon berichtete, waren die Reaktionen meist kritisch: »Das geht nicht, wie ernährst du deine Familie?« Auch heute gibt es Nachbarn, die ihn komisch anschauen oder nichts mit ihm zu tun haben wollen. »Hier in Deutschland geht es viel um Ansehen, um das, was ich mir leisten kann. Ich sage immer, wenn die Freunde eine Show machen, hat man falsche Freunde.« Auf diesem Weg hat er Freunde verloren, die neidisch waren, dass er nicht mehr für Geld arbeiten musste. Aber für Ranga zählt am Ende, dass seine Familie und er glücklich sind. »Wenn die Zweifler sehen, dass du glücklich bist, folgen sie dir auch und sind dankbar, wenn du dein Wissen teilst und mit ihnen in Kontakt stehst.«

Rangas Alltag heute

Wie sieht sein Alltag heute aus? Ranga steht trotz Unabhängigkeit von einem Job jeden Morgen meist gegen 5 Uhr auf. Dann liest er in Ruhe, was in der Welt passiert, und informiert sich zu Finanzthemen. Viel Zeit verbringt Ranga mit seinen Kindern: Er bringt sie zu Schreinerkursen oder zum Fußballtraining. Er kocht dreimal am Tag für die Familie. Manchmal geht er morgens bereits wandern, allein oder mit einem Freund. Gegen 14 Uhr ist er zurück und holt seine Kinder aus dem Kindergarten ab. Dann begleitet er sie oft zum Schwimmen, oder er unternimmt etwas anderes mit ihnen. Das Abendessen kocht die Familie meistens selbst – aus Überzeugung und nicht, weil sie Geld sparen will. Der kostbarste Luxus für ihn und seine Frau sei Zeit: »Du kannst alles haben im Leben, aber nicht unbegrenzt Zeit.«

Seine Konsumgewohnheiten hat er nach Erreichung der finanziellen Unabhängigkeit kaum verändert. Er kauft immer noch das, was er benötigt, nicht mehr – nur dass er heute nicht mehr so sehr auf die Preise achtet. Früher musste er genau auf die Kassenanzeige starren und mitrechnen, denn da hatte er vielleicht nur 2 Euro in der Tasche für Grundnahrungsmittel. Auch wenn er heute etwas mehr ausgibt als früher, bezeichnet er seine Lebensweise immer noch als sparsam. Wenn er Schuhe oder Hemden kauft, müssen sie ihm gut passen und von guter Qualität sein.

Und wenn er zwei neue Hemden kauft, sortiert er zwei alte aus – ohne Ausnahme.

Einen Tisch, der noch in Ordnung ist, würde er nicht durch einen neuen ersetzen, nur weil er schicker ist: »Das kostet alles Zeit. Ich kann dafür Fahrrad fahren oder Freunde treffen. Zeit ist wertvoller für mich.« Wenn der Tisch wackelt, repariert er ihn. Wenn gar nichts mehr geht, wird er ersetzt, aber ohne Not kauft Ranga keine neuen Dinge.

Zeit wird zur wertvollsten Ressource

Im Bekanntenkreis wurde er mit der Befürchtung konfrontiert, dass er bei so viel Sparsamkeit sicher auch bei den Kindern spare. Ob sie wohl bekämen, was sie bräuchten? Ranga lächelt und sagt: »Ich war gestern mit meinen Kindern im Schwimmbad, heute gehen wir wandern und morgen in den Tierpark. Mein Sohn muss als Hausaufgabe schreiben, was er am Wochenende erlebt hat. Ich habe Angst, dass er kritisiert wird, weil es so viel war.« Aber all dies ist ohnehin gar nicht so teuer.

Aber man benötigt Zeit, um das selbst machen zu können. »Die meisten powern sich Montag bis Freitag im Job völlig aus und sind am Wochenende komplett kaputt, sodass sie gerade noch den Wocheneinkauf erledigen können, die Wäsche waschen und bloß keine aufwendigen Aktivitäten wollen.« Er sieht sich daher nicht in Rente, sondern er »arbeitet in Freiheit«.

Wofür er viel Geld ausgibt, sind Reisen mit der Familie. Da genießt er das Leben so richtig, und alle gewinnen viel Lebensfreude für ihr Geld. Wenn sich Freunde darüber lustig machen, dass er sich doch viel mehr leisten könne – häufigere Restaurantbesuche, neuere Klamotten oder eine Putzhilfe –, antwortet Ranga: »Mir ist das egal. Für mich ist es wichtig, wohin ich als Nächstes reise, wandere oder mit dem Rad fahre.«

Für Ranga war das Ziel der finanziellen Unabhängigkeit kein Wettrennen oder ein Vergleich mit anderen – er wollte nie einen bestimmten Kontostand erreichen. Es geht vielmehr um die Frage, wie viel ist genug. »Wie viel Wasser braucht man, wenn man Durst hat? Wann ist ein Kunstwerk vollendet? Lebenskunst und Mut bringen uns viel weiter als ein fixer Betrag. FIRE ist kein Wettbewerb, wer macht es schneller, besser.« Man müsse selbst etwas auf die Beine stellen, und im Wettbewerb sei man nur mit sich selbst: »Ich entscheide, was ich mache, wie viel und wann. Frei zu sein ist für mich das höchste Gut und macht mich zufriedener.«

Ein glückliches Leben in Bescheidenheit

Ich frage nach Tipps für andere, die am Anfang ihrer Reise in die finanzielle Unabhängigkeit stehen: Was hat ihm während der 12 Jahre geholfen, seine finanzielle Freiheit zu erreichen? »Ich wollte mich jede Minute meines Lebens verbessern, wachsen und vorankommen. Dafür habe ich hart gearbeitet, gespart und investiert. Ich kann am Wochenende arbeiten oder 16 Stunden am Tag, weil ich weiß, es ist nur vorübergehend.«

Er verstehe deshalb nicht, wieso Menschen oft so viel Angst hätten: Angst, nicht genug zu verdienen oder in eine kleinere Wohnung ziehen zu müssen. Er erzählt von einem Gespräch mit einer Mutter, die sich nicht vorstellen konnte, mit ihren zwei Kindern in einer Einzimmerwohnung zu leben. Für Ranga ist das schwer nachvollziehbar. Er war einmal mit vierzig Menschen zusammen in einem Raum untergebracht, als der Gastgeber sagte: »Aber ich habe gar keinen Platz für euch alle.« Rangas Antwort: »Du brauchst Platz in deinem Herzen. Wir können auf dem Boden schlafen. Dann haben wir uns hingelegt, es war kein Problem.«

Dieser Pragmatismus und seine Bodenständigkeit beeindrucken mich. Wenn seine Kinder ihm sagen, dass sie zu wenig Spielzeug haben, wissen sie, dass ihr Vater früher gar kein Spielzeug besaß: »Womit hast du gespielt?«, wollten seine Kinder einmal wissen. »Ich hatte immer Freunde im Haus«, das reichte ihm. Dies ist eine Erfahrung, die er sich für seine Kinder, die in viel wohlhabenderen Verhältnissen aufwachsen, wünscht. Er hofft, dass sie sich einmal dafür begeistern werden, eine Zeit in Indien zu leben, um zu sehen, wie gut es ihnen in Deutschland geht.

Trotz seiner finanziellen Freiheit wirkt Ranga bescheiden, und ich merke, dass er immer das Positive in jeder Situation sieht. Als wir zu seiner Wohnung spazieren, die er mir zeigen will, frage ich ihn provokativ: »Die zentrumsnahe Wohnung direkt am Park hast du vor vielen Jahren günstig gekauft. Was würdest du machen, wenn du diese Wohnung bei den heutigen Preisen noch nicht hättest?« Er würde sich ein Haus weiter außerhalb kaufen. Das wäre ebenfalls schön: Die Luft sei besser und es gebe mehr Natur. Ich merke, dass Ranga Dinge besitzt, diese aber nicht ihn besitzen.

Aber ein eigenes Häuschen anstelle seiner Dreizimmerwohnung kommt für ihn nicht wirklich infrage. Der Park vor der Haustür ist sein Garten, »den ich aber nicht pflegen muss«, lacht er. Ein Eigenheim bedeutet viel Arbeit – wenn man das gerne macht, wunderbar. Hecke schneiden, Rasen mähen – ihm macht das keinen Spaß. Er ist in dieser Zeit lieber unterwegs, trifft Freunde oder zeltet am See. Seine Frau sieht das ähnlich: Auch für sie ist Zeit ihr größter Luxus. »Das ist vielleicht einer der Gründe, warum wir im Leben nie etwas bereuen und uns nicht viel beschweren.«

Die Antwort auf meine nächste Frage kann ich mir fast denken, aber ich stelle sie trotzdem: »Könntest du dir vorstellen, wieder einen festen Job anzunehmen?« Rangas klare Antwort:

»Nein!« Wenn es die Umstände notwendig machen würden, würde er natürlich wieder in einem Job arbeiten, aber freiwillig will er nie mehr zurück. Die Freiheit, über seine Zeit verfügen zu können, ist ihm zu wichtig. Das müsse man selbst erleben, das könne man nicht beschreiben, wie es ist, wenn man freie Kontrolle über seine Zeit habe – ein Zustand, den sie sich selbst erarbeitet haben.

Zum Abschluss möchte ich wissen, ob ihn Geld glücklich macht: »Geld gibt Sicherheit. Glücklich machen mich Freundschaften, Kinder, Musik, Wandern, Beziehungen und Radfahren.« Für Glück müsse man immer aktiv sein: Freundschaften pflegen, Kinder erziehen, Musik hören oder selber machen, Rad fahren und schwitzen. Dabei sei irrelevant, wie viel Geld auf dem Konto ist oder wie viele Immobilien man besitzt: »Das Gefühl von Glück kann man auch mit wenig Besitz haben oder mit viel Besitz nicht haben.«

Immer mehr und nie genug

Wenn wir uns fragen, wie wir unser Leben jedes Jahr weiter verbessern können, um unsere Zufriedenheit zu erhöhen, suchen wir die Lösung meist im kleinen Wort »mehr«. Wir nehmen an, dass es immer besser werde, wenn wir mehr Restaurantbesuche, mehr Autos und mehr Gehalt in unser Leben bringen. Ist das jedoch wirklich der Fall? Wie hoch muss das Gehalt steigen, damit wir ein wirklich glückliches Leben führen können?

Autorin Vicki Robin fragte in einem ihrer Seminare die Teilnehmer, wie viel Einkommen sie für ihr Glück benötigen würden. Die Antwort über alle Einkommensklassen hinweg lautete meist: 50 Prozent mehr als heute. Danach stellte sie den Teilnehmern eine weitere Aufgabe: Sie sollten sich einschätzen, wie glücklich sie auf einer Skala von 1 bis 5 seien. Das Erstaunliche: Es war kein signifikanter Unterschied zwischen den Top- und den Geringverdienern zu beobachten. Es war ein spannender Moment, als die Teilnehmer realisierten, dass die Person zwei Stühle weiter dieses »Mehr« an Einkommen hatte – von dem sie geglaubt hatten, dass genau das sie glücklich machen würde. Doch in Wirklichkeit spielte das Einkommen gar keine Rolle.[42]

Der Glücksforscher und Nobelpreisträger für Wirtschaftswissenschaften Daniel Kahneman und sein Kollege von der Princeton University wollten es genau wissen. Die beiden analysierten die Antworten von mehr als 450 000 Menschen, um die Frage zu klären: Bis zu welchem Punkt macht ein höheres Einkommen glücklicher? Kahneman fand heraus, dass ab einem Haushaltsnettoeinkommen von umgerechnet 65 000 Euro mehr Geld nicht zu mehr Glück führt.[43] Mit diesem Haushaltseinkommen würde man sich hierzulande bereits im oberen Drittel der Bevölkerung bewegen. Das durchschnittliche Nettohaushaltseinkommen von Angestellten in Deutschland betrug 2018 knapp 40 000 Euro pro Jahr oder 3224 Euro pro Monat.[44] Wenn also jemand das maximale Glück bei einem Haushaltseinkommen von 65 000 Euro pro Jahr erfährt, können wir davon ausgehen, dass sich dieses Glücksoptimum mit ein wenig frugalistischer Übung bereits mit deutlich niedrigeren Ausgaben realisieren lässt.

Die Erkenntnis von Peter (alias Mr. Money Moustache) nach den Berichten mehrerer tausend Leser seines Blogs: Trotz Beibehaltung aller materiellen Besitztümer konnten die meisten durch Vermeidung von Konsumschulden und einen bewussten Umgang mit Ausgaben ihre Kosten um mehr als 50 Prozent senken.[45] Für ein Optimum an Zufriedenheit bräuchte eine Familie mit frugalistischer Effizienz kein Haushaltseinkommen von 65 000 Euro, sondern bloß die Hälfte. Wer einen Schritt weitergeht und überflüssige Gegenstände erst gar nicht anschafft oder statt eines

Zweitwagens lieber ein Fahrrad kauft, reduziert die Ausgaben noch mehr. Die 65 000 Euro stehen daher eher für einen gesellschaftlichen Status als dafür, wie nützlich das Geld wirklich ist. Denn ab einem gewissen Einkommen führt dessen Erhöhung nicht zu mehr Lebensfreude.

Auf und Ab der Zufriedenheitskurve

Dabei ist unser unstillbarer Durst nach immer mehr von allem ein evolutionär eingebauter Mechanismus. Doch dieses Streben nach mehr führt nicht zu unendlich mehr Zufriedenheit.

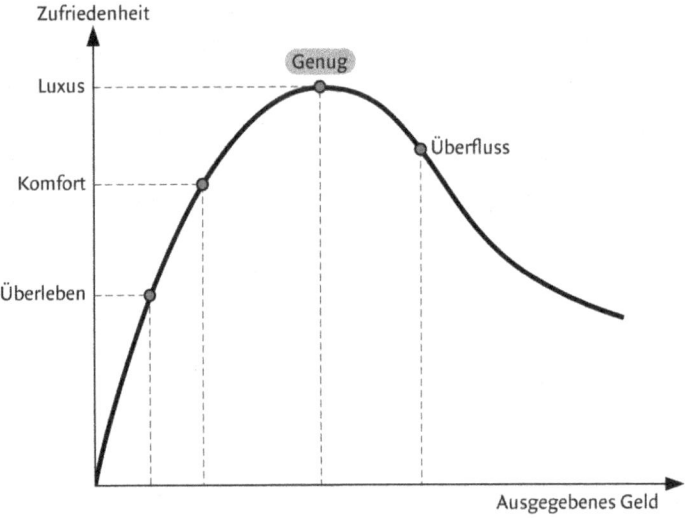

Abbildung 1: *Zufriedenheitskurve und Geld.*[46]

Zu Beginn unseres Lebens gibt es einen direkten Zusammenhang zwischen mehr Besitz und mehr Freude. Es geht um unsere grundsätzlichsten Bedürfnisse, die erfüllt werden müssen: Wir werden gefüttert, bekommen Wärme und fühlen uns geborgen. Wird eines dieser Bedürfnisse einmal nicht erfüllt, lernen wir schnell, dass wir durch Schreien die Situation verbessern können. Die sorgende Mutter ist direkt zur Stelle und gibt uns, was wir benötigen, sodass wir überleben. Wenn wir etwas brauchen, machen wir auf uns aufmerksam, jemand kommt, und wir sind wieder glücklich.

Nachdem grundsätzliche Bedürfnisse gestillt sind, erreichen wir den Punkt des Komforts und der Annehmlichkeiten. Ein Spielzeugschwert, Fahrräder und später ein Auto lassen unser Herz höherschlagen. Als ich als Kind zu Ostern mein erstes Fahrrad bekam, war die Freude unglaublich: Im Regen drehte ich unzählige Runden auf dem Parkplatz vor unserer Hochhauswohnung. Als ich dann weitere materielle Wünsche wie eine Nintendo-Spielekonsole hatte, lernte ich allerdings etwas Neues von meinen Eltern: »Dinge kosten etwas, man braucht dafür Geld.« Mein Regelwerk wurde um die Komponente des Geldes erweitert. Wenn wir etwas benötigen, besorgen wir uns Geld, kaufen die Dinge und erhalten dann Zufriedenheit. Ich bekam Taschengeld und konnte mir neben Fußballsammelbildern bald eine gebrauchte Nintendo-Konsole kaufen. Es wird selbstständig möglich, Zufriedenheit zu erkaufen. So geht es Jahr für Jahr weiter.

Das Problem dabei ist jedoch, dass wir, ohne es zu merken, durch steigendes Gehalt und automatisch höhere Ausgaben, schnell den Bereich des Komforts verlassen und uns in Richtung Luxus bewegen. Wir haben eigentlich alles, was wir brauchen, geben aber trotzdem immer mehr aus. Meine Ausgaben für Essen und Trinken stiegen mit steigendem Gehalt ebenfalls an; dazu ein eigenes Auto, teurere und weitere Reisen, eine größere Wohnung. Wie in der Kurve dargestellt, fühlt sich jede Verbesserung immer noch gut an, es kostet jedoch auch immer mehr Geld, um die Zufriedenheit zu steigern, und das Glücksgefühl hält immer kürzer an.

Meine Kollegen und Freunde, die sich in den ersten Berufsjahren befinden, haben alle verinnerlicht, dass mehr Geld glücklicher macht: »Wie viel verdienst du, wann kommt die nächste Gehaltserhöhung, ist es sinnvoll, den Arbeitgeber zu wechseln?« Wenn wir ehrlich sind, haben wir kaum wahrgenommen, dass unser Level an Zufriedenheit zwischenzeitlich immer niedriger geworden ist. Mein Umzug vom Elternhaus in das erste eigene Zimmer im Wohnheim war super. Mich vom Flur mit 11 Mitbewohnern auf eine WG mit vier Personen zu verbessern war schön, meine Zufriedenheit stieg aber schon nicht mehr so sehr wie bei der ersten Verbesserung.

Wenn ich mit älteren Freunden spreche, zeichnen sie folgenden Lebensplan: das eigene Haus, Karriere, Verantwortung für eine Familie. Während das Einkommen wächst, nehmen zeitliche und finanzielle Verpflichtungen zu. Es wird in Kauf genommen, dass Freizeit und Zeit für Beziehungen mit Freunden und Familie automatisch weniger werden. Anstatt eines, müssen zwei Autos regelmäßig in die Werkstatt, und die Akkus müssen mittlerweile von sieben smarten Geräten ersetzt werden. Unser Fernsehgerät wird größer, die Restaurantbesuche häufiger, Urlaube teurer.

Meiner Meinung nach lohnt es sich, sein eigenes Leben unter diesen Aspekten zu reflektieren: Sind wir noch auf dem richtigen Weg, erhalten wir für unsere täglichen Anstrengungen mehr Zufriedenheit? Oft haben wir ab einem gewissen Ausgabenniveau unser Hoch an Zufriedenheit überschritten und nicht bemerkt, dass mehr Geld und höhere Ausgaben ab diesem Punkt gar nicht mehr glücklicher machen. In einigen Bereichen führen höhere Ausgaben dann sogar zu einer Verschlechterung der Lebensqualität. Wenn ich immer mehr Geräte oder Autos anschaffe, muss ich mich um immer mehr Dinge kümmern, obwohl ich vielleicht meine Zeit anders verbringen möchte. Wenn Stress und Unzufriedenheit zunehmen, weil wir mehr Geld für die neuen Ausgaben benötigen, sinkt unsere Zufriedenheitskurve mit steigenden Ausgaben sogar.

Weg mit dem unnützen Zeug

Der Höhepunkt der Kurve, den wir leicht übersehen, heißt »genug«. Es ist ganz individuell, wo dieser Punkt für jeden von uns liegt. Ich kann daher nicht nachvollziehen, wenn jemand einen anderen Menschen kritisiert, weil dieser zu viele Gegenstände angehäuft habe. Für mich ist es von Person zu Person verschieden, wo der Höhepunkt der Zufriedenheit liegt. Ab diesem Punkt haben wir jedoch von allem genug: Wir haben alle Grundlagen, um zu überleben. Wir verfügen über genug Annehmlichkeiten für Komfort und Vergnügen, sodass wir nicht das Gefühl haben, heute nicht richtig zu leben oder etwas zu verpassen. Wir haben sogar noch ein bisschen mehr, einen kleinen Luxus. Gezielte Restaurantbesuche, Urlaub, leckere, aber teure Cocktails. Wir haben alles, was wir für unser bestes Leben benötigen, und gleichzeitig nichts Überflüssiges, das uns zur Last fällt, ablenkt oder stresst. Wir müssen keiner unliebsamen Tätigkeit nachgehen, um einen Verbraucherkredit abzustottern für ein Sofa, das uns schon lange nicht mehr gefällt. Wenn wir für uns herausgefunden haben, wann es genug ist, wird unsere Zufriedenheitskurve nicht mehr abflachen, sondern weiter steigen.[47]

Mir selbst ging es so, als ich anfing, meine Gewohnheiten zu hinterfragen. Vorher wäre ich nie auf die Idee gekommen und hätte mit steigendem Einkommen weiter meine Ausgaben erhöht. Stattdessen fing ich an, Dinge und Ausgaben in meinem Leben zu reduzieren, wodurch meine Lebensqualität stieg und ich zufriedener wurde. Weniger Ausgaben und mehr körperliche Aktivität führten bereits zu einer Steigerung der Lebensqualität. Mir wurde auf einmal klar, was ich da alles kaufte, nachdem ich eigentlich am Höhepunkt meiner Zufriedenheit war: Es war Zeug.

Zeug ist all das, was für uns schon zu viel ist und keinen langfristig positiven Effekt auf unser Leben hat. Es sind die Dinge, die vielleicht einige Tage toll sind und dann jedoch nerven, weil sie Platz in der Wohnung einnehmen, repariert werden müssen oder Geld an sich gebunden haben, das uns nun nicht mehr für anderes zur Verfügung steht. Das zu Beginn erwähnte Vorurteil, dass Sparen, Aufräumen oder Aussortieren mit Verzicht und Entbehrung einhergehen, trifft nicht zu: Beim Sparen oder Ausmisten, wie ich es verstehe, verzichten wir nur auf Zeug – auf Dinge, die nichts zu unserer Lebensqualität beitragen oder sie sogar verschlechtern. Wenn wir Zeug loswerden, ist das daher keine Einschränkung, sondern eine Verbesserung unserer Lebensqualität.

Wenn wir einmal anfangen, unnützes Zeug in unserem Leben aufzuspüren, merken wir schnell, dass dieses Zeug sich nicht nur auf Materielles beschränkt. Zeug, das unser Leben belastet, können unproduktive Besprechungen, langweilige soziale Veranstaltungen oder Zeit vor dem Fernseher sein – alles Aktivitäten, die nichts Positives zum Leben beitragen.

Genug ist genug

Noch ein Auto, dann haben wir genug? Noch ein Tech-Gadget, dann sind wir endlich zufrieden? Noch 1000 Euro mehr Gehalt, dann reicht es? Es ist nicht die Lösung. Wir bestimmen, was für uns genug ist. Deshalb gilt meiner Ansicht nach auch nicht zwingend der Spruch: »Weniger ist mehr!«

Schon einige Male habe ich bei Diskussionen zum Thema Minimalismus vernommen, wie die Reduktion der eigenen Habseligkeiten auf möglichst wenige Gegenstände als Voraussetzung für ein Höchstmaß an Zufriedenheit beschworen wurde. Ich finde nicht, dass die Begrenzung auf hundert Gegenstände in der Wohnung oder eine andere starre Zahl das Patentrezept für Zufriedenheit ist. Meiner Erfahrung nach entsteht Zufriedenheit beim Gefühl der Angemessenheit, das wir erfahren, wenn wir genug von allem haben, was wir brauchen und wollen, aber nichts davon übertrieben. Genug sieht für jeden von uns anders aus und ändert sich auch im Lauf des Lebens. Meine Bedürfnisse heute sind ganz anders als noch vor 10 Jahren. Was wir als überflüssig betrachten und froh sind, es auf Ebay loszuwerden, bereichert das Leben eines anderen jeden Tag. Es liegt allein an uns herauszufinden, welche Ausgaben in welcher Höhe unser Leben bestmöglich in Bezug auf unser Glück gestalten.

Inspiriert hat mich hierbei das Buch *Was wirklich zählt* von John C. Bogle. Ein Mann, der mit seinem Unternehmen ein Vermögen von über 5000 Milliarden Dollar verwaltete, erzählt zu Beginn des Buchs, wie sich zwei bekannte Schriftsteller, Kurt Vonnegut und Joseph Heller, auf einer Feier eines milliardenschweren Investmentbankers miteinander unterhielten. Vonnegut sagte zu Heller: »Ist dir klar, dass dieser Milliardär an einem Tag mehr Geld verdient, als du in deinem gesamten Leben aus den Verkäufen deines Romans *Catch-22* verdienen wirst?« Heller antwortete: »Ja, aber ich habe etwas, das er nie haben wird … genug.«[48]

Wenn wir für uns herausfinden, wie unser Genug aussieht, können wir beim Ziel finanzieller Unabhängigkeit unser passives Einkommen als »Rentner« so wählen, dass es ein klein wenig höher ist als unsere Ausgaben. Auf diese Weise haben wir durchgängig ein Gefühl von Komfort und Sicherheit.

Peter aus der Geschichte in der Einleitung deutet auch noch auf zwei weitere Optionen für die Rente hin: Wir können jederzeit entscheiden, weniger auszugeben, wenn wir das möchten. Und wir haben jederzeit die Möglichkeit, zusätzliches Geld zu verdienen, auch nach dem Erreichen finanzieller Unabhängigkeit. Für ihn ist es ein tolles Gefühl, dass man selbst die Kontrolle hat und durch »genug und ein kleines bisschen mehr« ständig Freude verspürt, da es an nichts fehlt. Für ihn löste das Wissen, bereits jetzt mehr zu haben, als er benötigte, eine tiefe Zufriedenheit aus – vor und während seiner Zeit in Rente.[49]

Hedonisten und Stoiker

Eine Gruppe von Menschen, die versucht hat, die menschlichen Emotionen in diesem Zusammenhang so gut wie möglich zu verstehen und zu lenken, sind die Stoiker. Sie schaffen es, eine enorme Menge an Freude und Zufriedenheit zu erleben, ohne nach immer mehr zu streben. Früher war das »Immer-mehr-Syndrom« überlebenswichtig. Wer immer mehr Schutz und Nahrung hatte, konnte mehr Nachkommen zeugen und aufziehen; heute führt es ab einem gewissen Punkt jedoch nicht zu mehr Zufriedenheit.[50]

Eine wichtige Unterscheidung ist dabei die zwischen Glück und Vergnügen. Während Hedonisten davon ausgehen, dass wir das beste Leben führen, wenn wir Vergnügen maximieren, widersprechen Stoiker und betrachten Vergnügen nur als einen Teil des wahren Glücks. Ein tolles Abendessen kann ein Vergnügen sein, ein leckeres Eis oder sonntags lange auszuschlafen – Anerkennung vom Chef oder ein Tag vor dem Fernseher ebenfalls. Das Problem dabei ist jedoch, dass sich dieses Vergnügen umso mehr abnutzt, je häufiger wir es erleben. Diesen Effekt werden wir im Kapitel zur *hedonistischen Adaption* genauer betrachten. Der Hedonist muss daher ständig weiter nach mehr und neuen Vergnügen streben, bis er kein Geld mehr hat oder seine Gesundheit es nicht mehr zulässt. Konzentrieren wir uns jedoch auf das Glück selbst, können wir das Gefühl von Vergnügen viel langfristiger erleben. Als Nebeneffekt wächst das Vermögen der Stoiker stärker an.[51] Das war für mich eine lehrreiche Erkenntnis, da die meisten meiner Aktivitäten eher auf kurzfristiges Vergnügen abzielten.

Im Kern geht es in der Lehre der Stoiker also darum: Wer ein erfülltes Leben führen möchte, tut gut daran, sich vom »Nie-genug-Syndrom« zu befreien. Viele streben ihr gesamtes Leben nach dem Glück wie im Film mit Will Smith.[52] Wir schreiben uns eine Liste von Wünschen auf, die wir nach und nach erreichen möchten, und befriedigen ein Bedürfnis nach dem anderen. Das Problem hierbei ist, dass wir dazu neigen, nach Befriedigung des Bedürfnisses das erreichte Ziel direkt durch ein neues zu ersetzen. Wir gehen also weiter auf die Jagd, um ein neues Verlangen zu stillen. Am Ende dieses Lebens sind wir jedoch oft nicht glücklicher als zu Beginn.

Die Lösung der Stoiker liegt in deren Fähigkeit zu lernen, die Dinge zu wollen, die wir bereits haben. Sie bedienen sich hierbei der negativen Visualisierung: Wir stellen uns vor, wie es wäre, wenn wir plötzlich nicht mehr sehen könnten. Wie würden wir unseren Alltag ändern, was müssten wir lernen? Wir stellen uns vor, wie wir unser neues Leben meistern würden. Dann führen wir uns vor Augen, dass wir jedoch sehen können, und sind dankbar.

Als ich einmal in einer ländlichen Schule im Norden Argentiniens mithalf, mussten wir eine Stunde Fußmarsch zum Einkauf auf uns nehmen. Wollten wir in die nächste Stadt, fuhr, wenn wir Glück hatten, einmal am Tag ein Bus. Nach einer Feier warteten wir in der nächtlichen Kälte vergeblich auf den Bus. Übermüdet und durchgefroren kamen wir gegen 6 Uhr morgens in unserer Hütte auf dem Schulgelände an. Es war beschwerlich, aber es funktionierte. Nach heißem Tee und ausreichend Schlaf waren wir wieder regeneriert. Wie sieht mein Leben in Stuttgart aus?

Ich benötige 2 Minuten zu Fuß zum Supermarkt, das Wasser ist so sauber, dass ich es aus der Leitung trinken kann, und wenn ich nachts von einer Feier nach Hause möchte, nehme ich die U-Bahn oder ein Taxi. Es geht uns so gut – wir vergessen es nur oft. Übrigens: Dieser Schule in Argentinien spende ich meine Erlöse aus dem Verkauf dieses Buchs.

Studentin Sophia: Frei und minimalistisch in Wien

Als ich Sophia und ihren Mann Angelo in Wien kennenlernte, waren sie mir auf Anhieb sympathisch. Beide besitzen eine unglaublich positive Ausstrahlung und wirken so zufrieden und entspannt, dass es auf andere abfärbt. Sophia, 25, studiert Wirtschaftsinformatik, ihre Leidenschaft ist aber Design, weshalb sie nach ihrem Studium als Freiberuflerin unter anderem Videoanimationen erstellen möchte. Ich frage sie nach der Bedeutung, die Geld für sie hat: »Geld ist in meinem Leben ein Mittel, das mir ermöglicht, die Sachen zu tun, die mir Freude bereiten und mich glücklich machen.« Glücklich mache sie, Zeit mit Freunden und ihrer Familie zu verbringen, wann immer sie möchte – und an ihrer Leidenschaft zu arbeiten, Design und visueller Gestaltung.

Ihr genügsamer Lebensstil hilft ihr dabei. Sophia und Angelo geben jeweils durchschnittlich 500 Euro im Monat für ihren Unterhalt in Wien aus, dazu kommt nur noch die Sozialversicherung. »Wenn wir reisen, sind die Ausgaben natürlich etwas höher«, fügt Sophia hinzu. Ich bin erstaunt: Die Mietpreise in Wien habe ich alles andere als niedrig in Erinnerung und frage nach ihrer Wohnsituation. Sophia lächelt: »Da hatten wir wirklich Glück!« Sie führt an, dass sie für die gemeinsame Wohnung 230 Euro pro Monat inklusive Nebenkosten bezahlen. Allerdings war dies mit einer »langen Recherche, Anmeldungen bei verschiedenen Genossenschaften, einer mehrjährigen Wartezeit und einer ordentlichen Portion Glück« verbunden. Sie vermutet, dass vielen Paaren ihre Einzimmerwohnung von 56 Quadratmetern vermutlich nicht reichen würde. »Wir sind damit aber sehr glücklich und haben kein Problem damit, uns das Zimmer gemeinsam zu teilen.«

Den größten Teil ihrer Ausgaben setzen sie für qualitativ hochwertige Lebensmittel ein und ernähren sich nach dem Keto-Prinzip, einer Kost mit viel Fett, viel Protein und wenig Kohlenhydraten. »Ohne das wären unsere Ausgaben sicher geringer«, erklärt mir Sophia, da Nudeln, Reis oder Bohnen wesentlich günstiger sind als Wildlachs oder Rindfleisch mit Gemüse und Weidebutter. Sie kochen fast immer zu Hause, gehen ab und zu ins Restaurant und brauchen keine teuren Konsumgüter. Ein Auto benötigen sie in Wien nicht, eine Jahreskarte für den öffentlichen Verkehr für 365 Euro im Jahr reicht ihnen völlig.

Ich spreche Sophia auf Shopping-Gewohnheiten an: »Bei mir ist es ein bisschen anders. Ich habe nie viel Schmuck getragen, aber nachdem wir Minimalismus entdeckt haben, habe ich alle meine Schmucksachen, bis auf zwei Uhren, die ich regelmäßig trage, entsorgt oder gespendet. Von Erinnerungsstücken habe ich zuvor ein Foto gemacht. Letztes Jahr habe ich allerdings noch zwei weitere Ringe – meinen Verlobungsring und meinen Ehering – bekommen, die ich sehr gerne trage. Mit einem Anschaffungswert von circa 60 Euro waren diese aber vergleichsweise günstig.«

Sophia trägt weder Make-up noch Nagellack, was aber bereits so war, bevor sie den Minimalismus für sich entdeckten. »Ich besitze nur einen Wimpernstift, ein paar Lippenstifte und zwei Concealer, die ich vor 2 Jahren von meiner Schwester bekommen habe.« Shoppen geht sie ungern, da sie bereits alles hat, was sie braucht. Ein neues Kleidungsstück schafft sie an, wenn das alte ihr nicht mehr passt, es kaputtgeht oder sie es gespendet hat. »Ich besitze nur noch Kleidung, die ich gerne trage. Ich könnte vermutlich alles in einem Handgepäckskoffer unterbringen«, erklärt sie. Den Überblick über ihre Finanzen behält sie durch eine Excel-Datei, die sie alle 2 Monate aktualisiert – das reicht ihr völlig.

Ich spreche sie auf das Vorurteil an, dass ein sparsamer Lebensstil mit Einschränkung verbunden sei. Sie widerspricht entschieden: »Ich sehe Sparen überhaupt nicht als Einschränkung. Genau das Gegenteil: Frugal bedeutet für mich eine Konzentration auf die wesentlichen Dinge, die mir den höchsten Mehrwert bringen und die meiste Freude bereiten. Gleichzeitig wird alles das reduziert oder gestrichen, was überflüssig ist und unsere Lebensqualität nicht wesentlich bereichert.«

Ich möchte wissen, welche Ausgaben ihnen die meiste Freude bringen: »Köstliches, gesundes Essen aus dem Supermarkt, ein mit Freunden geteiltes Netflix-Abo, eine Massage in Thailand, die das Geld mehr als wert ist«, lautet die spontane Antwort.

Minimalismus als Bereicherung

Ich weiß, dass sich die beiden schon lange für die Ideen des Minimalismus begeistern und frage, ob dies ihr Zugang zu Frugalismus und finanzieller Freiheit war. »Jaaa! Unsere Reise zur finanziellen Freiheit hat definitiv mit Minimalismus angefangen. Was uns am Minimalismus begeistert, ist die Einfachheit und Bewusstheit.« Das Konzept lernten beide vor 3 Jahren kennen. Nachdem sie unnötiges Zeug ausgemistet hatten, »haben wir uns viel leichter gefühlt«, erzählt Sophia. Zu Hause sei es entspannter geworden und plötzlich viel einfacher aufzuräumen. Denn sie hatten nur noch die Dinge in ihrer kleinen Wohnung, die sie wirklich brauchten, regelmäßig nutzten und die einen festen Platz hatten.

Im Anschluss stellten sie fest, dass ihr Drang, shoppen zu gehen oder sich neue Technik-Gadgets zu kaufen, nachließ. »Wir überlegen uns immer 2-mal, was wir in unsere Wohnung hineinbringen.« Das wiederum bedeutete, dass sie ihre Ausgaben weiter reduzierten und ihre Sparquote stieg. Sie lernten das Konzept der finanziellen Freiheit kennen und begannen, ihre monatlichen Überschüsse am Aktienmarkt zu investieren. Sie hatten ein neues Ziel: finanzielle Freiheit. Mithilfe der 4-Prozent-Regel errechneten sie ihre magische Zahl.

Im Austausch mit anderen Frugalisten erkannten die beiden aber schnell, dass finanzielle Freiheit allein keine Antwort auf die Frage nach einem erfüllten Leben ist. Auch stellten sie im Gespräch mit finanziell unabhängigen Menschen fest, dass die meisten nie aufgehört hatten, aktiv zu sein, und dass viele weiterhin Einnahmen generierten. »Wir haben uns die Frage gestellt, warum wir daran arbeiten, diese Zahl so schnell wie möglich erreichen zu wollen. Was machen wir, wenn wir das Ziel erreicht haben?« Auf Basis der letzten Frage richteten sie ihr Leben neu aus.

Obwohl sie die magische Vermögenssumme für die Unabhängigkeit noch nicht erreicht haben, führen sie bereits jetzt ihr Leben so, als wären sie nicht mehr auf ein Arbeitseinkommen angewiesen. »Wir haben genug Geld als Reserve angespart und geringe Fixkosten, sodass wir bereits jetzt versuchen, so zu leben, wie wir es uns vorstellen. Wir wollen unsere Zeit frei einteilen können und mit all dem verbringen, was uns am glücklichsten macht. Das bedeutet, dass wir den Projekten und Jobs nachgehen, die uns am meisten interessieren, aber rein finanziell anfangs vielleicht weniger lukrativ sind.«

Vor Kurzem haben Sophia und Angelo geheiratet. Ich will wissen, wie sie ihre Hochzeitsfeier gestaltet haben. »Wir hatten eine kleine Hochzeit mit 45 Gästen, zuerst im Standesamt und anschließend eine Feier im Garten meines Schwiegervaters. Dadurch mussten wir kein Lokal mieten, und das Catering ohne Getränke war auch deutlich günstiger. Die Hochzeitstorten wurden von unseren Tanten gebacken, und für die Brautfrisur und das Make-up waren meine besten Freundinnen zuständig.« Da alle Gäste wussten, dass die beiden minimalistisch leben und genug Dinge besitzen, gab es hauptsächlich Geldgeschenke. Diese deckten die Kosten der Hochzeit nicht nur ab, sondern es blieb noch etwas übrig.

Nur die eigene Haltung ist wichtig

Ich frage nach den Reaktionen ihres Umfelds auf ihre Lebensweise. »Wir haben gelernt, dass es uns egal ist, wenn uns Leute wegen unseres Lebensstils komisch anschauen. Wir versuchen nicht mehr, anderen zu entsprechen, und leben nach dem Spruch: ›Other people's opinion of you is none of your business.‹« Das halte ich für eine sehr hilfreiche Einstellung, die ich im Gespräch mit allen Interviewpartnern, die finanziell frei waren oder kurz davorstanden, gehört habe.

Zum Abschluss frage ich Sophia nach ihrer Definition von Frugalismus, in der ich mich sehr gut wiedererkenne: »Frugalismus ist für mich, weniger Geld und Zeit für alles Überflüssige zu verschwenden, um dann mehr Zeit für die Dinge und Aktivitäten übrig zu haben, die für mich am wertvollsten sind und mich wirklich glücklich machen.«

Finanzielles Bewusstsein

Wie stellen wir uns finanzielle Freiheit konkret vor? Meist denken wir als Erstes an einen Lottogewinn, ein schnelles Auto, eine hübsche Villa oder ein gut gefülltes Sparkonto – das ist finanzielle Freiheit auf materieller Basis. Es gibt dabei jedoch ein Problem: Dieser materielle Reichtum existiert nur im Vergleich zu etwas oder jemandem. Reich sein heißt entweder, wir haben viel mehr, als wir gestern hatten, oder viel mehr, als die meisten anderen Menschen besitzen. Der britische Philosoph John Stuart Mill beschrieb es sinngemäß mit den Worten: Wir wollen nicht reich sein, wir wollen nur reicher sein als andere.[53] Sobald unsere Mitmenschen ebenfalls reich werden, sind wir also nicht mehr reich.

Schärfen wir unser Bewusstsein für unser Verhalten und Denken im Umgang mit unseren Finanzen, stellen wir fest, dass viele unserer Ausgaben auf dem Vergleich mit anderen beruhen. Lars beschrieb diese Erkenntnis als einen Meilenstein, der sein Bewusstsein in puncto Geld veränderte. Nachdem er seine Finanzen unter die Lupe genommen hatte, brauchte er den Vergleich mit anderen Menschen nicht mehr – und auch keine Ersatzbefriedigung durch Konsum. Denn wenn der Nachbar eine teure Uhr hat, wollen wir sie auch haben. Hat er dann einen schicken Mantel, wollen wir diesen ebenfalls und vielleicht sogar noch einen besseren. Dabei kann man den Vergleich mit anderen nur verlieren. »Egal wie weit du bist, du wirst immer jemanden finden, der weiter ist«, sagte mir Lars. Er zog daraus den Schluss, sich auf sich selbst und die eigene Weiterentwicklung zu konzentrieren. Das verschafft ihm viel Zufriedenheit, und gleichzeitig fallen Ausgaben weg, die »durch Neid getriggert werden und gar keine Lebensfreude bringen«.

Die Frage ist: Wollen wir glücklich sein oder als glücklich wahrgenommen werden? Fliegt der Familienvater 2-mal im Jahr ins Luxusressort auf die Bahamas, heißt die Frage: Fliegt er bloß, damit sein Umfeld sieht, wie erfolgreich er ist und er sein Bilderportfolio im sozialen Netz um fünf glänzende Sonnenscheinbilder mit großen Jachten erweitern kann? Muss er, um die Urlaube zu finanzieren, einer Arbeit nachgehen, die er hasst, noch dazu in einem zeitlichen Umfang, der ihn daran hindert, für ihn wertvollere Zeit mit seinen Kindern zu verbringen? In diesem Fall wäre der Luxusurlaub für ihn schlecht. Wenn er ihn dagegen ausgiebig genießt, er sich gemeinsam mit den Kindern entspannt und tolle Momente erlebt und er insgesamt zufrieden in seinem Leben ist, bereichert der Urlaub sein Leben.

Neid und der Vergleich mit anderen sind eine Folge externer Maßstäbe für Zufriedenheit. Dies haben wir oft von klein auf gelernt, indem wir dann zufrieden waren, wenn wir viele Freunde hatten, gute Noten oder tolle sportliche Leistungen erbrachten.

Ich bin ein kompetitiver Mensch und liebe den Wettbewerb mit anderen. Es motiviert mich, macht mir Spaß und führt zu Höchstleistungen. Wenn wir unsere Zufriedenheit jedoch auch heute noch davon abhängig machen, wie viel Zuspruch wir in den sozialen Medien für Urlaubsfotos erhalten, wie hoch unser Gehalt im Vergleich zum Nachbarn ist oder ob unser Gartengrill teurer war, ist das riskant und nicht zielführend für ein glückliches Leben. Wir geben dadurch Kontrolle ab und machen uns abhängig von anderen. Das Glücksgefühl durch äußere Einflüsse ist zudem nur von kurzer Dauer. Echte Zufriedenheit, wenn wir unsere Träume realisieren, Risiken eingehen und unser bestmögliches Leben erschaffen, kommt von innen und hält lange an.

Selbstbewusstsein ist wichtig

Auf einen weiteren Aspekt, der einen großen Einfluss auf unser Finanzverhalten hat, weist uns Suh Yoon Lee hin, eine Finanzberaterin aus Südkorea. Sie hilft anderen dabei, reich zu werden, und gilt in ihrer Heimat als Guru der Reichen. Sie hat Wirtschaftswissenschaften studiert und beschäftigt sich damit, wie man Wohlstand erlangen kann. Ihre Erkenntnis: Wir werden umso reicher, je selbstbewusster wir sind. Nach Suh Yoon Lee wissen wir, dass wir das Geld haben, um zu kaufen, was wir brauchen. Weil wir aber zufrieden sind, brauchen wir weniger. Sie hält die eigenen Emotionen für den entscheidenden Schlüssel zur Schaffung von Wohlstand. Wer sich unwohl fühlt, frustriert und besorgt ist, gibt mehr Geld aus. Das ist uns sicher allen schon einmal so gegangen, wenn wir versucht haben, Frustessen oder Frustkäufe zu nutzen, um die Stimmung zu verbessern. Wenn wir uns in einer Situation befinden, die uns auf Dauer widerstrebt, sollten wir an unserer Situation etwas ändern und nicht versuchen, die Emotionen durch Frustkäufe zu verbessern. Ausgaben sollten sich immer gut anfühlen und nicht aus einer emotional verwundbaren Situation heraus getätigt werden. Je größer unser Selbstbewusstsein, desto weniger müssen wir verschwenden, um anerkannt zu werden. Unsere Anerkennung kommt dann aus anderen Quellen und nicht aus Statussymbolen oder dem Vergleich mit anderen.[54]

Bewusstsein hilft uns dabei, einen inneren Maßstab für Glück zu entwickeln. Indem wir uns die Frage beantworten, woraus wir für unser Geld und die damit eingesetzte Lebensenergie Glück und Zufriedenheit erhalten, entwickeln wir einen eigenen inneren Maßstab. Wir können damit ungesunde Ausgabengewohnheiten beseitigen und unser Geld effizienter einsetzen. Wir lernen, mehr und mehr finanzielle Entscheidungen zu treffen, die unabhängig davon sind, was Werbung und Industrie als gut für ihr Geschäft betrachten. Wir erreichen, dass wir weniger manipuliert werden und weniger Dinge kaufen, die uns nicht glücklich machen.

Wenn wir wieder einmal unbewusst irgendeinen Impulskauf tätigen wollen, merken wir es und haben die Möglichkeit, die Situation rational zu betrachten. Ich glaube, dass es für ein unbeschwertes Leben auch wichtig ist, sich nicht bei jeder Ausgabe stundenlang den Kopf zu zerbrechen, ob man nur durch die Marketingaktion motiviert ist oder nicht. Beobachten wir jedoch regelmäßig unsere Finanzflüsse, werden wir automatisch bewusster und lernen, immer bessere Entscheidungen für unser Leben zu treffen.

Wenn wir eine Designerjeans im Aktionspreis für 180 Euro anstatt 240 Euro erwerben, erzählen wir stolz zu Hause: »Ich habe heute 60 Euro gespart!« Wir haben aber nicht gespart, sondern Geld ausgegeben. Die richtige Frage würde lauten: Diese Hose kostet 180 Euro. Ist sie diese Menge an Lebensenergie aus meiner Sicht wert?

Es geht darum, für uns selbst zu erkennen: Was sind genug Geld und materielle Güter, um unser Glücksgefühl am Höhepunkt zu halten? Und was sind lediglich reiner Exzess und Zeug, die uns mehr belasten, als uns langfristig glücklich machen? Das mag bedeuten, dass eine Mutter erkennt, dass sie in ihrem Job mit einem Jahresgehalt von 100 000 Euro gestresst und unglücklich ist, aber mit dem Job für 60 000 Euro viel zufriedener wäre. Das kann jeder nur für sich selbst herausfinden. Finanzielles Bewusstsein ist wie ein Muskel, den man trainieren muss.

Das Phänomen der hedonistischen Adaption

Das Phänomen der »hedonistischen Adaption« beschreibt den Effekt, dass wir Menschen nach einem sehr positiven oder sehr negativen Ereignis innerhalb kurzer Zeit wieder auf unser ursprüngliches Glücksniveau zurückkehren.

Das Experiment der Lottogewinner und Rollstuhlfahrer

Der Hirnforscher und Harvard-Professor für Psychologie Dan Gilbert beschreibt folgendes Experiment mit zwei Versuchsgruppen:[55] Die Teilnehmer der ersten Gruppe hatten kürzlich umgerechnet eine Million Euro in der Lotterie gewonnen. Die zweite Gruppe bestand aus Personen, die durch einen Unfall eine Querschnittslähmung erlitten hatten und seitdem an den Rollstuhl gefesselt waren. Alle Probanden wurden nach ihrem Wohlbefinden und Glück befragt. Kurze Zeit nach dem Lottogewinn beziehungsweise der Querschnittslähmung war das Glücksniveau beider Versuchsgruppen, wie es zu erwarten war: Die Lottogewinner fühlten sich extrem glücklich, die Rollstuhlfahrer sehr unglücklich. Die Teilnehmer beider Gruppen wurden über eine lange Zeit kontinuierlich begleitet und interviewt. Ein Jahr später ergab die Befragung jedoch etwas Verblüffendes: Die Teilnehmer beider Versuchsgruppen kehrten auf ihr ursprüngliches Glücksniveau vor dem schicksalhaften Ereignis zurück – es war kein signifikanter Unterschied mehr zu erkennen. Professor Gilbert erklärt, dass bei den meisten Lebensereignissen diese »Normalisierung« des Glücksniveaus bereits nach 3 Monaten einkehrt. Ich kannte das bereits aus eigenen Erfahrungen wie der Freude nach dem Kauf eines Rennrads und der abnehmenden Zufriedenheit nach einigen Monaten, in denen es nichts Besonderes mehr war. Dass dies jedoch auch für derart einschneidende Erlebnisse zutrifft, überraschte mich.

Welchen Nutzen können wir aus der Erkenntnis ziehen, dass wir uns nach emotionalen Ereignissen – positiven wie negativen – innerhalb kurzer Zeit wieder auf unser ursprüngliches Glücksniveau begeben? Nach einer Steigerung unseres Lebensstandards durch ein neues Auto, eine neue Küche oder ein größeres Haus stellt sich zwangsläufig eine Normalisierung unseres Glücksniveaus ein. Wenn wir unseren Lebensstandard daher schnell erhöhen, brauchen wir immer größere Steigerungen in kürzeren Abständen, damit unsere Lebensfreude nachhaltig zunimmt.

Das neue Smartphone beispielsweise löst die ersten Wochen eventuell große Glücksgefühle aus: All die technischen Neuerungen und Spielereien werden mit den Freunden geteilt und getestet. Nach einigen Monaten jedoch haben wir uns daran gewöhnt, die tägliche Freude nimmt ab und unser Gehirn sucht bereits nach dem nächsten Glücksgefühl: Es muss etwas Neues her – noch schneller, noch größer, noch aufregender. Es braucht jetzt einen größeren Reiz, um ein vergleichbares Gefühl auszulösen.

Warum ich mein 12-Quadratmeter-Zimmer nicht hätte tauschen wollen

Im Studium lernte ich Kommilitonen kennen, die von ihren Eltern zum Studienbeginn eine eigene Zwei- oder gar Dreizimmerwohnung spendiert bekamen. Anfangs hatten sie sicher große Freude daran, allein in einer großen Wohnung zu leben und ihre Mitstudenten bei Partys in Staunen zu versetzen. Die hedonistische Adaption prophezeit jedoch, dass dieser Anstieg des Lebensstandards nach einiger Zeit als normal angesehen wird. Starten die vermeintlich begünstigten Studenten nach dem Studium in ihren ersten Job und ziehen um, liegt der Standard bereits bei einer Dreizimmerwohnung. Es braucht daher eine schicke Dachterrassenwohnung im Zentrum, um wieder Glück durch Steigerung des Lebensstandards zu verspüren – bis auch dieser nach einigen Monaten wieder zur Normalität wird.

Ich habe mich mit meinem weniger glamourösen Start in einem 12-Quadratmeter-Zimmer in einem Studentenwohnheim immer im Vorteil gesehen. Bereits der Einzug in das kleine, aber völlig ausreichende Zimmer war mit einer Erfahrung von Lebensfreude verbunden: Das erste Mal unabhängig vom Elternhaus zu wohnen, machen zu können, was ich möchte, war genial. Nach 2 Jahren ergab sich eine Steigerung des Wohnstandards vom Zimmer mit elf Kommilitonen auf einer Etage hin zu einer Fünfer-WG. Küche und Bad waren sauberer, das Zimmer war größer, die langsame Steigerung des Lebensstandards brachte ein zweites Mal ein Glücksgefühl. Einige Jahre später kam der Umzug in eine Zweier-WG und zum Berufseintritt eine Einzimmerwohnung für mich allein.

Mittlerweile wohne ich in einer Zweizimmerwohnung mit meiner Freundin. Durch diese schrittweisen, kleinen Steigerungen meines Wohnstandards hatte ich über die Zeit vermutlich mehr Lebensfreude als meine Kommilitonen, die von Beginn an eine Dreizimmereigentumswohnung für sich hatten. Gleichzeitig waren meine Fixkosten stets deutlich geringer, und ich hatte das Gefühl, den Platz, der mir zur Verfügung stand, effizient zu nutzen.

Natürlich gibt es auch Beispiele von Anschaffungen oder Standardverbesserungen, bei denen die hedonistische Adaption weniger stark oder gar nicht stattfindet. Ein Leser schrieb zu einem meiner Blogartikel, dass er jeden Tag ein Glücksgefühl verspüre, wenn er in seinen Porsche Macan steigt – auch noch ein Jahr nach dem Kauf. Das freut mich für ihn, und es zeigt, dass er einen für sich guten Kauf getätigt hat, der ihm nachhaltig Freude bereitet. Es hilft uns jedoch, das Phänomen der hedonistischen Adaption zu kennen, um bessere Entscheidungen zu treffen, wenn es darum geht: Wie viel nachhaltige Lebensfreude bekommen wir für den Einsatz unseres Geldes?

Der innere Schweinehund

Fast Food oder gesundes Essen? Fernsehen oder Sport? Wie wir uns entscheiden, ist oft wenig rational und wird vielmehr von kurzfristigen Belohnungen beeinflusst. Wissenschaftler der Otto-von-Guericke-Universität Magdeburg haben in einer Studie untersucht, wie wir Entscheidungen treffen. Versuchspersonen und Computerprogramme wurden dabei vor Entscheidungen gestellt. Computer wählten immer die vernünftigere Möglichkeit, während die Versuchspersonen von kurzfristigen Erlebnissen beeinflusst waren. Das Ergebnis: Kurzfristige Erlebnisse – egal ob Belohnung oder Bestrafung – halten uns davon ab, vernünftige Entscheidungen zu treffen.[56]

Ein Beispiel: Joggen oder Burger essen? Die Entscheidung für Fast Food wird unmittelbar durch die Ausschüttung von Glückshormonen belohnt. Abnehmen zu wollen, bringt hingegen Anstrengung mit sich. Es ist also naheliegend, wofür wir uns eher entscheiden. Schon die Erwartung eines positiven Ereignisses genügt, und das Gehirn schüttet den Botenstoff Dopamin aus. Wir freuen uns zum Beispiel auf ein gutes Essen: Dopamin wird ausgeschüttet, ein Stoff, der beruhigend und befriedigend wirkt und uns ein Glücksgefühl erleben lässt. Das Belohnungssystem ist aktiv und wir wollen diese Situation am liebsten gar nicht mehr verlassen.

Obwohl wir uns in unserer Haut unwohl fühlen, weil wir den ungesunden Köstlichkeiten und der folgenden Kurzfristbelohnung nicht widerstehen können, entscheiden wir uns dennoch häufig dafür, unseren Zustand weiter zu verschlechtern. Der innere Schweinehund hindert uns daran, langfristig abzunehmen, unsere Gesundheit zu verbessern und davon jeden Tag zu profitieren. Wollen wir Lebensfreude maximieren, wäre es vernünftig, eine kurzfristige Belohnung einzutauschen gegen langfristige

Freude, weil wir uns mit Idealgewicht wohlfühlen und länger leben.

Auch bei unseren finanziellen Entscheidungen haben wir oft nur kurzfristige Effekte vor Augen. Ein großer Möbelhersteller wirbt mit 1000 Euro, die auf der Mitgliedskarte für den Kunden bereitlägen, falls das Geld gerade knapp sei. Den Betrag könne man in kleinen Monatsraten von 50 Euro zurückbezahlen. Dass damit insgesamt über 8 Prozent Zinsen pro Jahr zu bezahlen sind, ist nicht so schlimm, da es ja erst in der Zukunft der Fall ist.

Je klarer uns solche Effekte sind, desto besser können wir unser Leben auf langfristiges Glück ausrichten. Es geht darum, unsere innere Stimme in den Vordergrund zu stellen und weniger äußeren Reizen wie Rabattcodes und irreführender Werbung ausgeliefert zu sein.

Die Macht der Gewohnheit

Indem wir unser finanzielles Bewusstsein trainieren und weiterentwickeln, können wir die Lebensfreude, die wir für unser eingesetztes Geld erhalten, immer weiter steigern. Unser Bewusstsein ist jedoch nur für einen Teil unserer Handlungen verantwortlich.

Ein Forscher an der Duke University in North Carolina fand 2006 heraus, dass zwischen 40 und 45 Prozent unserer täglichen Handlungen nicht auf bewussten Entscheidungen beruhen. Als du heute Morgen aufgewacht bist, was hast du als Erstes gemacht? Bist du in die Dusche gestiegen, hast du auf dein Handy geschaut oder deine Mails gecheckt? Hast du beim Anziehen zuerst den rechten oder den linken Schuh angezogen?

Die meisten täglichen Entscheidungen treffen wir aus Gewohnheit. Obwohl jede Gewohnheit für sich genommen relativ wenig bedeutet, haben sie in der Summe gleichwohl eine enorme Auswirkung auf unsere Gesundheit, Produktivität und finanzielle Situation – was wir einkaufen, wie wir uns fortbewegen, was wir abends unseren Kindern erzählen, ob wir sparen oder Geld ausgeben, wie oft wir Sport treiben oder wie wir denken.

Unsere Gewohnheiten können dafür sorgen, dass wir unbewusst immer mehr Zeug in unserem Leben ansammeln. Ein Beispiel ist die sogenannte Quengelware an der Kasse, meist Süßigkeiten oder Werkzeuge schlechter Qualität. Beim Online-Shoppen denken wir kurz vorm Bezahlen meist automatisch: »Oh, das haben andere auch noch gekauft, interessant ... Wo ich schon einmal dabei bin, nehme ich das doch gleich auch noch mit ... Wenn ich das selbst nicht nutze, kann ich es immer noch verschenken ...« Bevor wir es merken, fügen wir unserem Haushalt weiteres Zeug hinzu. Zu Hause landen diese Dinge nach kurzer Zeit im Keller, auf dem Dachboden oder in der Schublade. Für die Anschaffung des neuen Druckers für 80 Euro verbringen wir einige Tage mit Preisvergleichen, mit unseren Gewohnheiten beschäftigen wir uns dagegen selten – dabei liegt hier das viel größere Potenzial. Unsere Gewohnheiten leiten unser Verhalten nämlich täglich, und das über Jahre!

Die Entwicklung von Gewohnheitsschleifen ist in der Evolution begründet. Gewohnheitsschleifen sind entstanden, um unser Gehirn zu entlasten. Wenn eine Gewohnheit entsteht, hört das Gehirn auf, sich mit seiner vollen Leistung an der Entscheidungsfindung zu beteiligen. Es hört auf, sich stark anzustrengen, oder lenkt seinen Fokus auf eine andere Aufgabe. Indem wir die Funktionsweise von Gewohnheiten besser verstehen, können wir mehr Einfluss auf sie nehmen und einen weiteren Schritt in Richtung Unabhängigkeit gehen.

Wie Gewohnheiten aufgebaut sind

Gewohnheiten besitzen eine einheitliche Struktur. Sie bestehen immer aus drei Bausteinen: einem Auslösereiz, einer Routine und einer Belohnung. Ein Beispiel: Nach der Partynacht geht es auf dem Heimweg noch beim Fast-Food-Restaurant unseres Vertrauens vorbei: zwei Cheeseburger, eine mittlere Pommes. Der Hunger und das leuchtende gelbe Schild am Wegesrand stellen dabei den Auslösereiz dar. Das Essen von Pommes und Burger ist die Routine. Die Belohnung stellen die freigesetzten Glücksgefühle nach dem Verzehr der Mahlzeit dar. Die Filialen der Fast-Food-Ketten sind exakt gleich aufgebaut: Die Unternehmen versuchen, alle Abläufe und Erscheinungsbilder zu standardisieren, sodass ein konstanter Reiz zur Auslösung von Kaufgewohnheiten entsteht. Es wird viel Wert darauf gelegt, dass durch die Produkte eine sofortige Belohnung erzeugt wird. Sie wissen, dass Gewohnheiten ihnen lebenslange Kundschaft bescheren.

Was uns beim Beerenpflücken erlaubt hat, unterbewusst nach Säbelzahntigern Ausschau zu halten, wird uns in unserer heutigen modernen Welt oftmals zum Verhängnis. Da wir Gewohnheitsschleifen häufig nicht erkennen, wenn sie entstehen, sind unsere Chancen schlecht, sie zu kontrollieren. Indem wir lernen, unsere Gewohnheiten und ihre Auslösereize und Belohnungen zu beobachten, können wir wieder Einfluss darauf nehmen und die Routinen nach unseren Vorstellungen verändern.

In seinem Buch *Die Macht der Gewohnheit* beschreibt Charles Duhigg die besondere Bedeutung von Schlüsselgewohnheiten, die unser gesamtes Leben verändern können. Wissenschaftler untersuchten Gewohnheiten am Beispiel von Lisa, einer 34-jährigen Frau, die nach Aktenlage die ideale Testperson war. Sie hatte mit 16 angefangen, zu rauchen und zu trinken, zudem hatte sie die meiste Zeit ihres Lebens Probleme mit Übergewicht. Ihre Arbeitsverhältnisse dauerten selten lange und mit Mitte 20 hatte sie über 10 000 Euro Schulden. Die Frau, die den Forschern heute gegenübersaß, war jedoch schlank und sah 10 Jahre jünger aus als auf dem Foto. Lisa hatte keine Schulden mehr, sie trank nicht mehr und arbeitete seit über 2 Jahren in einem Büro für Grafikdesign. Wie war diese Veränderung möglich?

Lisa wurde von ihrem Mann verlassen, reiste nach Kairo und unternahm eine Wüstendurchquerung. Doch nach Aussage der Wissenschaftler waren weder die Reise noch die Scheidung oder die Wüstentour für die Veränderung verantwortlich. Entscheidend war vielmehr, dass Lisa sich in der Zwischenzeit darauf konzentriert hatte, zunächst nur eine Gewohnheit zu ändern: das Rauchen. Das löste eine Reihe weiterer Veränderungen aus, die alle auf ihr neues Leben Einfluss nahmen. Lisa schaffte es, das Rauchen durch eine neue Aktivität zu ersetzen: das Joggen. Dies führte wiederum zu einer Veränderung in der Art und Weise, wie sie sich ernährte, arbeitete, schlief, Geld sparte und so weiter.

Lisas Beispiel zeigt eindrucksvoll, dass wir durch die Änderung von wenigen Schlüsselgewohnheiten unser Leben nachhaltig verbessern können. Bei mir war das die Entscheidung, für meinen ersten Marathonlauf zu trainieren. Durch den regelmäßigen Sport änderte ich auch meine Ernährung, weil ich die Anstrengungen im Training nicht durch schlechtes Essen zunichtemachen wollte.

Wie wir neue Gewohnheiten erschaffen können

Möchten wir gesünder essen, weniger Frustkäufe tätigen oder mehr Sport machen, müssen wir eine neue Gewohnheit erzeugen. Wir nutzen dabei die Macht des Verlangens zu unserem Vorteil aus.

Forscher an der New Mexico State University wollten wissen, weshalb manche Menschen gewohnheitsmäßig Sport machen und manche nicht. Nach der Befragung von 266 Personen, die mindestens 3-mal pro Woche Joggen gingen, fanden sie heraus, dass viele von ihnen praktisch aus einer Laune heraus mit dem Laufen begonnen hatten. Sie hatten plötzlich mehr Freizeit oder wollten eine stressige Lebenssituation meistern. Dass sie jedoch regelmäßig dabeiblieben und Sport zur Gewohnheit wurde, lag an einer spezifischen Belohnung, nach der sie ein Verlangen entwickelten. Der Auslösereiz einer Gewohnheit muss daher nicht nur eine Routine nach sich ziehen, sondern muss ein regelrechtes Verlangen nach der künftigen Belohnung erzeugen. Erst wenn unser Gehirn beginnt, die Belohnung in Form von Endorphinen oder einem Erfolgserlebnis zu erwarten, wird die Gewohnheit als solche verankert. Die Sportler wollten das Glücksgefühl während und nach dem Sport immer wieder erleben. Wenn wir unser Lieblingsessen vor uns sehen und nach harter körperlicher Anstrengung ausgehungert sind, spüren wir förmlich den Speichelfluss unserer Vorfreude.

Wollen wir uns also eine neue Gewohnheit erschaffen, die unserer Gesundheit, unseren Finanzen oder unserer Lebensfreude zugutekommt, sollten wir einen konkreten Auslösereiz festlegen. Möchten wir anfangen, jeden Morgen zu joggen, könnten wir als Auslösereiz das Stolpern über unsere Laufschuhe nehmen, die wir uns am Vorabend neben das Bett gestellt haben. Nach Absolvierung der Trainingseinheit kann ein Magnesiumgetränk oder sogar Schokolade eine Belohnung sein. In einem Experiment in Deutschland aßen die Probanden nach dem Joggen tatsächlich Schokolade – erst einmal erstaunlich, aber es funktionierte: Nach einer Weile brauchten sie keine Schokolade mehr, da Endorphine und andere Neurotransmitter bereits beim Laufen ausgeschüttet wurden, was als Belohnung ausreichte.[57] Zu Beginn glaubt unser

Gehirn jedoch nicht, dass die neue körperliche Anstrengung gut für uns ist. Es versucht ja immer, Energie zu sparen. Daher ist es sinnvoll, eine neue Gewohnheit mit einem etablierten Belohnungskonzept, beispielsweise Schokolade, zu incentivieren.

Peter hat sich zur Gewohnheit gemacht, immer dann, wenn er Appetit auf ein kaltes Bier verspürt, zehn Liegestütze auf der Terrasse zu absolvieren, bevor er sich mit dem Getränk belohnt. Ich habe die Angewohnheit, nach einem anstrengenden Tag eher ungesundes Essen auswärts zu besorgen – schlecht für die Gesundheit und den Geldbeutel. Meine Verbesserung war, dass ich mir als neue Gewohnheit immer samstags einen Essensplan für die Woche erstelle und in einem Wocheneinkauf nur die Zutaten besorge, die ich dafür brauche. Dadurch weiß ich morgens, was es abends gibt, und wenn ich nach getaner Arbeit den Drang nach der Pizza an der Ecke verspüre, hält mich das Wissen, dass meine eingekauften frischen Zutaten vergammeln würden, davon ab.

Wie also können wir vorgehen, um teure oder ungesunde Gewohnheiten loszuwerden? Die Schritte sind immer die gleichen:

Schritt 1: Identifizieren der Routine. Zunächst müssen wir die Bestandteile der Gewohnheitsschleife erkennen. Das kann die Zigarette direkt nach dem Aufstehen sein oder das Essen vom Lieferservice, wenn wir uns zu erledigt und unkreativ fühlen, selbst zu kochen. Haben wir die Gewohnheit erkannt und für ungünstig befunden, können wir nach Wegen suchen, das alte Laster durch neue Verhaltensweisen zu ersetzen.

Schritt 2: Verschiedene Belohnungen ausprobieren. Indem wir mit verschiedenen Arten von Belohnungen direkt nach dem neuen Verhalten experimentieren, finden wir heraus, wonach wir tatsächlich ein echtes Verlangen entwickeln. Welche Belohnung wollen wir unbedingt haben? Damit können wir unsere neue Gewohnheit fest verankern.

Schritt 3: Auslöser identifizieren. Was ist der Trigger, damit wir mit unserer Gewohnheitsroutine beginnen? Nächtlicher Hunger und ein leuchtendes Neonschild am Straßenrand? Meistens sind Auslösereize anhand eines Standorts, der Uhrzeit, anderer Menschen oder eines emotionalen Zustands aufzuspüren. Was davon trifft bei uns zu?

Schritt 4: Plan aufstellen. Sobald wir die Gewohnheit genau kennen, können wir anfangen, das Verhalten zu ändern. Indem wir für den Fall, dass der Auslöser auftritt, einen Plan erstellen und ein Verhalten wählen, das für die Belohnung sorgt, können wir unsere Gewohnheiten ändern. Natürlich wird das nicht bei allen Gewohnheiten ohne Anstrengung und Anfangsaufwand möglich sein, aber die Vorgehensweise stellt das Grundgerüst dar. Sobald wir den Auslöser, die Routine und die Belohnung bewusst wahrnehmen, sind wir ein Stück unabhängiger und können unser Leben wieder etwas selbstbestimmter führen.[58]

Rauchen, obwohl wir es längst aufgeben wollten, Fast Food, obwohl wir uns gesund ernähren möchten, zu wenig Sport, obwohl wir gerne mehr trainieren würden: Wir können unsere Lebensqualität und unser tägliches Wohlbefinden durch die aktive Gestaltung von Gewohnheiten steigern – besonders dann, wenn wir eigentlich wissen, was gut für uns oder die finanziell richtige Entscheidung wäre. Diese tatsächlich in die Tat umzusetzen, ist oft eine große Hürde. Wir haben in Kapitel 3 gesehen, dass man auch mit einem durchschnittlichen Gehalt deutlich vor dem gesetzlichen Rentenalter finanziell unabhängig sein kann, wenn man unterdurchschnittliche Ausgaben und damit eine hohe Sparquote hat.

Ein großer Posten bei vielen sind die Kosten für das Auto. Das ist ein Beispiel für eine Gewohnheit, die es sich lohnt, anzugehen indem wir weniger sinnlos umherfahren. Wir haben uns aber vielleicht schon an das bequeme Autofahren gewöhnt: zum Supermarkt, zur Kita und bei leichtem Regen sowieso. Andere weitverbreitete Gewohnheiten sind Alkohol, Zigaretten und Drogen, Fernsehen und Videospiele, Fast Food und Süßigkeiten, Bewegungsmangel, Bequemlichkeit und Aufschieberitis, Frustshopping und das Anschaffen von Zeug. Die meisten davon sind relevant für den Unterschied zwischen einem durchschnittlichen und einem finanziell unabhängigen Leben, wie wir in Kapitel 6 genauer betrachten werden.

Praxisaufgabe: Entlarve deine ungünstigen Gewohnheiten
- Wie hoch müsste dein Jahreseinkommen sein, damit du glücklich bist?
- Notiere dir die fünf schönsten Erinnerungen in deinem bisherigen Leben. Kannst du Muster erkennen? Sind es Aktivitäten, Situationen mit Freunden, Abenteuer oder die Anschaffung teurer Gegenstände?
- Welche deiner Gewohnheiten verschlingt am meisten Geld und ist langfristig nicht gut für dein Leben?
- Identifiziere den Auslöser der Gewohnheit, die du ändern möchtest. Überlege dir, womit du die Gewohnheit ersetzen möchtest. Teste Belohnungen, sobald du die neue Routine eingeführt hast, und mache dir einen schriftlichen Plan für mindestens 2 Monate.

5

Frugalismus-Baustein: Bewege dich freiwillig außerhalb der Komfortzone!

Softwareentwickler Oliver: Kreativ in Hannover

Oliver lernte ich 2017 auf der Financial Independence Week in Rumänien kennen. Er ist ein wortgewandter Frugalist, der Leute für das Thema Frugalismus begeistert, ohne aufdringlich zu wirken. Der 30-jährige Programmierer lebt mit seiner Freundin in Hannover und benötigt für sein erfülltes Leben derzeit lediglich 750 Euro im Monat. Er möchte mit 40 die Möglichkeit haben, in Rente zu gehen.

Geboren ist Oliver in Leipzig. Nach der Wende zog er mit seinen Eltern nach Oranienburg bei Berlin und später weiter nach Braunschweig, wo er die ersten Jahre seiner Kindheit verbrachte. Als Büroangestellte in kleineren Unternehmen führten seine Eltern das Leben einer gewöhnlichen Mittelstandsfamilie – »nicht besonders reich, aber auch nicht arm«. Sie brachten ihm bei, dass es sinnvoll ist, nicht alles Geld sofort auszugeben, sondern für größere Anschaffungen zu sparen. »So ließ ich vom Taschengeld oder von Geldgeschenken der Großeltern immer einen nicht unerheblichen Teil auf mein Sparbuch wandern. Die Ersparnisse kamen im Alter von 8 Jahren beim Kauf einer – für meine Verhältnisse sündhaft teuren – Lego-Eisenbahn zum Einsatz.« Später eröffnete er ein Tagesgeldkonto, und sein Erspartes wuchs auf einen kleinen vierstelligen Betrag an. Doch das Geld sah er eher als Kapital für später: den Führerschein, die erste Wohnung oder ein Studium.

Trotzdem gab er auch immer gerne Geld für irgendwelche Dinge aus. »Bis ich das Konzept FIRE kennenlernte, dachte ich, die Kunst, ein gutes Leben zu führen, bestehe darin, die ›richtigen‹ Produkte und Dienstleistungen zu kaufen.« Als Jugendlicher kaufte er sich irgendwelche Deko-Gegenstände, in der Hoffnung, sein Zimmer würde dadurch gemütlicher werden. Seinen Verdienst aus dem ersten Nebenjob mit 15 – rund 100 Euro im Monat zusätzlich zum Taschengeld – wandelte er in »sinnlosen Krempel«, wie er es heute bezeichnet, um.

»Als Student shoppte ich gerne Klamotten, in denen ich hoffte, möglichst cool auszusehen.« Er surfte auf Preisvergleichsseiten und recherchierte, welches Handy oder welchen Fernseher er sich als Nächstes kaufen würde. »Ich überlegte sogar, welche Automarke und -farbe am besten zu mir passt, welches Modell ich mir von meinem ersten Gehalt zulegen würde«, lacht er.

40-Stunden-Woche muss nicht sein

Nach der Schule studierte er Medieninformatik in Bremen. Er verbrachte ein Auslandssemester in Indien und schloss ein Masterstudium an, da er nicht recht wusste, was er eigentlich machen wollte. »Ich genoss das Studentenleben mit der freien Zeiteinteilung, viel Freizeit und sozialen Kontakten. Ich konnte an Projekten arbeiten, die mich interessierten, und hatte immer noch genug Zeit für WG-Partys, Skateboardfahren und meine Freundin Joana.«

Das alles würde nach seiner Vorstellung mit Beginn des Arbeitslebens vorbei sein. »Ich würde 40 Stunden die Woche arbeiten müssen; für Partys, Freunde und Hobbys blieben dann gerade einmal die Wochenenden – wenn ich da nicht den Rasen mähen oder das Auto in die Werkstatt bringen müsste.« Zu dieser Zeit stieß er über Blogs auf die FIRE-Bewegung. »Ich war sofort hellauf begeistert von dieser Lebensphilosophie und beschloss, ebenfalls bewusst nach diesen Prinzipien zu leben und finanziell unabhängig zu werden.«

FIRE war einerseits die willkommene Alternative zur 40-Stunden-Woche bis zum Renteneintritt mit 67 Jahren, andererseits gefiel ihm die faszinierende Verbindung aus Minimalismus und Finanzen. Als Student führte er auch mit geringen Ausgaben ein zufriedenes Leben und konnte sich gut vorstellen, dies zu »professionalisieren«. »Ich lernte Phänomene wie die hedonistische Adaption kennen und merkte, dass ich immer genau falsch gedacht hatte – und dass der Konsum von Produkten und Dienstleistungen gar nicht der entscheidende Faktor dafür war, wie gut und erfüllt mein Leben ist.«

Minimalismus wendet er dabei nicht nur auf Gegenstände an: »Ich versuche, mich auf die Dinge zu fokussieren, die mein Leben zum Positiven hin beeinflussen: Freunde, Familie, Sport, erfüllende Tätigkeiten, Neues lernen.« Dinge, die nichts Positives zu seinem Leben und seiner langfristigen Zufriedenheit beitragen, versucht er Stück für Stück zu reduzieren. Dazu gehören vor allem, aber nicht ausschließlich, materielle Besitztümer und Statussymbole.

Als es seine Freundin Joana für ihr Studium nach Wolverhampton in England zog, folgte Oliver ihr und begann seinen ersten Job als Softwareentwickler. Knapp 2 Jahre blieben die beiden in England, wohnten während dieser Zeit in verschiedenen WGs und lernten Land und Leute kennen. »Es war eine tolle Zeit. Gleichzeitig sparte ich 70 Prozent meines Gehalts, da ich meinen Lebensstandard gegenüber der Studentenzeit kaum veränderte«, beschreibt Oliver.

Eine Sparquote von 70 Prozent bei 2300 Euro Gehalt

2017 ging es zurück nach Deutschland: In Hannover sollten sie von nun an arbeiten und wohnen. Oliver entschied sich jedoch, bereits jetzt nur noch 24 Stunden die Woche in Teilzeit zu arbeiten. So hatte er ausreichend Zeit für sein Hobby, das Skateboardfahren, für Freunde und für eigene Projekte. Da er nebenbei noch kleinere Aufträge als selbstständiger Programmierer annahm, blieb die Sparquote trotzdem bei 70 Prozent. Dabei entspricht sein Leben von außen betrachtet dem eines Otto Normalverbrauchers: »Ich lebe mit meiner Freundin in einer ganz normalen Wohnung, gehe in einem normalen Job arbeiten, treffe mich am Wochenende mit Freunden, treibe Sport und fahre mehrmals im Jahr in den Urlaub.« Die Möbel kommen von einem großen schwedischen Möbelhersteller, im Wohnzimmer steht ein Flachbildfernseher, einkaufen gehen sie manchmal bei Edeka und manchmal bei Aldi. Oliver besitzt einen Computer, ein Smartphone und trägt größtenteils Markenkleidung.

Trotzdem kommt er mit deutlich weniger Geld aus als andere Menschen, die sich in einer ähnlichen Lebenssituation befinden. »Das liegt vor allem daran, dass ich meine Ausgaben optimiert habe«, stellt er fest. Die Mietwohnung in Hannover ist mit 46 Quadratmetern und zwei Zimmern kleiner als die vieler ihrer Altersgenossen: »Wir haben nur so viel Wohnfläche, wie wir auch wirklich brauchen, und wir haben unsere Wohnung effizient eingerichtet.« Ungenutzte Dinge verkaufen oder verschenken sie, sodass sie keine teure Wohnfläche für überflüssige Gegenstände brauchen. Das wirkt sich positiv auf Miete und Heizkosten aus, ohne dass sie das Gefühl haben, ihnen fehle etwas.

Außerdem haben sich beide gezielt Jobs und eine Wohnung gesucht, die nah beieinander liegen: »Joana und ich brauchen

nur wenige Minuten, um mit dem Fahrrad zur Arbeit zu fahren.«
Das spart neben der Zeit, die Pendler im Berufsverkehr stecken,
auch noch Geld für Benzin oder das Ticket für den öffentlichen
Nahverkehr.

Anschaffungen tätigen sie nur dann, wenn sie etwas wirklich
brauchen, weil etwas kaputtgegangen ist oder ihre Lebenssituation sich geändert hat. »Kaufen passiert nicht mehr aus Langeweile oder weil wir einfach mal ›was Neues‹ haben wollen.« Möbel und Haushaltsgeräte stammen größtenteils noch aus ihrer
Jugend oder wurden günstig und gebraucht erworben. Auch Lap-
tops, Smartphones oder Fahrräder kaufen sie gebraucht: »In unserer Wegwerfgesellschaft wird so viel Gebrauchtes in toller
Qualität und gutem Zustand für Schleuderpreise angeboten, dass
man eigentlich nichts neu kaufen muss.« Auch wenn er wenig
materielle Dinge anschafft, gibt er trotzdem gerne Geld für Werkzeuge oder Material aus, »mit dem ich irgendwas anstellen kann«:
Fahrradteile, Holz, um irgendwas zu bauen, oder einen alten Laptop, den er wieder flottmachen kann.

Ich frage nach den Ausgaben, die ihm am meisten Lebensfreude bringen: »Reiseausgaben, um Freunde zu besuchen, Ausgaben für Aktivitäten, etwa der Eintritt für die Skatehalle, zum
Kickern, Schwimmen oder Bouldern.« Auch Kneipenbesuche und
ab und an mal ein gutes Essen im Restaurant genießen Oliver
und Joana.

Versicherungen sind auf das Nötigste beschränkt, Strom- und
Gasanbieter sowie Handyverträge werden regelmäßig gewech-
selt, wenn es günstigere Möglichkeiten gibt. »Wir versuchen
möglichst keine großen Fixkosten in unserem Leben aufzubauen.« Bei vielen ihrer Altersgenossen werde durch eine teure
Mietwohnung, Monatsraten fürs Auto, Versicherungen, Abos
und Verträge fast die Hälfte des Gehalts bereits am Monatsanfang wieder abgebucht. Die Fixkosten von Oliver sind mit unter

400 Euro im Monat im Vergleich dazu sehr gering. Den Großteil seiner Ausgaben machen variable Kosten wie Restaurantbesuche, Urlaub, Freizeit und Hobbys aus, die er flexibel steuern kann.

Wie auch für mich ist Geld für Oliver kein Tabuthema. Gerne schlüsselt er seine Einnahmen und Ausgaben auf. Sein Einkommen inklusive Nebenjob beträgt 2300 Euro monatlich, das er wie folgt einsetzt:

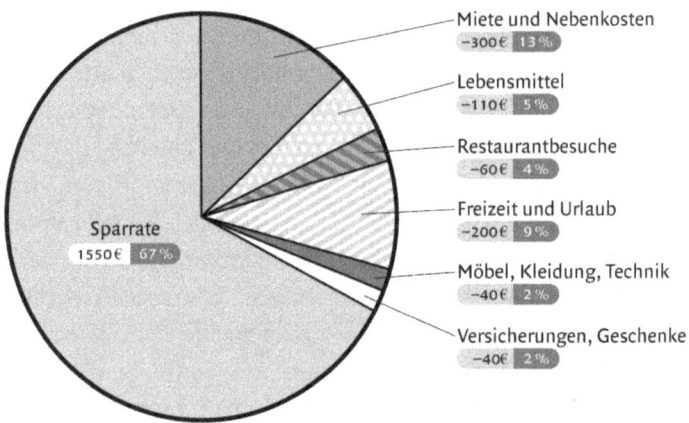

Abbildung 2: *Verwendung des Einkommens von Frugalist Oliver.*

Für sein gutes Leben, in dem er sich nicht eingeschränkt fühlt, benötigt er derzeit 750 Euro im Monat. Durch seinen Teilzeitjob als Programmierer mit 24 Stunden in der Woche sowie durch eigene Projekte als Freelancer verdient er im Schnitt insgesamt 2300 Euro netto im Monat. Da er seit 2019 Vater einer kleinen Tochter ist, nimmt er an, dass seine Ausgaben durch die Familiengründung im Laufe der Jahre auf rund 1400 Euro ansteigen werden – was fast einer Verdopplung seiner bisherigen Kosten entspricht. Um finanziell unabhängig zu sein, benötigt er auf Basis der 4-Prozent-Regel ein Vermögen von 424 000 Euro. Heute hat er bereits 110 000 Euro angespart und zum Großteil investiert. Die Prognose für die Erreichung der 424 000 Euro liegt bei 10 Jahren – dann ist Oliver 40 Jahre alt.

Ich möchte wissen, was neben der Aussicht auf finanzielle Unabhängigkeit seine Motivation für einen frugalistischen Lebensstil ist: »Ich glaube, dass noch mehr materieller Wohlstand als der, den ich bereits habe, mein Leben nicht besser oder mich nicht zufriedener machen würde.« Früher hat er viel häufiger neue Dinge gekauft, sich neue Möbel gegönnt oder ist Klamotten shoppen gegangen. »Ich war eigentlich hinterher auch nicht zufriedener als vorher.« Diese Erkenntnis macht es für ihn einfacher, den auf kurzfristige Belohnung abzielenden Verlockungen des Alltags zu widerstehen: »Weil ich weiß: Mir bringen diese Dinge sowieso keinen Mehrwert.«

Mehr Zufriedenheit für sein Leben bringt ihm anderes: Freundin und Tochter, Freunde und Familie, gute Gespräche, Sport, Neues lernen, aktiv sein und Abenteuer erleben. Dafür muss er nicht viel Geld ausgeben, sondern vor allem genug Zeit haben, um all das tun zu können. Wie auch bei Ranga sind Zeit und Freiheit die wichtigsten Ressourcen in seinem Leben: »Wenn ich genügsam lebe, muss ich weniger für Geld arbeiten gehen und habe mehr Zeit und Energie für die schönen Dinge des Lebens übrig.«

Ein weiterer Vorteil seines frugalistischen Lebens ist, dass er Luxus mehr genießen kann. »Luxus kann man nur dann richtig auskosten, wenn man ihn nicht jeden Tag hat, wenn er etwas Besonderes bleibt. Je bescheidener ich lebe, desto mehr kann ich Luxus noch richtig genießen – und desto genussvoller ist mein Leben.«

Außerdem gefällt ihm, dass sich Frugalismus nicht nur auf die Finanzen, sondern auch auf die Umwelt positiv auswirkt. Ein Lebensstil, der weniger auf Konsum ausgerichtet ist, führt zu weniger Ressourcenverbrauch und Müll. Der Kurzfilm *The Story of*

Stuff und das Buch *Befreiung vom Überfluss* von Niko Paech haben Oliver dabei nachhaltig geprägt, denn die Auswirkungen unserer Konsumgewohnheiten auf unsere Lebensgrundlage sind immens.

Lebensfreude erfährt er besonders, wenn er in irgendeiner Form aktiv ist und sich nicht »passiv berieseln lässt«, erzählt er mit Begeisterung: »Skaten, kickern, jonglieren, Gitarre spielen, Fahrrad fahren, programmieren, kochen oder etwas reparieren – oder gerne auch mit Freunden ein Bier trinken.« Abgesehen vom Biertrinken sind es alles Tätigkeiten, die kaum Geld kosten oder die sogar etwas einbringen, während sie viel Freude machen. So hat er auch gar keine Zeit, shoppen zu gehen oder sich zu fragen, welches Handy oder Auto er sich als Nächstes kaufen soll. »Meine Ausgaben sinken, während ich Spaß habe.« Natürlich geht er auch gerne mal ins Kino oder Restaurant, auch einen *Game-of-Thrones*-Abend auf der Couch mit Joana gönnt er sich ab und zu – aber das sind nicht seine Hauptbeschäftigungen.

Glück außerhalb der Komfortzone

Ein weiterer Baustein für ein zufriedenes Leben ist für Oliver, gezielt Herausforderungen und nicht immer den bequemsten Weg zu wählen. »Ein bescheidener Lebensstil lässt mehr Raum für Abenteuer und das Verlassen der Komfortzone«, woraus er viel Zufriedenheit schöpft. Das will ich genau wissen, und Oliver erklärt: »Ich glaube, dass unser modernes Leben zu sehr auf Bequemlichkeit ausgerichtet ist. Darunter leidet nicht nur unsere finanzielle Situation, sondern auch unser Lebensglück.«

Bequemlichkeit hört sich im ersten Augenblick positiv an, aber ein bequemes Leben ist in gewisser Weise auch ziemlich langweilig. Man stelle sich einmal das maximal bequeme Leben vor: das Schlaraffenland, in dem man den ganzen Tag einfach nur

herumliegt und nichts tut. Alle Bedürfnisse, die man sich vorstellen kann, werden im Handumdrehen von Bediensteten erfüllt, ohne dass man einen Finger krumm machen muss. »Das
wäre für einen Tag nett, aber würde sehr schnell sterbenslang-
weilig werden.« Die Werbung verspricht uns jeden Tag: Wir sollen
es so angenehm wie möglich haben, durch neue Produkte und
Dienstleistungen. Das führt dazu, dass wir oft automatisch den
bequemsten Weg wählen, ohne uns zu fragen, ob er für uns überhaupt der beste ist. Oliver nimmt daher mit Absicht oft den unbequemeren Weg – »weil ich dabei mehr erlebe und zusätzlich
auch noch Geld spare«.

Als Beispiel berichtet er vom Besuch bei seinen Eltern, die
am Stadtrand von Hannover wohnen, etwa 12 Kilometer vom
Hauptbahnhof entfernt. Während seines Studiums konnte er mit
seinem Semesterticket kostenlos von Bremen nach Hannover
fahren. Dort löste er ein S-Bahn-Ticket bis zum Wohnort seiner
Eltern: »Das habe ich immer so gemacht, ohne über Alternativen
nachzudenken.« Als Frugalist begann er, seine Gewohnheiten zu
hinterfragen und diese 12 Kilometer manchmal zu Fuß zurück-
zulegen. Der Weg führte aus der Stadt hinaus durch einen Wald
und über Felder: »Ich erinnere mich noch an das eine Mal, einen
klirrend kalten Nachmittag im Februar: Die Felder waren gefro-
ren, die ganze Welt lag totenstill da, keine Menschenseele war
draußen. Es war ein wunderbarer Spaziergang, bei dem ich richtig gut vom Unialltag abschalten und auf andere Gedanken kommen konnte.«

Ein anderes Beispiel war der Tag, als plötzlich die Geschirrspülmaschine kaputtging. Oliver und Joana hatten sie zuvor für
100 Euro gebraucht gekauft und eigenhändig in die Küche einge-
baut. Nach ein paar Monaten pumpte das Gerät nicht mehr richtig ab, fing an zu piepsen und zeigte eine Fehlermeldung. Die
Mehrheit von uns würde in diesem Fall sehr wahrscheinlich den

einfachen Weg gehen: einen Techniker anrufen, der das Problem löst – oder gleich ein neues Gerät kaufen und das alte auf den Müll werfen.

Oliver entschied sich für den unbequemeren Weg: Obwohl er keine Ahnung von Geschirrspülmaschinen hatte, schraubte er das Gerät einfach mal auf und versuchte der Ursache auf den Grund zu gehen. Parallel zog er Youtube-Videos zurate, in denen die Funktion der einzelnen Teile erklärt wurde. »Nach einer Weile wusste ich ungefähr, wie die Maschine funktioniert, und fand den Fehler: Die Ablaufpumpe war defekt und undicht.« Auf Ebay recherchierte er das Modell und fand eine baugleiche, funktionierende Pumpe, die jemand aus einer defekten Geschirrspülmaschine ausgebaut hatte. Für 20 Euro ersteigerte er das Ersatzteil und baute es zusammen mit seinem Schwiegervater in spe ein. »Bis heute funktioniert die Maschine wieder tadellos!«, erzählt er stolz. Es war sicher unbequemer und aufwendiger, als eine neue Maschine zu kaufen. Aber es machte sogar Spaß, und er weiß jetzt, wie Geschirrspülmaschinen funktionieren, und ist bei jedem Einschalten der Maschine ein klein wenig stolz auf seine Bastelkünste. Als Nebeneffekt hat er weniger Müll produziert und die Kosten für eine Neuanschaffung gespart.

Mit einem Lächeln durch den Sturm

Oliver wird immer fröhlicher und legt mit dem nächsten Beispiel nach: sein Arbeitsweg in England. Dort radelte er jeden Tag 11 Kilometer zur Arbeit. Er hätte auch den Bus nehmen oder sich ein Auto zulegen können, doch die unbequemere Variante brachte ihm gleich zwei Vorteile: Er hatte ein Sportprogramm in seinen Alltag integriert, ohne gegen den Schweinehund ankämpfen zu müssen, und gleichzeitig war es ein toller Ausgleich nach der Arbeit im Büro. »Selten war ich in meinem Leben so fit wie nach diesen beiden Jahren!« Mit dem Rad gefahren sei er immer: im Dunkeln, bei Regen, Schnee und Sturm – mit Regenjacke und Regenhose kein Problem. Besonders die stürmischen Tage sind ihm als Abenteuer in guter Erinnerung geblieben: »Dabei kommt man an seine Grenzen, verlässt die Komfortzone und freut sich richtig, wenn man endlich im warmen, trockenen Zuhause ankommt.« Die vierstellige Summe an Benzin- oder Ticketkosten, die er dabei sparte, war eine zusätzliche Belohnung.

Eine positive, optimistische Lebenseinstellung hilft Oliver, das Leben heute zu genießen. Statt über die Umstände, Politiker oder den Chef zu meckern, konzentriert er sich darauf, was er besser machen und wie er aus der aktuellen Situation das meiste herausholen kann. Dankbarkeit und Wertschätzung für das, was er bereits erhalten oder erreicht hat, sind ihm ebenfalls dienlich.

Ob er sich sein Leben in finanzieller Unabhängigkeit anders vorstellt als sein jetziges? »Ich denke, ich werde nicht großartig anders leben als heute schon. Ich würde einfach nur noch ein bisschen mehr freie Zeit und Energie für meine Hobbys und Projekte übrig haben, zum Bloggen, Skaten oder Freundetreffen.« Er kann sich vorstellen, noch mal eine große Reise oder ein Projekt in Angriff zu nehmen, vielleicht fällt ihm aber auch etwas ganz anderes ein.

»Das ist es auch eigentlich, worum es mir bei der finanziellen Unabhängigkeit geht: immer die Wahlfreiheit zu haben und, wenn ich Lust auf etwas habe, es auch umsetzen zu können.« Er möchte nicht eines Tages feststellen, dass ihm sein Leben in der momentanen Situation nicht mehr gefällt, er es aber nicht ändern kann, weil er Kredite und hohe Fixkosten bedienen muss, die ihn an eine Vollzeitstelle binden. Stattdessen möchte er im Alter im Schaukelstuhl sitzen, seinen Enkeln tolle Geschichten erzählen und sagen können: »Das war ein wunderbares Leben! Ich habe wirklich vieles erlebt und erreicht.«

Unabhängigkeit und neue Fähigkeiten

»Sei zufrieden, aber gib dich nicht zufrieden!«
(Christian Bischoff, Motivationstrainer)[59]

Wir streben in unserer Gesellschaft immer mehr nach Spezialisierung. Unsere Zeit nutzen wir vermeintlich am sinnvollsten, wenn wir die Tätigkeit, für die wir am meisten Geld erhalten, häufig ausführen. Die gängige Meinung ist, dass wir alles andere zukaufen sollten: einen Gärtner, der den Garten pflegt, eine Putzfrau, die die Wohnung sauber hält, damit wir unsere Zeit so gewinnbringend wie möglich nutzen können.

Viele Berufseinsteiger in meinem Umfeld haben begonnen, eine Putzhilfe zu engagieren, die einmal pro Woche die Wohnung säubert. Ihr Argument: Sie arbeiten viel, da möchten sie sich in ihrer Freizeit nicht mit solch unwichtigen Dingen beschäftigen, die ihnen nichts bringen – zumal sie einen höheren Stundenlohn haben, als die Putzfrau kostet. Angenommen, wir sind selbstständige Grafiker, arbeiten von zu Hause aus und können unseren Kunden 100 Euro pro Stunde in Rechnung stellen: Warum sollten wir also eine Pause einlegen, um Rasen zu mähen oder das Geschirr zu spülen, was etwa 45 Minuten dauert und »nur« 20 Euro einspart?

Es gibt einen Denkfehler hierbei: Unsere gut bezahlte Arbeit als Grafiker können wir gar nicht jeden Tag von morgens 7 Uhr bis abends 23 Uhr kreativ erledigen. Wenn wir es doch versuchen, wird unser Kopf nach mehreren Stunden nicht mehr in der Lage sein, kreativ zu sein, wir werden immer erschöpfter und auf Dauer ausgelaugt. Wir müssen eine Pause machen und zu einer nichtkreativen Aktivität wechseln, um uns zu erholen. Auf der anderen Seite könnten wir morgens den Tag mit der Bepflanzung des Vorgartens beginnen, 7 Stunden konzentrierte und kreative Designarbeit erledigen, anschließend mit dem Fahrrad zum Einkauf radeln und abends ein leckeres Gericht kochen. Das Geschirrspülen am Mittag wird als Erholung für den Kopf genutzt. Wir haben eine Routine, die nicht abhängig von anderen ist, keine unnötigen Kosten verursacht und dennoch so gesund und abwechslungsreich ist, dass wir sie ein Leben lang aufrechterhalten können, während wir uns kraftvoll fühlen.

Mit anderen Worten: Die ein oder andere lästig erscheinende »Arbeit« selbst zu verrichten, ist möglicherweise vom Stundenlohn her betrachtet weniger lukrativ als der tägliche Job. Wenn wir jedoch den persönlichen Nutzen aus dieser aktiven Lebenszeit und die Einsparungen betrachten, die sich über Monate und Jahre summieren, werden wir angenehm überrascht sein.

Für mich persönlich ist zusätzlich der Aspekt der Unabhängigkeit interessant: Je mehr Tätigkeiten ich auslagere und je mehr Personal ich engagiere, desto stärker wird meine Abhängigkeit. Die 55 Quadratmeter meiner Zweizimmerwohnung kann ich gut allein reinigen. Auch wenn es mir nicht wirklich Spaß macht, nutze ich die Gelegenheit, um Defekte in der Wohnung aufzuspüren oder unnützen Krempel zu entsorgen. Das führt mir auch deutlich vor Augen, wie lange es dauert, eine Wohnung dieser Größe sauber zu halten, und wie hoch der Aufwand bei einer größeren Bleibe wäre.

Renovierungen als Ausgleich zum Bürojob

Unabhängigkeit wollte ich auch in Sachen Handwerk erreichen. Mit den eigenen Händen zu arbeiten, hat mir schon immer Freude bereitet, und ich wollte nicht für jede kleine Reparatur jemanden rufen müssen.

So lernte ich Philipp kennen. Er ist Handwerker und hat sich auf das Abenteuer eingelassen, dem verkopften Wirtschaftsingenieur mit Bürojob Fliesenlegen, Trockenbau und vieles mehr beizubringen. Nach Feierabend oder am Wochenende lernte ich Stück für Stück mehr, wurde schneller und besser. Neben steigender Unabhängigkeit war es für mich auch ein genialer Ausgleich zu meiner Arbeit. Nach einem Tag im Großraumbüro fragte ich mich des Öfteren: Haben mich vier Besprechungen, zwei Telefonkonferenzen und eine Powerpoint-Präsentation heute wirklich weitergebracht? Wenn ich nach so einem Tag mit meinen eigenen Händen half, ein Bad zu fliesen, war ich nicht nur stolz, sondern hatte auch das Gefühl, einen Mehrwert geschaffen zu haben, weil ich ihn mit meinen eigenen Augen sehen konnte.

Sich einzulesen, neue Dinge zu lernen und anschließend selbst eine Reparatur durchzuführen, benötigt Zeit. Doch solche Arbeiten können ein guter Ausgleich zu anstrengender Kopfarbeit sein. Als mein Handy immer weniger Akkuleistung hatte, kaufte ich ein Reparaturset inklusive eines neuen Akkus für 30 Euro, setzte mich nach Feierabend hin und schraubte mit dem neuen Miniwerkzeug. Neben der Kostenersparnis war es vor allem ein Abend, der mir mehr Freude bereitete, als vor dem Fernseher zu sitzen. Diese Abwechslung durch Tätigkeiten, die man selbst erledigt und die oftmals weniger mit der Gehirnbeanspruchung von Berufs wegen zu tun haben, wirkt sehr entspannend.

Als Oliver seine Geschirrspülmaschine aufschraubte, wusste er noch nicht, was zu tun war. Er lernte, probierte aus, und am Ende war die Reparatur erfolgreich, und er konnte etwas Neues: »Mein Leben soll nicht nur daraus bestehen, Produkte und Dienstleistungen zu konsumieren. Darum mache ich Dinge selbst, baue, erschaffe, kreiere und repariere.«

Dadurch ist er weniger abhängig vom Markt, von irgendwelchen Produkten und externen Dienstleistungen. Statt nur in seinem Job gut zu sein, will er möglichst viele und breite Fähigkeiten erlernen, offen für Neues sein und sich stetig weiterbilden. Er versucht kreative, unkonventionelle Lösungen für Probleme zu finden, zu improvisieren, clever zu sein und »Das-macht-man-halt-so«-Klischees zu hinterfragen. Gleichzeitig steigert er seine Selbstwirksamkeit und kann stolz auf seine eigenen Leistungen sein.

Er nennt es den »Ich-habe-Feuer-gemacht«-Effekt, in Anlehnung an Tom Hanks' Szene im Film *Cast Away*.

Aktiv statt passiv – Muskel statt Motor

Da Frugalisten eine hohe Lebensqualität und einen effizienten Umgang mit Geld anstreben, lohnt sich ein genauer Blick auf das Thema Bequemlichkeit durch Passivität. Während eines Praktikums in den USA war ich beispielsweise ziemlich erstaunt, dass man selbst für Bargeldabhebungen oder das Einwerfen von Briefen das Auto nicht mehr verlassen muss: Der Fahrer kann es bequem aus seinem Auto heraus erledigen.

Immer mehr Rolltreppen, Aufzüge und andere »Gehhilfen« erleichtern vermeintlich unser Leben. Während die Seilbahn auf den Berggipfel für Menschen mit eingeschränktem Gehvermögen sinnvoll ist, verführt sie Menschen mit zwei gesunden Beinen, ebenfalls den einfachen Weg mit der Gondel zu wählen. Die Konsequenz: Nicht nur Geld wird verbraucht, auch Gesundheit und Wohlbefinden leiden. Wer genießt ein Kaltgetränk und eine Vesper auf dem Gipfel mehr: Wer 30 Minuten in einer bequemen Gondel saß oder wer sich mehrere Stunden in der Natur aufhielt und nun schwitzend und erschöpft vor seiner verdienten Mahlzeit sitzt?

Küstenwanderung und der Panoramabus

Muskelkraft statt Motorkraft, aktiv statt passiv – eine wichtige Aussage in Bezug auf unsere Lebensqualität. Das Geldsparen ist wieder einmal nur ein Nebeneffekt.

Als ich mit meiner Freundin für eine Woche die Küste Liguriens in Norditalien bereisen wollte, sah ich ein Schild: »Mit dem Panoramabus für 40 Euro die Stadt erkunden.« Uns war klar, dass wir das Angebot dankend ablehnen würden. Eine Stunde in einem stickigen Bus sitzend herumgefahren zu werden und dabei wie im Zoo aus dem Fenster zu starren, war eine wenig verlockende Option. Stattdessen erkundeten wir zu Fuß die Gegend und entdeckten einen wunderbaren Wanderweg, der direkt an der Steilküste entlangführte und uns mit tollen Aussichten belohnte. Die Tour war anstrengend, wir legten einige Höhenmeter zurück und schwitzten: Aber das Eis nach der Tour schmeckte um einiges besser, wir hatten ein Sportprogramm für unsere Gesundheit, gute Gespräche und 80 Euro für zwei gesparte Bustickets à 40 Euro mehr in der Tasche. Der bequeme Weg hätte uns bei Weitem nicht so viel Freude bereitet.

Ich muss zugeben: Auch mir haben einige Tage Pauschalurlaub am Pool des Sporthotels Spaß gemacht. Aber auf Dauer gewinne ich deutlich mehr Lebensfreude durch körperliche Aktivität als durch Konsum und Bequemlichkeit. Einmal jährlich nehme ich am größten Beach-Volleyballcamp in Italien teil. Über 2000 Hobbyathleten und Profis messen ihr Können auf 250 Spielfeldern am Strand von Riccione. Tage am Meer voller Training, Turniere und Aktivität führen dazu, dass ich nachts besser schlafe, morgens entspannter lese und mittags genussvoller speise.

Generell habe ich mich gefragt, welche Aktivitäten und Momente mir in meinem Leben besonders viel Freude gebracht haben und bringen. Gute Erinnerungen habe ich an Situationen, die nicht mit hohen Kosten, aber umso mehr Aktivität verbunden waren: Wandertage im Allgäu mit einem Dosenbier und leckeren Grillwürstchen am kalten Bergsee sind Erinnerungen, die bleiben. Den Cocktail für 20 Euro in der Sky-Bar in Schanghai habe ich durchaus genossen – wenn ich ihn jedoch mit dem Erklimmen von Berggipfeln, Volleyballturnieren oder Fahrradtouren vergleiche, kann er nicht mithalten.

Ausbruch aus der Komfortzone

Ein Aspekt, der ebenfalls einen positiven Einfluss auf unsere Lebensfreude und Finanzen hat, ist das Verlassen der Komfortzone. Wer ständig in seinen Gewohnheitsschleifen hängt, den gleichen Weg zur Arbeit nimmt, immer an den gleichen Urlaubsort reist, weil man sich da so toll auskennt, wird bequem. Das Ausbrechen aus der eigenen Komfortzone und die Wahl des unbequemeren Wegs dann und wann lassen uns wachsen, mehr erleben und wirken sich positiv auf das Vermögen aus.

Unbequem zahlt sich aus

Alex, der mit seiner Familie auf großer Reise ist, hat diese Erfahrung gemacht: »Oftmals hatte ich mehr Erfolg, als ich den unbequemeren Weg gegangen bin.« Häufig ist es doch so, dass wir es uns leicht machen wollen und die bequeme Abkürzung nehmen. Den Aufwand oder die Investition zur Erreichung der nächsten Stufe scheuen wir. Lieber warten wir, bis uns der Erfolg in den Schoß fällt. »Wer hier mehr tut, als andere bereit sind zu geben, hat praktisch schon gewonnen.«

Das funktionierte bei Alex auch im Angestelltenverhältnis, wo er interessante Möglichkeiten hatte, sich als Spezialist zu positionieren. »Das sind dann die Momente, wenn dein Chef in die Runde fragt, ob nicht jemand dies oder jenes übernehmen kann, und sich keiner meldet, weil niemand Lust hat auf die Einarbeitung in etwas Neues.« Alex war sich nie zu schade für solche Dinge und sagte meist direkt zu. »Was kann uns Besseres passieren, als eine Tätigkeit zu übernehmen, die niemand anderes im Unternehmen machen will? Wir haben die einzigartige Möglichkeit, uns zu spezialisieren. Niemand wird uns diese Aufgabe jemals wegnehmen können, weil niemand so tief drinsteckt wie wir.« Ab und an die Komfortzone zu verlassen, bietet die Chance, dass wir uns unabkömmlich machen, dass wir mehr verdienen und dass wir als Experten wahrgenommen werden.

Die Einstellung, dass der unbequemere Weg zu einer Erweiterung unserer Komfortzone führt, ist ein wesentlicher Faktor, wenn es um Glück und Erfüllung geht. Ohne diese Philosophie sind wir ständig auf der Suche nach mehr Bequemlichkeit und Komfort. Wir sind nie ganz zufrieden, denn es gibt immer mehr Erstrebenswertes. Mit der aktiven Einstellung können wir neue vermeintliche Erleichterungen für unseren Alltag hinterfragen und ein aktives Leben beibehalten. Die Werbung und der innere Schweinehund suggerieren stattdessen, uns lieber verwöhnen zu lassen. Das neue Fitnessgerät im Sportstudio beispielsweise bietet neben dem noch weicher gepolsterten Sitz die Möglichkeit, Filme in bester Qualität nach Belieben während der Sporteinheit zu schauen. Super!

Fitness im Norden Argentiniens

Wie kommt es, dass manche Eltern feststellen, wie stressig ihr Leben nach der Geburt des ersten Kindes geworden ist, und dennoch weitere Kinder in die Welt setzen? Wie schaffen es Menschen, die kaum um den Block rennen können, in weniger als einem Jahr einen Marathon zu absolvieren? Wie kommen manche Menschen, die in wohlsituierten Verhältnissen leben, über Scheidung und Karriererückschlag hinweg, um alles von Grund auf wiederaufzubauen – besser und einfacher als zuvor? Das gelingt uns, weil wir mit einem Gefühl der Notwendigkeit konfrontiert werden. Wenn es keine anderen machbaren Optionen gibt, verlassen wir die Komfortzone aus der Not heraus.

Das habe ich in Argentinien eindrucksvoll am eigenen Leib erfahren. Ein Erlebnis dort hat mir gezeigt, dass wir nur vermeintlich all die Dinge für unser Glück brauchen, an die wir uns durch hedonistische Adaption gewöhnt haben. Mit einem Freund reiste ich nach dem Bachelorstudium für ein Sozialprojekt mehrere Monate in den Norden Argentiniens. Wir wollten etwas anderes sehen, die Sprache lernen und das Leben am anderen Ende der Welt kennenlernen. Wir wohnten zusammen mit Jugendlichen in einer landwirtschaftlichen Schule. Diese war als Internat für die Familien gegründet worden, die so weit von der Stadt entfernt lebten, dass ihre Kinder keine Schule hätten besuchen können. Hier konnten die Kinder übernachten und mussten die lange Heimreise nur am Wochenende antreten. Wir bauten Regale, halfen bei der Ernte oder spielten Volleyball mit den Kindern. Wenn wir am Wochenende einkaufen wollten, marschierten wir eine knappe Stunde über rote Erde zum einzigen Supermarkt weit und breit.

Am Wochenende waren die Kinder nicht vor Ort, und wir wollten uns fithalten. Der Luxus professioneller Sportgeräte war hier unbekannt. Wir schnitzten uns also eine Stange aus Holz, die wir zwischen zwei Bäumen befestigten, und machten Klimmzüge. Schwere Teile eines Stamms dienten als Gewichte, die man stemmen konnte. Die Bequemlichkeit, ohne die wir nicht auszukommen glaubten, war vergessen. Hedonistische Adaption bewirkte, dass wir uns innerhalb von wenigen Wochen in der neuen Umgebung mit viel weniger Komfort wieder glücklich fühlten – vielleicht glücklicher als zuvor. Wir konnten kreativ sein, mussten mit den Dingen auskommen, die es gab. Am Ende waren wir sehr stolz auf uns selbst, wenn wir wieder einmal ein Problem gelöst hatten, unsere Übungen machen konnten und uns noch ein paar Erweiterungen überlegten. Ein Besuch im herausgeputzten Fitnessstudio in Deutschland mit ergonomischen Geräten brachte mir später weniger Freude.

Auch das dringend benötigte Regal für das Verwaltungszimmer konnten wir nicht wie in Deutschland bauen: Einen Baumarkt mit großer Auswahl an Holz und Werkzeug gab es nicht, und so waren wir gezwungen, kreativ zu werden. Mit Holzresten, die wir mit einem großen Hobel glätteten, war das Grundmaterial gefunden. Werkzeug und Schrauben konnten wir uns ebenfalls nicht aus einem gut sortierten Werkstattregal nehmen: Alte Schrauben wurden wiederverwendet, Werkzeug umfunktioniert und nach einigen Stunden Arbeit war das Werk vollbracht. Wir hatten nicht nur unsere Komfortzone verlassen müssen, wir hatten zudem neue Fähigkeiten gelernt, waren kreativ, am Abend erschöpft und hochzufrieden.

Freiwillige Ungemütlichkeit und ein Marathon

Die bereits erwähnte Philosophie der Stoiker liefert einen Rat für das Ausweiten der eigenen Komfortzone: Wer hin und wieder absichtlich freiwillig mit Ungemütlichkeit experimentiert, fühlt sich in mehr Situationen wohl. Wir können testen, wie lange wir an einem heißen Sommertag im Auto ohne Klimaanlage auskommen. Gelegentlich barfuß zu laufen, lässt uns den Untergrund spüren und zwingt unsere Füße, mit härteren Rahmenbedingungen als Wanderfunktionssocken umzugehen. Wir fühlen uns nicht nur im perfekt klimatisierten Raum wohl und genießen den Komfort guter Wanderschuhe umso mehr, wenn wir sie tragen.

Im Gegensatz dazu wird eine Person, die ihr Glück in immer mehr Komfort und Luxus gesucht hat, ziemlich irritiert sein, wenn sie plötzlich Economy- statt Business-Class fliegt, in einem Hotel ohne Butler nächtigt oder eine Mahlzeit selbst zubereiten muss. In Fernsehshows, in denen Wohlhabende ihr Leben für ein paar Tage mit armen Menschen tauschen, kommt es häufig zu dieser Situation: Viele sind mit leichten körperlichen Tätigkeiten schnell überfordert, mit der Bedienung von Geräten oder dem Zubereiten von Speisen. Andere hingegen haben sich trotz Wohlstands alltagstaugliche Fähigkeiten erhalten, die sie auch in ungewohnten Situationen souverän wirken lassen und sie unabhängig machen. Durch das Experimentieren mit freiwilliger Ungemütlichkeit lernen wir, viele Dinge in unserem Leben mehr zu schätzen.

Mein persönlicher Ausbruch aus der Komfortzone war mein erster Marathon 2018. Ich ging regelmäßig joggen, meist nach Feierabend 5 bis 7 Kilometer, und probierte dabei andere und weitere Strecken aus. Motiviert von meinem kleinen Bruder, der Sportwissenschaften studierte, legten wir das Ziel fest: In 6 Monaten sollte der Marathon stattfinden. Ich war zwar bereits einige Halbmarathons gelaufen, aber das war schon einige Jahre her. Und so löste dieses Ziel Unbehagen aus – 42,195 Kilometer waren ein deutlicher Unterschied zu meinem üblichen Laufpensum. Aber gleichzeitig wuchs die Motivation. Mit einem Trainingsplan gerüstet, verschrieben wir uns dem Ziel und gingen 4-mal die Woche laufen. Meine Komfortzone lag eindeutig unter 10 Kilometern: Schnell rebellierten Körper und Geist gegen längere Distanzen – aber es wurde immer besser. Mit der Anmeldung für den 3-Länder-Marathon am Bodensee im Oktober und der Zusage gegenüber meinem Bruder als Trainingspartner wurde das Vorhaben auch in weniger motivierten Phasen aufrechterhalten.

Bereits das Training führte neben Anstrengung zu viel Freude und Glücksgefühlen: Wir sahen neue Orte, da wir immer längere Strecken liefen, und ich achtete mehr auf meine Ernährung, weil ich alle wichtigen Faktoren positiv beeinflussen wollte. Als es im Oktober endlich so weit war, war allein der Lauf trotz Anstrengung und Schmerzen eine tolle Erfahrung. Wir beide schafften die gesamte Marathonstrecke und die Freude danach hielt lange an. Meine Komfortzone beim Laufen längerer Distanzen hatte ich erweitert.

Marathon zur finanziellen Freiheit

Wenn wir uns bisher nicht um unsere Finanzen gekümmert haben und nicht recht wissen, welche Ausgaben uns viel Lebensfreude bringen, haben wir uns in der Komfortzone bewegt. Es ist auch ziemlich bequem: Das Thema Geld ist zwar wichtig, aber es klappt ja irgendwie, wir kommen über die Runden. Indem wir uns mit der Lektüre dieses Buchs mit dem Thema Finanzen und Glück auseinandersetzen, haben wir vielleicht einen ersten Schritt aus dieser Komfortzone unternommen. Indem wir etwas Neues wagen, sei es in Form eines Marathons, einer Rede vor Publikum oder des Lernens einer Sprache: Außerhalb unserer Komfortzone lernen wir viel, das uns auch beim langfristigen Vermögensaufbau hilft. Der Weg zur finanziellen Freiheit ist wie ein Marathon mit ganz ähnlichen Hürden und Kniffen.

Die Aussicht, eines Tages einen Großteil oder gar seinen gesamten Lebensunterhalt aus passiven Kapitalerträgen bestreiten zu können, klingt so unrealistisch wie das Vorhaben, den Körper über 42 Kilometer zu hetzen. Zu Beginn der Reise scheint das Ziel unerreichbar – insbesondere für Neulinge im Ausdauersport und für Anfänger in Sachen finanzieller Bildung: Die ersten Zinsen für Guthaben haben wir vielleicht durch etwas Erspartes verdient – wie aber soll es möglich sein, den gesamten Geldbedarf des Jahres aus dem eigenen Vermögen zu erwirtschaften? Hilfreich sowohl beim Marathon als auch bei der finanziellen Freiheit sind Vorbilder – zu sehen, was Menschen mit ähnlichen Voraussetzungen wie wir selbst bereits vollbracht haben. Wir merken bei den Geschichten der Interviewpartner in diesem Buch, dass die wenigsten als Finanzgenies geboren wurden. Alle haben Fehler gemacht, haben dazugelernt und sind Schritt für Schritt vorangegangen.

Wer beim Marathon oder beim Vermögensaufbau erfolgreich sein möchte, braucht einen langen Atem. Die Vorbereitung für einen Marathon dauert. Mit dem Anschauen einer Marathondokumentation auf Youtube und dem motivierten Durcharbeiten eines entsprechenden Buchs ist es nicht getan: Wir müssen laufen, immer wieder und konsequent, über einen langen Zeitraum.

Genauso verhält es sich mit langfristigem Vermögensaufbau. Ohne Erbschaft beginnen wir mit dem ersten Gehalt aus Hilfsjobs, dann einem festen Job und so weiter. Eine hohe Sparquote für 3 Monate, in denen man sich an einer Challenge versucht, reicht nicht aus. Bis auf wenige Ausnahmen bringen wir es nur dann zu Vermögen, wenn wir über Jahre und Jahrzehnte gut mit unserem Geld wirtschaften.

Gemeinsam sind wir stärker

Sowohl beim Marathon als auch beim Vermögensaufbau helfen uns Mitmenschen: Begleiter, die ein ähnliches Ziel verfolgen, motivieren ungemein. Wenn es beispielsweise einmal regnete und ich lieber den bequemen Weg zur Couch einschlagen wollte, hielt mich die Verabredung mit meinem Bruder zum gemeinsamen Laufen im Park davon ab.

Obwohl Geld für viele ein Tabuthema ist: Wenn wir uns mit Personen, die ein ähnliches Ziel verfolgen, regelmäßig konkret über unsere Finanzen unterhalten, erleichtert es den Weg zum Ziel. Wir können aus den Fehlern der anderen lernen und Energie aus deren Erfolgen tanken. Im Anhang dieses Buchs findet sich deshalb ein Link zur Geldschnurrbart-Facebook-Community, in der sich bereits mehr als 600 Menschen gegenseitig unterstützen und motivieren.

Disziplin, Belohnungen und Zwischenziele

Eine ungemein wichtige Eigenschaft für einen erfolgreichen Marathon und das Erlangen finanzieller Freiheit ist Disziplin. Je besser wir unserem inneren Schweinehund, der den bequemen Weg sucht und nach Kurzfristbelohnung strebt, Paroli bieten, desto besser schreiten wir unserem langfristigen Ziel entgegen.

Bei der Marathonvorbereitung möchte ich meinem Körper möglichst gesunde, energiereiche Nahrung zuführen, um das Training und den Wettkampf verletzungsfrei zu absolvieren. Schokolade und Pizza hießen meine Herausforderungen. Beim Vermögensaufbau ist es ganz ähnlich: An jeder Ecke lauern vermeintliche Abkürzungen und schnelle Verführungen – angefangen vom Glücksspiel im Kasino über Sportwetten bis hin zu gehebelten Finanzprodukten, die suggerieren, das langfristige Ziel schnell erreichen zu können. Auch hierbei ist Disziplin gefordert, nicht gierig zu werden, sondern das Ziel vor Augen zu haben und stur an unserer gewählten Strategie zum Vermögensaufbau festzuhalten.

Niemand hält dem inneren Schweinehund auf Dauer stand, wenn das Vorhaben nicht durch Freude und Belohnungen begleitet wird. Für Marathonläufer ist dies der regelmäßige Halt an den Verpflegungsstationen, um neue Energie aufzutanken. Während der entbehrungsreichen Trainingszeit mit disziplinierter Ernährung spricht nichts gegen einen »Cheat-Day« am Sonntag, an dem wir uns den Glückshormonen durch Schokolade oder andere Leckereien hingeben. Wenn wir dadurch motiviert sind, am Montag wieder Gas zu geben und Kraft zu tanken, zahlt sich dieser kurzfristige »Rückschlag« langfristig positiv aus.

Freude und regelmäßige Belohnungen sind auch beim langfristigen Vermögensaufbau notwendig. Wer das Gefühl hat, sich einzuschränken, nur um zu sparen, wird nicht lange durchhalten. Wenn wir Geld als Mittel zum Zweck sehen und einen bewussten Umgang mit Geld und Investitionen gelernt haben, stellen unregelmäßige unvernünftig erscheinende Kaufentscheidungen keine Gefahr dar. Der Sonntagsausflug im geliehenen Oldtimer etwa ist viel zu teuer, aber er motiviert mich, weiterzumachen, und stellt eine Belohnung für ein erreichtes Etappenziel dar. Wenn wir uns solche Belohnungen bewusstmachen und nicht durch Gewohnheiten getrieben sind, wirken sie sich positiv auf unseren Vermögensaufbau aus, auch wenn am Sonntagabend weniger Geld auf dem Konto ist. Es ist ein langer Weg, auf dem man motiviert bleiben möchte. Die Verantwortung, für kleine Belohnungen zwischendurch zu sorgen, liegt bei uns.

Ein weiteres Mittel, das mir sowohl beim Marathon als auch beim Vermögensaufbau hilft, sind Zwischenziele. Obwohl die Vorstellung, wie es einmal sein wird, wenn wir das Fernziel erreicht haben, unglaublich motivieren kann: Wer ein Ziel hat, das weit in der Zukunft liegt, tut gut daran, kleine Erfolge auf der Strecke zu feiern. Beim Marathontraining war es bei mir das Erreichen einer neuen Bestzeit auf 10 Kilometer, das Absolvieren der ersten Halbmarathondistanz oder das Überschreiten der 30-Kilometer-Schwelle gegen Ende.

Beim Vermögensaufbau wirkt es unheimlich motivierend, wenn die erste Teilsumme erreicht ist, seien es 100 Euro oder 100 000 Euro. Als ich zum ersten Mal aus den Dividenden meiner Aktien ein Abendessen bezahlen konnte, war das ein tolles Gefühl. Als Nächstes reichen die Einnahmen für den Jahresurlaub, die Miete und mehr. Oder der Sicherheitspuffer wird Stück für Stück aufgebaut, bis die Summe erreicht ist, bei der wir uns viel weniger Sorgen um Geld machen müssen.

Praxisaufgabe: Was nimmst du dir diese Woche vor?
- In welchem Bereich fühlst du dich stark abhängig von anderen Personen und möchtest gerne unabhängiger sein?
- Welche neue Fähigkeit könntest du lernen, die dich unabhängiger, gesünder oder fröhlicher macht?
- Was nimmst du dir für diese Woche vor, wobei du aktiv statt passiv bist und den Körper statt eines Motors einsetzt?
- Welche Aktion, die dir etwas Angst macht, weil sie außerhalb deiner Komfortzone liegt, aber gut für dich wäre, nimmst du dir für diesen Monat vor? Mit dem Fahrrad zur Arbeit, zu Fuß zur Kita, den Einkauf nach Hause tragen, statt ihn im Auto heimzufahren – was fällt dir ein?

6

Frugalismus-Baustein: Behalte den Überblick!

Journalist Tim: Finanziell unabhängig in New York

Ich habe das Glück, Tim in Stuttgart zu treffen. Eigentlich lebt der gebürtige Süddeutsche in New York, für eine Messe ist er jedoch in die schwäbische Metropole gereist. Tim ist groß gewachsen, schlank und hat sich einen leichten amerikanischen Akzent angewöhnt. Seit 2006 wohnt er in den USA und arbeitet als Journalist. Sein Angestelltenverhältnis endete 2012, als er seinen Job kündigte und mit 40 finanziell unabhängig wurde. Wie kam es dazu?

Tim wuchs in einfachen Verhältnissen auf und hatte nie viel Geld. Schon mit 15 Jahren nahm er deshalb seinen ersten Nebenjob an – und hatte seitdem fast immer einen solchen, auch als er später Vollzeit arbeitete. Nach seinem dualen Studium der Betriebswirtschaft landete er im Controlling bei der Stadtverwaltung Mannheim. Doch schon als Schüler und Student hatte er regelmäßig für Lokalzeitungen und verschiedene Magazine geschrieben. Er entschied sich daher, sein Interesse für Wirtschaft mit dem Schreiben zu verbinden, und schloss ein Studium in Journalismus an der Universität Hohenheim an. Anschließend arbeitete er für einen Herausgeber von Börsenbriefen in Frankfurt. Dort lernte er viel, und seine Begeisterung für das Thema Börse und Finanzen wuchs. Seine eigenen Finanzen interessierten ihn damals noch wenig, und er gab sein Geld mit vollen Händen aus.

Verschwenderische Phase und Umzug nach New York

Tim pflegte damals einen ziemlich üppigen Lebensstil. Er fuhr einen 5er BMW, den er als Jahreswagen gebraucht gekauft hatte. Sein Auto war durstig, und die Tankstelle suchte er einmal pro Woche auf, da er zwischen Mannheim und Frankfurt pendelte. Dadurch hatte sein BMW schnell hunderttausend Kilometer mehr auf dem Tacho und musste immer häufiger in die Werkstatt, was zusätzliches Geld verschlang.

Für seine Wohnung leistete er sich eine neue Ledercouch aus feinstem Material in einer Sonderanfertigung. Er bezahlte sie jedoch nicht bar, sondern mit einer »günstigen« 0-Prozent-Finanzierung des Möbelhauses. Viele Jahre später stotterte er diesen Kredit immer noch ab – was ihn Monat für Monat beim Blick auf den Kontoauszug ärgerte, zumal ihm die Couch inzwischen gar nicht mehr gefiel. Heute hält er solche 0-Prozent-Finanzierungen für einen Trick der Händler, um die Verbraucher zu ködern.

Die Ausgaben häuften sich: Eine teure Einbauküche riss ein großes Loch in sein Vermögen. Und da ihn Kunst schon immer interessiert hatte, ersteigerte er auf Ebay Bilder, die eine New Yorker Galerie vermarktete. Kistenweise ließ er sich die Bilder nach Deutschland schicken – Zoll, Steuern und sonstige Gebühren nahm er gar nicht mehr wahr. Er war wie im Rausch und sein Hobby wurde immer kostspieliger. Er fühlte sich wie in einem Hamsterrad, getrieben vom »Immer-mehr-Syndrom«. Es ging vor allem darum, anderen zu zeigen, wie toll er war. Rückblickend weiß er, dass er all die typischen Fehler machte, die man im Umgang mit seinem Geld machen konnte.

Das änderte sich schlagartig, als er 2006 beschloss, nach New York zu gehen. Sein Interesse für die Finanzmärkte war gewachsen, und was lag näher als an den Ort des Geschehens zu ziehen: die Wall Street in New York. Dort arbeitete er für einen Börsenexperten: »Es war so spannend, dass ich bis heute in New York geblieben bin.«

Neben der Begeisterung für die Börse entdeckte Tim in den USA noch etwas anderes: »Als ich nach New York kam, merkte ich, dass ich all den Plunder nicht brauchte. Ich hatte im Prinzip gar nichts, nur einen Koffer mit Kleidung aus Deutschland. Das war alles. Ich legte eine Matratze auf den Fußboden – ein Ausstellungsstück aus dem Matratzenladen.« Möbel besaß er noch nicht. Jeden Tag ging er ins Büro, machte viel Sport und war sehr zufrieden.

Tim stellte fest, dass die meisten Menschen in seiner neuen Heimat kein Auto fuhren, in kleinen Wohnungen lebten und nur wenige Dinge in diesen Wohnungen aufbewahrten – und dennoch glücklich waren. Daraufhin traf Tim für sich die Entscheidung, mit dem für ihn sinnlosen Konsum endlich Schluss zu machen: Er wollte keine teuren Verbraucherkredite mehr, er verkaufte sein Auto und nahm nunmehr den Zug. Die meisten seiner Bilder verkaufte oder verschenkte er. Auch wenn er dadurch Verlust machte – er wollte sie nur noch loswerden, sie waren zu einer Belastung geworden.

Seitdem lebt Tim unterhalb seiner finanziellen Möglichkeiten recht bescheiden. Eigentlich gab es in seinem Leben nur eine recht kurze Phase des Hyperkonsums, die er im Nachhinein für ziemlich idiotisch hält. Denn im Grunde ist er ein sehr bodenständiger Typ. Heute jedenfalls schont er die Umwelt und seinen Geldbeutel. Die Möglichkeit, eines Tages früher als andere in den Ruhestand zu gehen, fand er immer sehr verlockend.

Leben in einer der teuersten Städte der Welt

Ich frage Tim nach seinen Kosten für das Leben in einer der teuersten Städte der Welt: »Als Journalist habe ich nie überdurchschnittlich verdient.« Aber es reichte aus, um Rücklagen zu bilden, denn einen Nebenjob hatte er immer. »Meine Sparquote betrug über 50 Prozent.« Seine Ausgaben in New York liegen zwischen 2000 und 2500 Dollar im Monat. Seine Überschüsse hat er am Aktienmarkt investiert und zwei Immobilien gekauft. In einer wohnt er selbst zusammen mit seinem Lebenspartner.

Die Möbel in der gemeinsamen Wohnung sind gebraucht. Selten geht er ins Restaurant, lieber kocht er. »Sparen ist für mich keine Einschränkung. Es macht mir Spaß. Ich finde es super.« Tim lebte lange Zeit in WGs. »Wenn du dort lange genug lebst, weißt du, wie du dich gut durchschlagen kannst.« Er kennt die Tricks und Kniffe und weiß, wann er zum Beispiel sein Essen im Supermarkt zum halben Preis bekommt. »Ich hasse es grundsätzlich, Geld rauszuwerfen.«

Den Überblick über seine Finanzen behält er heute ganz ohne Haushaltsbuch. »Ich bin einfach genügsam.« Größere Ausgaben wie ein neues Handy schiebt er auf und benutzt sein altes weiter, auch wenn es inzwischen recht langsam ist. Wenn er verreist, übernachtet er bei Freunden, in kleinen Pensionen – selbst wenn sich das WC im Flur befindet – oder in Airbnb-Wohnungen. Ein Luxushotel gönnt er sich selten – er braucht es nicht. Ebenso wenig Wert legt er auf teure Kleidung: Viele seiner Sachen sind gebraucht, so auch das Hemd, das er bei unserem Treffen trägt.

Glücklich machen ihn Ausgaben für Urlaub, Treffen mit der Familie, Museen, Bildung, Lesen und Sport. Tim ist begeisterter Langstreckenläufer, Rennradfahrer und Schwimmer – er hat mehrere Triathlons und Marathons absolviert. Seine Komfortzone zu verlassen und den unbequemen Weg zu wählen, das liegt ihm. Er geht oft weite Strecken zu Fuß, weil es gesund ist und ihn entspannt: »Es ist ein Genuss, am East River entlangzulaufen oder zu joggen. Ich gehe eine Meile, wenn ich zum Beispiel Lebensmittel woanders günstiger und besser bekomme, und schleppe sie nach Hause.«

Sein genügsamer Lebensstil in New York hat dazu geführt, dass er mit 40 Jahren finanziell unabhängig wurde. »Auf Basis der 4-Prozent-Entnahme-Formel reicht es mir locker. Ich lebe aber sehr bescheiden, auf einer kleinen Wohnfläche.« Damit ist die Arbeit im Angestelltenverhältnis für Tim optional geworden – er konnte seinen Job kündigen.

Mehr Freiheit, wenn die Arbeit mehr Spaß macht

Heute lebt Tim von seinem Einkommen aus Dividenden, Zins- und Mieteinnahmen. »Ich muss meine Aktien nicht verkaufen, um über die Runden zu kommen.« Auch muss er sich keine Sorgen darüber machen, ob sein Depot groß genug ist, kann es einfach ruhen lassen und muss sich nicht ständig darum kümmern. Als Journalist arbeitet Tim zwar weiterhin, nun aber nach seinen Bedingungen. Das Geld macht ihn nicht zufriedener, aber gibt ihm mehr Freiheiten: »Und das macht wiederum glücklich. Meine Arbeit ist besser geworden, seit ich finanziell frei bin.« Als freier Wall-Street-Korrespondent hat er über die Jahre viel gelernt. »Ich übernehme nur Arbeiten, die mir sehr viel Spaß bringen.«

Ich möchte wissen, wie sich sein Alltag heute in der finanziellen Freiheit gestaltet: »Ich schlafe aus, lese viel und unternehme lange Spaziergänge. Ich treibe etwas Sport im Fitnessraum in unserem Hochhaus. Ich treffe mich manchmal mit Freunden. Ich schreibe einen oder zwei Artikel am Tag. Manchmal gehe ich zu Konferenzen.« Auch besucht er Firmen und führt Interviews.

Was sein Konsumverhalten von anderen New Yorkern unterscheidet: »Ich werfe ganz selten Lebensmittel weg. Ich habe keinen Mikrowellenherd, keinen Toaster, keine Kaffeemaschine, kein Fernsehgerät und keine Waschmaschine.« Die Wäsche wäscht er im gemeinsamen Waschraum des Hochhauses. Tim spart weiterhin emsig, aber er leistet sich einige Abos von Finanzmagazinen: »Den Journalismus unterstütze ich gerne.«

Ob sich seit seiner finanziellen Freiheit gewisse Ausgaben auch erhöht hätten, frage ich ihn. »Ich gebe mehr für Reisen und Urlaube aus.« Falls er arbeiten möchte, ist das mit seinem Laptop von überall aus möglich.

Auch einen Luxusgegenstand nennt Tim sein Eigen: »Ich habe ein paar Bilder direkt vom Künstler gekauft. Ich habe damit den Künstler unterstützt und gleichzeitig etwas für einen wohltätigen Zweck getan.« Die Verkaufserlöse in einem Fall gingen zur Hälfte an Erdbebenopfer in Nepal. »Aus diesem Grund habe ich gerne etwas mehr bezahlt.« Spenden sind Tim schon immer wichtig gewesen: »Das ist von Anbeginn mein Ziel beim Vermögensaufbau gewesen.« Er wuchs in einfachen Verhältnissen auf und hat seine Bescheidenheit seinen Eltern zu verdanken. Und da er auch heute noch weniger ausgibt, als er einnimmt, wächst sein Vermögen weiter. »Ein guter Teil meines Vermögens wird einmal gespendet werden.«

Tims Geschichte beeindruckt mich und zeigt, wie sich auch mit dem nicht üppigen Gehalt eines Journalisten in einer der teuersten Städte der Welt die finanzielle Unabhängigkeit erreichen lässt. Von Tim stammt der Satz, dass finanzielle Unabhängigkeit zu 80 Prozent etwas mit dem eigenen Verhalten zu tun habe, maximal 20 Prozent entfielen auf die Höhe des Einkommens und den Anlageerfolg.

Wo geht das ganze Geld nur hin?

Wie Tim während seiner verschwenderischen Phase geht es vielen: Wir haben keinen Überblick mehr über unsere Ausgaben. Vielleicht haben wir ein Gefühl, wie viel wir durchschnittlich ausgeben, aber wirklich sicher sind wir uns nicht. Vor allem das Ergebnis auf dem Konto weicht immer in die gleiche Richtung von unserem Gefühl ab: nach unten. Dabei spielt es keine große Rolle, wie viel Geld wir monatlich verdienen. Häufig fallen Aussagen wie: »Am Monatsende war das Geld weg, egal wie viel ich verdient habe.«[60]

Da es im Frugalismus nicht um Geld in Form einer bestimmten Anzahl Taler à la Dagobert Duck geht, sondern Glück und Eigenständigkeit eine zentrale Rolle spielen, ist ein weiterer Aspekt wichtig: Keinen Überblick über unsere Finanzen zu haben, kommt einer Ohnmacht gleich. Wir haben dann keine Möglichkeit, zu handeln oder unseren Umgang mit Geld anzupassen. Wir wissen nicht einmal, wie es um unsere Finanzen bestimmt ist. Das macht uns nicht nur machtlos, sondern oft auch unglücklich.

Wenn Schuhe glücklich machen

Bei einem Finanzcoaching sagte mir eine Klientin: »Oh je, ich will gar nicht wissen, wie viel ich im Monat für Schuhe ausgebe – sicher zu viel!« Ihr Gefühl beim Shoppen sei immer zwiegespalten: Auf der einen Seite sei da das Glücksgefühl des neuen Paars Schuhe, auf der anderen Seite ein schlechtes Gewissen an der Kasse – das Gefühl, eigentlich viel zu viel für Schuhe auszugeben. Dabei ist ihr gar nicht genau bewusst, wie viel sie tatsächlich monatlich für Schuhe ausgibt.

Einen dauerhaften Überblick über die eigenen Finanzen zu

haben, kann helfen: Indem wir den Tatsachen ins Auge blicken und erkennen, welche Beträge tatsächlich monatlich anfallen, erhalten wir die Macht über unsere Finanzen zurück. Beim Beispiel mit den Schuhen kann die Dame, nachdem sie sich einen Überblick über ihre Ausgaben verschafft hat, frei entscheiden: »Ja, 500 Euro pro Monat für Schuhe im Vergleich zu meinen anderen Ausgaben sind sinnvoll, da ich dadurch viel Lebensfreude gewinne und sie täglich genieße.« Vielleicht stört es sie aber, dass sie immer in Geldnot ist und keine Rücklagen bilden kann. Ihre Ausgaben für Schuhe auf 300 Euro zu reduzieren, würde ihre Lebensqualität nicht einschränken, sie müsste sich aber weniger um Geld sorgen. Sie hätte dann die Möglichkeit, die Höhe ihrer Ausgaben bewusst anzupassen. Es geht um die Zurückerlangung von Macht über unsere täglichen Finanzentscheidungen – ohne zu urteilen und ganz wertneutral. Hat unsere Schuhliebhaberin entschieden, dass sie sich mit 300 Euro monatlich für neue Schuhe zufrieden fühlt, braucht sie von nun an kein schlechtes Gewissen mehr beim Einkaufen zu haben. Sie ist am Steuer und hat den vollen Durchblick.

Im Buch *The Millionaire Next Door* schreiben die Autoren Thomas J. Stanley und William D. Danko, dass Menschen, die es in Relation zu ihrem Einkommen zu einem großen Vermögen bringen, stets einen Überblick darüber haben, wie viel Geld sie für Kleidung, Reisen, Auto und anderes ausgeben. Diejenigen, die es nicht zu einem großen Vermögen bringen, haben hingegen keine Ahnung.[61]

Ein Bewusstsein entwickeln

In Kapitel 3 haben wir gesehen, dass die monatliche Sparquote unser größter Hebel für die finanzielle Freiheit ist. Die Sparquote beinhaltet die Höhe der laufenden Kosten für unser zufriedenes

Leben. Zum anderen geht aus ihr hervor, wie lange es dauert, um finanzielle Unabhängigkeit zu erreichen. Unsere Sparquote können wir jedoch nur ermitteln, wenn wir einen genauen Überblick über Einnahmen und Ausgaben haben. Getreu dem Motto »Nur was du misst, kannst du auch verbessern«.

Wer hier bereits ein mulmiges Gefühl bekommt und bei der anstehenden Ermittlung von Ausgabenhöhen nervös wird, dem sei gesagt: Es geht nicht um Schuldzuweisung und Wertung. Unser Ziel ist es, ein Verständnis über die finanziellen Aspekte unseres Lebens zu erhalten, ohne uns schuldig zu fühlen. Vor allem geht es im ersten Schritt nicht zwingend darum, unser Verhalten zu ändern. Wenn wir wirklich Veränderungen wollen, werden wir es automatisch tun, sonst eben nicht. Wir werden ein Bewusstsein entwickeln, das beobachtet, was wir mit unserem Geld anstellen. Ohne Änderungsabsicht oder Einschränkungsbefürchtung wollen wir wissen, wo es hingeht.

Wir schaffen einen Überblick

Beim Überblick über unsere Finanzen unterscheiden wir zwischen zwei Schritten. Schritt 1 ist die Ermittlung unseres heutigen Vermögens – das auch negativ sein kann, wenn Schulden die Vermögenswerte übersteigen. In Schritt 2 ermitteln wir unsere Sparrate als Differenz zwischen den Einnahmen und Ausgaben.

Beginnen wir mit Schritt 1, dem Kassensturz zur Ermittlung unseres Vermögens. In welcher Form wir unsere Finanzübersicht erstellen, ist zweitrangig. Klassisch mit Papier und Stift oder digital als Excel-Datei. (Den Link zu der Datei, die ich verwende, findest du im Anhang.) Wichtig ist das Ergebnis: dass wir ab heute dauerhaft wissen, wie es um unser Vermögen bestellt ist. Wir addieren hierzu alle Vermögenswerte auf.

Vermögensübersicht		
Vermögen	Bargeld	150 Euro
	Girokonto	400 Euro
	Sparbuch	800 Euro
	Aktiendepot	0 Euro
	Forderungen	50 Euro
	Schulden	0 Euro
	Gesamtkapital	**1400 Euro**
Rückstellungen	Urlaub	200 Euro
	Auto	100 Euro
	Klamotten	50 Euro
	Vermögen (ohne Rückstellungen)	**1050 Euro**

Abbildung 3: *Vermögensübersicht.*

Es empfiehlt sich eine Sortierung, angefangen mit den liquidesten Mitteln, also den Vermögenswerten, die wir am schnellsten zu Geld machen können. Es beginnt beim Bargeld im Geldbeutel, geht über das Girokonto, Tagesgeldkonto bis zu Aktien oder Immobilien. Auch Forderungen – Geld etwa, das uns ein Freund schuldet – gehören dazu. Mit einem negativen Vorzeichen werden Schulden aufgeführt, etwa ein BAföG-Kredit aus dem Studium, eine Leihgabe der Eltern oder ein Immobiliendarlehen. Wichtig ist, dass wir lediglich den noch offenen Schuldenbetrag notieren.

Hiervon ziehen wir die sogenannten Rückstellungen ab, auf welche ich gleich im Abschnitt zur Umschlagmethode eingehe. Dies sind Kosten, die wir als schon jetzt angefallen betrachten, die wir aber tatsächlich erst später bezahlen. Ein Beispiel ist die Rückstellung eines festen monatlichen Beitrags für die Autoversicherung, der nur einmal im Jahr abgebucht wird.

Rechnen wir alle Vermögenswerte mit Verbindlichkeiten, also unseren Schulden, gegen, erhalten wir unser Nettovermögen. Auch wenn das Ergebnis uns vielleicht nicht gefällt, weil wir insgesamt ein negatives Vermögen haben, ist die Übersicht ein erster Schritt, unsere Situation zu verbessern.

Warum wir nicht zwingend ein Haushaltsbuch benötigen

Viele Frugalisten schwören auf ein Haushaltsbuch, um ihre Ausgaben zu protokollieren. Ich bin jedoch der Meinung, dass ein Haushaltsbuch für einen Überblick über unsere Finanzen nicht zwingend ist. Obwohl der Aufwand dank digitaler Apps auf dem Handy geringer geworden ist, ist er nicht unerheblich. Mir persönlich reicht bereits die Aufschlüsselung in Ausgabenkategorien. Dies funktioniert wie folgt.

Stellen wir uns die Frage, in welche Kategorien sich unsere regelmäßigen Ausgaben einteilen lassen. Mit Stift und Papier oder am Rechner beginnen wir mit der Festlegung der typischen Ausgabenkategorien. Ein Vorschlag, wie solche Kategorien aussehen können:

- Miete inklusive aller Nebenkosten,
- Versicherungen (Krankenversicherung, Haftpflicht et cetera),
- Essen und Freizeit (Wocheneinkauf, Restaurantbesuche, Sport),
- Urlaub (Jahresausgaben für alle Urlaube geteilt durch 12 Monate),
- Auto und Mobilität (Kfz-Versicherung, Benzin, Reparaturen, Bahntickets et cetera),
- Telefon und Internet,
- Kleidung,

- Technische Geräte,
- Sonstiges (Zeitschriften- und Streaming-Abos et cetera).

Nun geht es an die Ermittlung der konkreten Ausgaben pro Kategorie. Uns interessiert hierbei der monatliche Durchschnittswert. Wenn wir alle Einnahmen und Ausgaben auf einen Monat herunterrechnen, können wir unsere Ausgaben als Kuchendiagramm darstellen. Das hat den Vorteil, dass wir auf einen Blick erkennen, wie wir unser Einkommen genau verwenden inklusive aller Ausgaben, sogar den nicht regelmäßig jeden Monat anfallenden wie Urlaub oder Versicherungen. Wissen wir nun, wie wir unser Geld verwenden, so können wir entscheiden, ob die aktuelle Aufteilung unseren Werten und Lebenszielen entspricht oder ob wir Anpassungen vornehmen wollen.

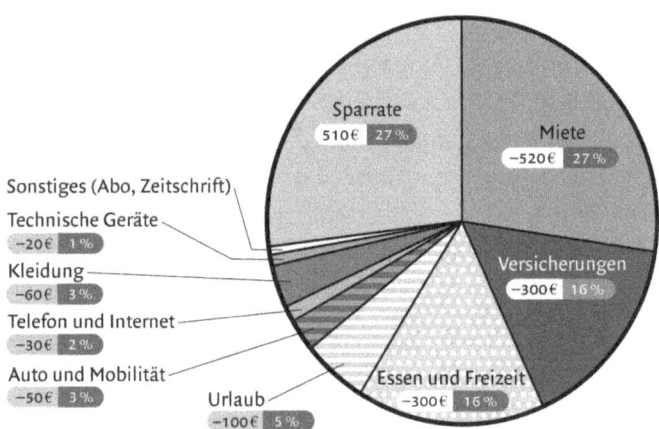

Abbildung 4: *Monatliche Ausgaben als Kuchendiagramm.*

178

Bargeldtrick

Viele unserer Ausgaben lassen sich ohne großen Aufwand ermitteln, da sie monatlich anfallen wie die Miete oder die Telefonkosten bei einem Handyvertrag. Die durchschnittlichen Monatsausgaben anderer Kategorien, zum Beispiel Urlaub, Essen oder Trinken, sind schon schwieriger zu ermitteln. Das liegt daran, dass wir keinen Vertrag mit einem festen regelmäßigen Gesamtbetrag haben. Wer hier nicht gleich mit einem Haushaltsbuch starten möchte, kann es für den ersten Überblick mit dem Bargeldtrick versuchen, der sich aus sechs Schritten zusammensetzt:

Schritt 1: Wir schätzen unsere monatlichen Ausgaben für die Kategorie Essen/Trinken/Freizeit. Darunter fallen beispielsweise der Lebensmitteleinkauf, das Feierabendbier, Zigaretten sowie die Partynacht am Wochenende. Wir schätzen den Wert und notieren ihn. Nehmen wir beispielsweise an, unser Schätzwert beträgt 300 Euro pro Monat.

Schritt 2: Sobald unser Gehalt im nächsten Monat eingeht, heben wir uns von der Bank diesen Schätzwert ab, in diesem Fall also 300 Euro. Das Bargeld stecken wir in den Geldbeutel, nachdem wir ihn zuvor geleert haben. Sollten wir uns nicht wohlfühlen, mit einer großen Summe Bargeld unterwegs zu sein, lassen wir einfach einen Teil in einer Kasse zu Hause und füllen dort unser Portemonnaie bei Bedarf auf.

Schritt 3: Den kommenden Monat bezahlen wir alle Ausgaben, die in die Kategorie Essen/Trinken/Freizeit fallen, mit dem abgehobenen Bargeld.

Schritt 4: Tritt schon vor Monatsende der Fall ein, dass uns das Geld nicht ausreicht und wir daher den Schätzwert korrigieren müssen, macht das nichts. Wir haben uns ja kein festes Budget auferlegt, vielmehr wollen wir die wahren Kosten ermitteln. Wir füllen unseren Geldbeutel also mit weiterem Bargeld auf, sodass es uns bis zum Monatsende reicht. Wichtig: Wir notieren genau, wie viel Geld wir insgesamt in diesem Monat benötigt haben.

Schritt 5: Im zweiten Monat wiederholen wir das Ganze: Geldbeutel leeren und unseren Schätzwert für die Kategorie in bar abheben. Sollten wir im ersten Monat gesehen haben, dass unser Schätzwert ungenau war, nehmen wir als Ausgangsbasis die tatsächlichen Ausgaben des vorigen Monats. Wieder bestreiten wir unsere gesamten Ausgaben der Kategorie Essen/Trinken/Freizeit ausschließlich von diesem Bargeld.

Schritt 6: Spätestens nach dem dritten Monat wird sich ein Näherungsbetrag, der unseren durchschnittlichen Ausgaben entspricht, eingependelt haben. Der Vorteil ist, dass wir die Gesamtsumme für die Kategorie mit deutlich weniger Aufwand herausgefunden haben, verglichen mit einem Haushaltsbuch. Nur für den Fall, dass uns der Betrag sehr hoch erscheint und wir uns nicht genau erklären können, wo genau unser Geld hingeflossen ist, können wir überlegen, ein Haushaltsbuch anzulegen. Meist bringt das Wissen über die Gesamtsumme jedoch bereits einen großen Mehrwert.

Für die schwer quantifizierbare Kategorie Essen/Trinken/Freizeit ist das Abheben des Barbetrags am Monatsanfang eine recht einfache Methode, um den monatlichen Durchschnitt zu ermitteln. Wenn uns das Barzahlen nach den ersten beiden Monaten zu lästig erscheint, können wir weiter mit Karte bezahlen. Ich persönlich führe diese Methode allerdings auch noch nach Ermittlung meiner Durchschnittsausgaben fort, da ich zwei Vorteile des Barzahlens dieser Ausgaben sehr schätze:

– *Vorteil 1*: Durch die Verwendung von Bargeld habe ich, ohne alles aufwendig protokollieren zu müssen, laufend eine Übersicht über den Stand meiner Ausgaben: Ein Blick in den Geldbeutel Mitte des Monats verrät mir sofort, wie sich die aktuellen Ausgaben bisher im Vergleich zum Durchschnittsmonat verhalten. Ist noch mehr als die Hälfte des abgehobenen Bargelds zur Monatsmitte vorhanden, war ich sparsamer als üblich, ansonsten habe ich mehr ausgegeben.

- *Vorteil 2*: Ich gebe mein Geld viel bewusster aus. Es mag simpel klingen: Indem ich eine begrenzte Menge an Scheinen im Portemonnaie habe, deren Zahl sich bei jedem Kauf reduziert, nehme ich deutlicher als zuvor wahr, welche Käufe wie viel meiner Lebensenergie in Form von Geld benötigen. Und das führt zu dem banalen Effekt, dass ich mein Verhalten allein dadurch ändere, indem ich es beobachte. Im Gegensatz dazu ist bei der Kartenzahlung jeder Kauf mit dem gleichen Aufwand verbunden: dem Durchziehen der Karte. Ich erhalte keine physische Rückmeldung, wie sehr sich meine Ressourcen, also mein Geld oder meine Lebensenergie, für diesen einen Kauf reduzieren.

Wir haben also zwei Möglichkeiten, die Ausgaben in der Kategorie Essen/Trinken/Freizeit zu ermitteln: den Bargeldtrick am Anfang des Monats oder das Führen eines Haushaltsbuchs für einen gewissen Zeitraum oder für immer. Für viele Frugalisten ist es bereits zur Gewohnheit geworden, die Kosten detailliert aufzulisten. Mir persönlich reicht das Wissen um den Gesamtbetrag, und ich schätze sehr den geringen Zeitaufwand, der dafür notwendig ist.

Umschlagmethode

Wie können wir mit Kosten umgehen, die nicht regelmäßig anfallen, sondern eher sporadisch und dann als hoher Betrag, zum Beispiel für einen Urlaub? Um auch hierfür einen monatlichen Durchschnittswert zu ermitteln, eignet sich die Umschlagmethode – die wir auf beliebig viele Kategorien anwenden können. Für einen Überblick über die Ausgaben für Reisen und Urlaube ohne viel Aufwand gehen wir wie folgt vor:

Schritt 1: Ermittlung der Ausgangsbasis. Hierfür nehmen wir ein typisches Jahr, am besten das vergangene, und addieren die Kosten der einzelnen Urlaube. Angenommen, wir haben einen Sommerurlaub für 1000 Euro, einen Skiurlaub für 800 Euro und Wochenendtrips für 600 Euro unternommen, insgesamt also 2400 Euro ausgegeben. Diese Summe entspricht 200 Euro monatlich, die wir im Durchschnitt für Urlaub aufwenden. Mithilfe dieses monatlichen Durchschnittswerts können wir die Ausgabe in Relation zu den anderen Kosten setzen und bekommen einen guten Überblick über die Verwendung unserer Lebensenergie.

Schritt 2: Um unsere Kosten für den Urlaub ebenfalls mit wenig Aufwand zu überblicken, können wir einen Briefumschlag mit der Kategorie »Urlaub« beschriften und monatlich unseren Durchschnittsbetrag von 200 Euro hineinstecken. Ist am Jahresende der Umschlag leer, lagen unsere Kosten auf Vorjahresniveau. Das gleiche Prinzip lässt sich auch digital in Form der Geldschnurrbartübersicht anwenden, wie ich es selbst mache. Im Anhang ist das Tool bei den weiterführenden Informationen aufgeführt.

Diese Methode können wir auf alle Kategorien anwenden, deren Kosten nicht monatlich anfallen. Ich nutze sie, um jeden Monat den Jahresbeitrag für die Autoversicherung zurückzustellen oder für den einmaligen Kauf technischer Geräte.

Visualisierung

Nach der Ermittlung unserer monatlichen Durchschnittsausgaben können wir die Verwendung des Geldes als Tortendiagramm veranschaulichen. Mit einem Blick können wir die Verwendung unserer Lebensenergie prozentual sehen. Wichtig: Hierbei müssen wirklich alle Kosten eingeschlossen sein, sodass wir auch unregelmäßig anfallende Ausgaben wie Versicherungsbeiträge und Urlaube in Relation zu den regelmäßigen Kosten vor Augen haben.

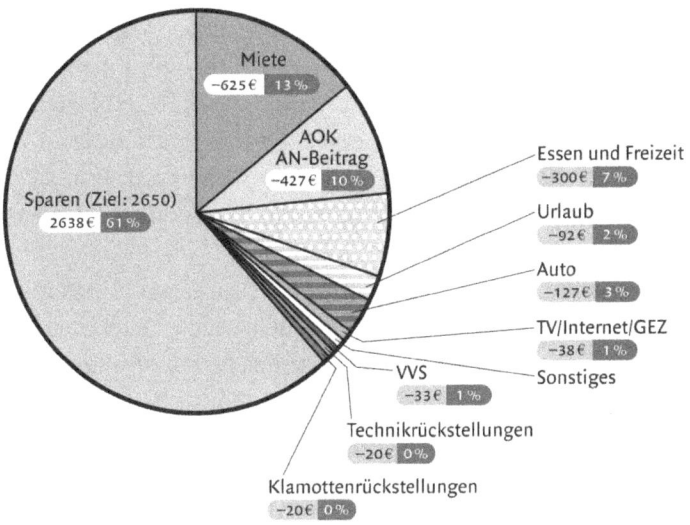

Abbildung 5: *Visualisierung der monatlichen Ausgaben in der Geldschnurrbart-Übersicht.*[62]

Die Differenz aus Einnahmen und Ausgaben ist unsere Sparrate, als Prozentwert unsere Sparquote. Als ich diese Übersicht zum ersten Mal erstellt hatte, begann ich fast automatisch, nach Verbesserungsmöglichkeiten zu suchen. Monat für Monat habe ich meine Sparrate vergrößert und meine Lebensqualität verbessert. Oftmals waren es kleine Veränderungen wie gesundes Essen, eine Einkaufstour mit dem Fahrrad statt mit dem Auto oder das Kündigen eines teuren Vertrags. Einmal im Monat habe ich es mir zur Gewohnheit gemacht, meine Vermögenssituation zu aktualisieren.

Monatsabschluss

In diesem Kapitel haben wir bereits zwei Erkenntnisse gewonnen: zum einen das Wissen, wie hoch unser Vermögen tatsächlich ist, zum anderen unsere Sparquote als Ergebnis der monatlichen Einnahmen und Ausgaben. Um diesen Überblick nicht nur als Momentaufnahme heute, sondern regelmäßig zu bekommen, plane ich mir jeden Monat 20 Minuten als festen Termin in meinem Kalender ein: die Durchführung des »Monatsabschlusses«.

Wir können zum Beispiel immer mit dem Gehaltseingang am Monatsende Kassensturz machen, indem wir durch die einzelnen Vermögenswerte gehen und die aktuellen Beträge ermitteln. Das ist mit der Prüfung des Kontostands, dem aktuellen Wert des Aktiendepots et cetera schnell erledigt. Durch die Ermittlung der Sparrate haben wir außerdem einen Prognosewert für den nächsten Monat, der uns als Orientierung dient. Die Summe unseres Vermögens im Folgemonat sollte dem Vermögensstand des letzten Monats plus der monatlichen Sparrate entsprechen.

Zur Motivation empfiehlt sich eine Visualisierung der Entwicklung unseres Vermögens. Dies kann sehr einfach auf einem DIN-A-4-Blatt geschehen, auf das wir zwei Achsen auftragen: horizontal die Monate des Jahres, vertikal die Vermögenshöhe. Indem wir auch unregelmäßig anfallende Kosten durch die Umschlagmethode als monatliche »Rückstellungen« berücksichtigen, wird unser Vermögen gleichmäßig ansteigen oder fallen, statt im Sommer wegen eines Urlaubs einzubrechen.

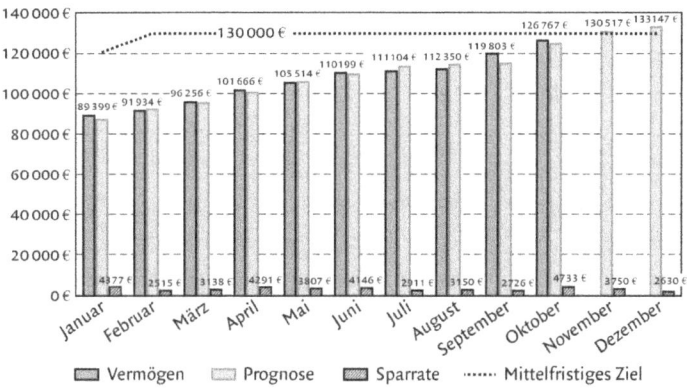

Abbildung 6: *Visualisierung der Vermögensentwicklung in der Geldschnurrbart-Übersicht.*

Geld und Partnerschaft

Die Umschlagmethode nutze ich außerdem, um das Haushaltsgeld mit meiner Freundin im Blick zu behalten. Durch den Bargeldtrick haben wir unsere durchschnittlichen Kosten für gemeinsames Essen/Trinken/Freizeit ermittelt – derzeit 200 Euro pro Person und Monat. Am Monatsersten legen wir jeweils 200 Euro in die Haushaltskasse. So können gemeinsame Käufe ohne viel Nachdenken mit diesem Bargeld getätigt werden. Auch hier reicht ein Blick in die Kasse, um zur Monatsmitte ein Gefühl für die laufenden Ausgaben zu bekommen.

Was beim gemeinsamen Lebensmitteleinkauf noch nicht zu Diskussionen führt, kann unter Paaren bei anderen Ausgaben schnell Streit zur Folge haben. Als Single können wir ganz frei über unser Geld entscheiden, wir müssen uns nicht rechtfertigen oder jemanden von einer für uns wichtigen Anschaffung überzeugen. Leben wir jedoch mit einem Partner zusammen, sieht es ganz anders aus: Was für den einen eine sinnvolle Ausgabe ist,

185

findet die andere übertrieben. Wo er einmal Fünfe gerade sein lassen möchte, findet sie es eine rücksichtslose Verschwendung.

Als Kind fuhr ich einmal mit meinen Eltern in den Urlaub nach Italien. Nachdem wir 3 Stunden unterwegs waren, die Stimmung im Auto hervorragend voller Vorfreude auf das Meer, hielten wir für einen kurzen Stopp an der Tankstelle. Mein Vater ging auf die Toilette und zeigte sich bei der Reinigungskraft erkenntlich, indem er ihr voller Urlaubsfreude einen 5-Euro-Schein auf ihren mit Münzen bedeckten Teller legte. Als meine Mutter, die die Finanzen im Haushalt mit vier Kindern zusammenhielt, davon erfuhr, war die Urlaubsstimmung kurzzeitig getrübt: »5 Euro als Trinkgeld für die Toilettendame? Ich versuche, unser Geld zusammenzuhalten, und du verschleuderst es?« Mein Vater war sich keiner Schuld bewusst, und nach einem kurzen Gespräch war die Stimmung im Auto wieder auf Urlaubsniveau. Gezeigt hatte sich allerdings: Der Umgang mit Geld wird schwieriger, wenn wir nicht mehr allein entscheiden.

Meine Schwester und ihr Freund führen regelmäßig Diskussionen darüber, wie das gemeinsame Geld verwendet wird: Ihr funkelnagelneues Smartphone findet er übertrieben, sein ferngesteuertes Modellauto hält sie für ein viel zu teures Hobby. Dabei gibt es eine einfache Lösung, mit der ich gute Erfahrungen gemacht habe: eine Haushaltskasse für gemeinsame Ausgaben plus getrennte eigenständige Konten für jeden.

Meine Freundin und ich handhaben das so. Das hat den Vorteil, dass ich mich nicht rechtfertigen muss, wenn ich 250 Euro für eine hochwertige Bohrmaschine ausgebe – die ich wahrscheinlich viel zu selten nutze, aber es gehört nun mal zu meinem Hobby. Kauft sie eine Handtasche zum ähnlichen Preis, brauche ich nicht mit den Augen zu rollen, sondern beobachte interessiert, wie unterschiedlich wir Menschen sind und was uns Freude bereitet.

Eine gemeinsame Haushaltskasse plus private Konten hat auch bei meiner Schwester viele überflüssige Diskussionen beseitigt. Die Gespräche beschränken sich seitdem auf die wichtigen Themen, die tatsächlich beide betreffen und auch ausdiskutiert werden müssen: Wie möchten wir wohnen, welche Ausstattung und Ausgaben haben das beste Geld-Freude-Verhältnis? Fliegen wir in den Urlaub auf die Malediven oder wandern wir in der Pfalz?

Pleitestudent Michael: Von 0 auf 6000 Euro in einem Jahr

In München treffe ich mich mit Michael. Er ist 26 Jahre alt, studiert im 9. Semester Elektrotechnik an der Technischen Universität. Nebenher arbeitet er 25 Stunden pro Woche in einem Souvenirshop. Als ich ihn einige Jahre zuvor kennenlernte, wohnte er in einer Dreier-WG und wurde mir als typischer Student vorgestellt: »Feiert gerne, trinkt Bier und ist meistens pleite.«

Michael beschreibt sein Leben damals wie folgt: »Ich liebte es, feiern zu gehen, Bier zu trinken und zu rauchen. Teilweise ging ich von Mittwoch bis Sonntag jeden Abend feiern. Es machte mir großen Spaß. Ich hob mir Geld ab, wann immer ich welches brauchte. Meistens kleine Beträge zwischen 10 und 50 Euro, die auch oft am selben Tag schon wieder ausgegeben waren.«

Dabei sah seine Einkommenssituation für einen Studenten nicht schlecht aus: »Zusätzlich zu meinem Job bekam ich finanzielle Unterstützung durch meine Eltern. Leider war ich nicht in der Lage, dieses Geld sinnvoll zu nutzen. So ging das meiste unbewusst für Dinge drauf wie feiern gehen, Restaurants, Klamotten et cetera, ohne dass ich es wirklich merkte.« Er war unzufrieden, weil er trotz Nebenjob immer pleite war und sein Konto kurz vor den roten Zahlen stand. »Das Leben lief eher an mir vorbei.«

Einfach mal rechnen

Weil ich es für den falschen Ansatz halte, Menschen zu bekehren, ließ ich ihn machen und erzählte stattdessen von den positiven Veränderungen, die sich durch den Überblick über meine monatlichen Einnahmen und Ausgaben ergeben hatten. Es dauerte nicht lange, und Michael war interessiert: »Ich war einfach neugierig, was du da immer so gemacht hast mit Finanzen und dem Investieren.«

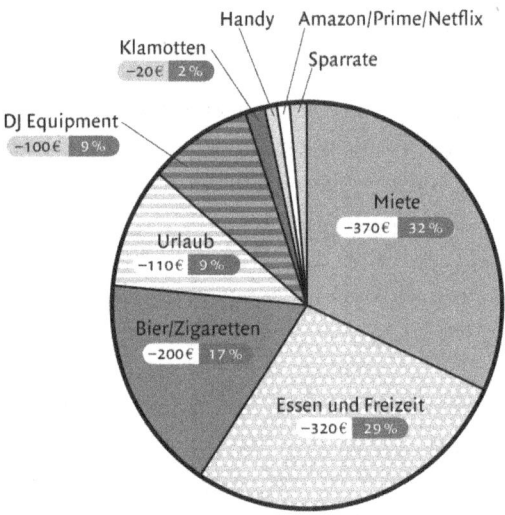

Abbildung 7: *Einnahmen und Ausgaben von Michael früher.*

Vor einem Jahr haben wir gemeinsam Michaels Einnahmen und Ausgaben in der Geldschnurrbart-Übersicht dargestellt. Fakt war, dass er jeden Monat Einnahmen in Höhe 1160 Euro hatte, die er im selben Monat aufbrauchte – sein Kontostand schwankte um 0 Euro. »Erst einmal war ich geschockt, wie viel Geld ich unbewusst rausblase, ohne dass es mich wirklich glücklich macht. Hier mit Karte gezahlt, dort mit Karte gezahlt. Hier etwas abgehoben, da etwas abgehoben.« Dadurch, dass er zum ersten Mal den Überblick hatte über alle Einnahmen und Ausgaben, hatte er eine kleine Erleuchtung: »Zusätzlich wurde mein Ehrgeiz gepackt. Ich konnte es nicht mehr mit ansehen, wie unkontrolliert ich mein Geld ausgab.« Damals war sein Kontostand bereits um den 20. eines Monats bei etwa 0 Euro angekommen. »Mittlerweile ist es so, dass ich nervös werde, wenn mein Kontostand unter 2000 Euro rutscht«, lacht er.

Nachdem wir die Übersicht erstellt hatten, aktualisierte er einmal pro Monat seine Datei. »Ich bekam ein Gespür dafür, welche Ausgaben sich für mich lohnen und welche nicht. Inzwischen trinke ich auch gar keinen Alkohol mehr.« Allein durch die Beobachtung seines Verhaltens, indem er seine Zahlen vor sich sah, entschloss er sich, etwas an seinen Gewohnheiten zu ändern.

Keine faulen Ausreden mehr

Nun, ein Jahr später, treffen wir uns wieder und schauen auf seine Zahlen: »Das hat mich wirklich überrascht. Von ›immer pleite‹ konnte ich innerhalb eines Jahres ganze 6000 Euro ansparen! Ohne dass ich mich eingeschränkt habe und ›sparen musste‹.« Vielmehr sah er zum ersten Mal, wohin sein Geld wirklich floss – und das passte ihm überhaupt nicht. »Neben dem Alkohol habe ich aufgehört zu rauchen.« Stattdessen hat er einen zusätzlichen Posten für die Kategorie »Weiterbildung« eingerichtet und lernt neue Dinge, die ihn interessieren. Trotz dieser Mehrausgaben und dank einer kleinen Gehaltserhöhung ist seine Sparrate von anfänglich 0 Euro pro Monat auf über 500 Euro gestiegen.

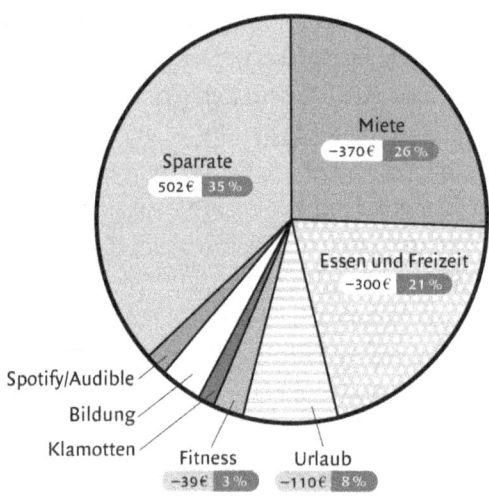

Abbildung 8: *Michaels monatliche Einnahmen und Ausgaben heute.*

Gab es neben dem Geldzuwachs noch weitere Vorteile für sein Leben? »Ja, ich konnte neues Selbstvertrauen schöpfen und lernte, wieder an mich selbst zu glauben. Außerdem gehe ich mittlerweile ins Fitnessstudio und gönne mir momentan sogar einen Personal Trainer für 100 Euro pro Monat.« Dafür hat er die Steuerrückzahlung von 600 Euro genutzt. »Natürlich wurde mir ein bisschen mulmig, als ich den Preis hörte, aber andererseits dachte ich mir: ›Hey, du hast diesen Betrag früher fast pro Woche verprasst, also komm.‹« Das betrachtet er nun als Investment in seine Gesundheit, und es bringt ihm zusätzlich viel Freude.

Was hat ihn davon abgehalten, schon früher gut mit seinem Geld umzugehen? »Das meiste sind faule Ausreden: Ich habe kein Geld, weil ich keine Zeit habe zu arbeiten. Oder: Ich kann nichts sparen, denn ich lebe schon am Limit.« Er dachte, es wäre unmöglich, mehr zu sparen – dabei kannte er seine Ausgaben damals gar nicht. »Mit der Übersicht habe ich dann zum ersten Mal gesehen, wie hoch die Beträge eigentlich sind. Damit war ich nicht zufrieden und habe sie verändert, sodass sie mehr zu meinen Werten passen.« Von da an ging es Monat für Monat immer besser.

Auch dass er nun regelmäßig einmal pro Monat auf seine Finanzen schaut, hat ihm viel gebracht. »Ich glaube, der Schlüssel ist, sich einfach einmal zu überwinden, sich seinen Finanzen zu stellen und zu starten. Nicht weil dir das irgendjemand sagt, sondern weil du das ganz allein von dir aus machst.« Das schaffte ihm schon mal ein gewisses Gefühl von Unabhängigkeit und Entscheidungsfreiheit.

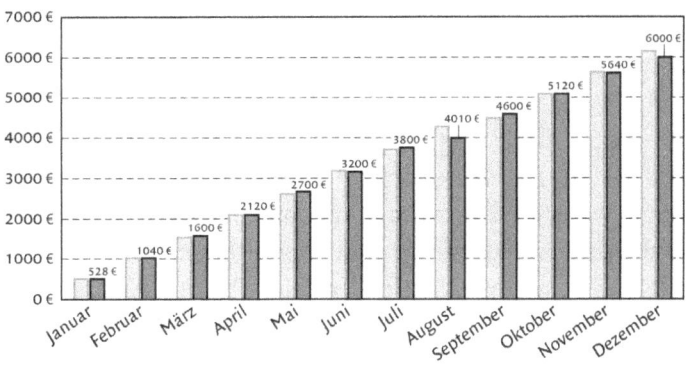

Abbildung 9: *Vermögen von Student Michael nach einem Jahr – von o auf 6000 Euro.*

Verhalten ändert sich, wenn es beobachtet wird

Die Visualisierung unserer Finanzen dient nicht nur der Motivation, sondern befähigt uns, selbst aktiv zu werden und die Verantwortung für die Verwendung unserer Lebensenergie zu übernehmen. Die monatlichen Durchschnittswerte für unsere Ausgaben sind kein Budget, das uns einschränkt. Wir müssen nicht wütend werden und behaupten, dass es »nächsten Monat besser wird«. Vielmehr soll unser Bewusstsein über die Finanzen gestärkt werden, damit wir die Möglichkeit haben, unsere Gewohnheiten und Entscheidungen so zu gestalten, dass sie zu unserem Lebensmodell passen.

Beobachten hilft verändern

Hierbei profitieren wir von dem »Hawthorne-Effekt«.[63] Dieser beschreibt das Phänomen, dass wir unser Verhalten allein dadurch anpassen, dass es beobachtet wird. Wenn wir unser Verhalten, konkret die monatlichen Finanzausgaben, beobachten und visualisieren, führt das automatisch dazu, dass wir uns regelmäßig über die Geldverwendung Gedanken machen.

Student Michael habe ich nie gesagt, dass er weniger trinken oder rauchen solle, da es seiner Gesundheit und seinem Geldbeutel schade. Stattdessen ist in ihm selbst das Bewusstsein gereift, dass er sein Verhalten nicht optimal nach seinen Werten und Zielen ausgerichtet hat. Schrittweise hat er durch die Beobachtung seines Ausgabenkuchens für sich Entscheidungen getroffen, welche die Verwendung seiner Lebensenergie mehr mit seinen Lebenszielen in Einklang bringen. Die Beobachtung seines Verhaltens führte zu einer Änderung.

Weniger Fast Food, mehr Sport

Bei mir habe ich den Hawthorne-Effekt ebenfalls beobachten können. Nach Ermittlung meiner Gesamtsumme von anfänglich 400 Euro pro Monat für Essen/Trinken/Freizeit begann ich, die Ausgaben zu hinterfragen. Mir wurde schnell bewusst, dass eine schlechte Angewohnheit ungesundes Fast Food wie Pizza oder

Kebab nach einem stressigen Tag war. Gleichzeitig hatte ich mir als Ziel gesetzt, meinen ersten Marathon zu bestreiten. Die Beobachtung des Verhaltens hatte bei mir den Effekt, dass ich den Fast-Food-Konsum einschränkte und damit die Ausgaben mehr in Einklang mit meinen derzeitigen Lebenszielen brachte. Das geschah natürlich nicht von heute auf morgen, sondern schrittweise. Immer mehr Ausgaben konnte ich auf diese Weise hinterfragen und so meine Lebensqualität steigern, während sich meine Ausgaben von 400 Euro auf 300 Euro reduzierten. Nicht mehr getrieben von irgendwelchen Gewohnheiten hatte ich durch die Beobachtung meines Verhaltens wieder die Möglichkeit, aktiv Entscheidungen zu treffen.

Indem wir unser Bewusstsein für die Ausgaben stärken, merken wir mehr und mehr, welche Ausgaben uns langfristig glücklich machen, welche unnütz sind, welche übertrieben und welche nur aus Faulheit geschehen. Wir erhalten einen klareren Blick und können unsere Ausgaben passend zu unseren persönlichen Zielen optimieren. Lautet unser Ziel, sportlicher zu sein, um lange und gesund zu leben? Unsere Ausgaben können wir in einer ganzheitlichen Darstellung viel leichter auf ihren Nutzen für das große Ziel überprüfen, als wenn wir mitten im Alltagsstress, von Hunger und unbewussten Gewohnheiten getrieben, irgendwelche Konsumentscheidungen treffen.

Die 752-Regel: Was kosten uns unsere Gewohnheiten?

Ein Aspekt, den wir in unserem täglichen Leben außer Acht lassen, ist das Bewusstsein über die langfristigen Auswirkungen unserer Entscheidungen. Wie wir im Abschnitt über Gewohnheiten in Kapitel 4 gesehen haben, haben Ausgaben, die wir regelmäßig tätigen – auch wenn sie für sich genommen nur klein erscheinen –, einen großen Effekt auf unser langfristiges Vermögen.

20 650 Euro sind schnell verfrühstückt

Nehmen wir als Beispiel ein junges Pärchen, das als DINKs (»double income, no kids«) gut verdient und 2-mal pro Woche im schicken Restaurant essen geht. Sie gönnen sich eine Flasche Wein, Vor- und Hauptspeise, ein Dessert und zum Abschluss einen Espresso für etwa 80 Euro. Die beiden könnten auch jede Woche einmal auswärts essen und lediglich eine leckere Hauptspeise mit einer guten Flasche Wein bestellen – für nur 50 Euro. Könnten sie ihren Restaurantbesuch einmal die Woche eventuell sogar mehr genießen – weil sich dieses Erlebnis vielleicht weniger abnutzt, weniger selbstverständlich wird? Dann würden sie pro Woche lediglich 50 Euro ausgeben statt wie zuvor 160 Euro. Da beides zur Gewohnheit wird, werden sie nach kurzer Zeit keinen Unterschied mehr merken. Und da diese Kosten regelmäßig anfallen, sind sie ebenfalls als Gewohnheit akzeptiert. Der Unterschied zwischen beiden Gewohnheiten sind jedoch 110 Euro, und das jede Woche.

Spannend wird es, wenn wir die Auswirkung auf die nächsten 10 Jahre betrachten. Würden die beiden einmal die Woche essen gehen, würde sich die Differenz von 110 Euro pro Woche, investiert mit 7 Prozent jährlich (siehe Kapitel 3), nach 10 Jahren auf einen Betrag von 75 716 Euro summieren. Es ist meiner Meinung nach eine Überlegung wert, uns bei manchen Gewohnheiten zu fragen, ob wir lieber in 10 Jahren den für 160 Euro mit Restaurantessen genährten fülligeren Körper haben möchten oder eine etwas schlankere Figur sowie 75 716 Euro mehr auf dem Konto. Bei mir merke ich den Effekt der Abnutzung schnell: Als ich im

Auslandspraktikum ständig in Restaurants essen war, empfand ich es irgendwann als normal und spürte wenig Freude. Seit ich es in Deutschland seltener mache, kann ich es mehr genießen.

Ein weiteres Beispiel ist der »Latte-Faktor«. Wer als festes Ritual den Gang in den Coffeeshop für den morgendlichen Caffè Latte samt Croissant etabliert hat, bezahlt jeden Tag den unbedeutend erscheinenden Betrag von 6 Euro. An 5 Tagen der Woche summiert sich dies auf 30 Euro. Stattdessen angelegt für 7 Prozent über 10 Jahre, käme man auf satte 20 650 Euro.

Schnell mal rechnen

Wer seine eigenen Gewohnheiten auf den Prüfstand stellen möchte, kann die 752-Regel als einfache Faustformel nutzen: Multipliziere eine wöchentliche Ausgabe mit 752, und du erhältst den Vermögenswert, der sich bei 10 Jahren Anlagezeit und 7 Prozent Rendite pro Jahr ergibt. Für monatliche Ausgaben multipliziere den Betrag mit 173.

Für die Raucher unter uns, die vielleicht schon lange den Wunsch hegen aufzuhören, könnte dies einen netten Anreiz schaffen: Angenommen wir rauchen derzeit eine Schachtel pro Tag, so sind das 7 Schachteln in der Woche und 28 Schachteln im Monat. Gehen wir von 6,50 Euro pro Zigarettenpackung aus, sind dies im Monat 182 Euro. Wenden wir die 173-Regel als Faustformel für monatliche Ausgaben an, entscheiden wir uns damit implizit, auf ein Vermögen von 31 486 Euro (173 mal 182 Euro) in 10 Jahren zu verzichten. Dies ist nur ein Zusatznutzen für die gestiegene Lebenserwartung, mit der wir Freunden und Familie durch eine bessere Gesundheit länger erhalten bleiben.

Wir entscheiden selbst über unsere Ausgaben und unsere Lebensweise. Oft kann jedoch der langfristige Blick helfen, die Tragweite der kleinen Entscheidungen, die wir täglich treffen, zu verdeutlichen. Hierfür dienen die 752-Regel für wöchentliche und die 173-Regel für monatliche Ausgaben als einfache Faustformeln. Welche deiner Gewohnheiten möchtest du einmal durchrechnen für den Langfristeffekt? Vielleicht gibt dir das die nötige Motivation, mit einer Gewohnheit, die du sowieso für ungünstig hältst, zu brechen oder sie zumindest ein wenig einzuschränken.

Praxisaufgaben: Erstelle deinen Ausgabenüberblick

– Visualisiere deinen Vermögensstand heute. Ob als Balken pro Monat auf dem Papier oder digital in Excel ist dabei egal. Wo stehst du heute? Die hier vorgestellte Übersicht als einfach zu befüllende Excel-Tabelle findest du auf www.geldschnurrbart.de/ebook.
– Ermittle deine durchschnittlichen monatlichen Ausgaben zum Stand heute und erstelle ein Kuchendiagramm. Bist du zufrieden, wie du deine Lebensenergie in Form von Geld verwendest?
– Was sind deine drei wichtigsten Ziele im Leben und wie unterstützen deine Ausgaben diese und wie nicht?
– Etabliere den Monatsabschluss als festen Termin in deinem Kalender. Verhalten ändert sich, indem es beobachtet wird.
– Welche Gewohnheiten, die du unbewusst etabliert hast, sind ungünstig für dein Leben? Führe dir mit der 752- oder 173-Regel die langfristigen Kosten vor Augen.

7

Frugalismus-Baustein: Wie effizient setzt du dein Geld ein?

Familie White: Finanziell unabhängig mit zwei Kindern in Rumänien

Robert und Emma White[64] habe ich auf der Financial Independence Week Europe in Rumänien kennengelernt – sie sind die Initiatoren dieser Veranstaltung. Gleichzeitig widerlegen sie ein gängiges Vorurteil: Sie sind mit Anfang 30 in Rente gegangen und haben zwei Kinder im Vorschulalter.

Ich treffe mich mit Robert und seinem Sohn in der Stadtbibliothek in Stuttgart, wo ich seit einigen Monaten an diesem Buch schreibe. Robert erzählt mir, dass er in jungen Jahren nicht wirklich sparsam war: »Ich habe viel Geld für Computerzubehör oder Klamotten ausgegeben, die ich kaum genutzt habe.« Robert ist in Rumänien geboren und kam für ein Auslandssemester mit dem Erasmus-Programm nach Deutschland. Es stand ihm nicht viel Geld zur Verfügung und er begann, über seine Ausgaben nachzudenken: »400 Euro pro Monat hatte ich zur Verfügung, für Essen und für die Miete im Studentenwohnheim.« Nach dem Studium arbeitete Robert als selbstständiger Programmierer, und sein Einkommen stieg.

Trotzdem achtete er zunehmend darauf, kein Geld für Dinge auszugeben, die ihm nicht wirklich wichtig sind: »Ich stelle mir immer das Kosten-Freude-Verhältnis vor: Wenn es mich nicht ausreichend glücklich macht, dann kaufe ich es eben nicht.« Deshalb gaben Emma und Robert beispielsweise bei ihrer Hochzeit keinen Euro für Blumendekoration aus: »Nur weil jeder das macht, heißt das nicht, dass wir das auch machen müssen.«

Er wollte sein Rentenproblem lösen

Robert stieß auf das Konzept von Frugalismus und FIRE, weil er eigentlich sein Rentenproblem als Selbstständiger lösen wollte: »Die private Rente in Deutschland ist durch hohe Kosten und fehlende Flexibilität ziemlich unattraktiv«. Robert suchte nach Möglichkeiten, ein Einkommen während der Rentenphase zu haben. So stieß er auf Immobilien. 2009 kauften seine Frau und er die erste kleine Wohnung in Stuttgart.

Irgendwann entdeckten sie den Blog von Mr. Money Mustache Peter: »Das hat uns beide sofort gepackt. Alles ergab Sinn. Wir haben uns dann vorgenommen, spätestens mit 50 finanziell unabhängig zu werden.« Sie wollten einen Plan machen: »Wie viel Mieteinnahmen brauchen wir, um ein Einkommen von circa 3500 Euro monatlich zur Verfügung zu haben?« Das war ein Schlüsselmoment für beide. Sobald sie die konkreten Zahlen vor sich hatten, war ihnen klar, was sie tun mussten.

Die Überschüsse aus Roberts Einnahmen als Selbstständiger und denen seiner Frau als Übersetzerin steckten sie in Form von Sondertilgungen in die Abbezahlung ihrer Wohnungskredite. Sie benötigten kein Auto, gaben kaum Geld für schicke Klamotten oder andere Gegenstände aus: »Wir kaufen nur das, was wir tatsächlich brauchen. Wenn wir Geld ausgeben, schauen wir, dass diese Ausgaben entweder ein Problem lösen oder uns nachhaltig glücklich machen.« Alles, was sie besitzen, passt in einen Minivan. Natürlich muss man auch einen Partner haben, der ähnlich eingestellt ist. Circa 2500 Euro gab die Familie in Deutschland pro Monat aus. Dazu muss man wissen, dass sie ihre Wohnung bereits gekauft und abbezahlt haben und somit nur 300 Euro Hausgeld als Wohnkosten tragen mussten.

Nebeneinkünfte werden unterschätzt

Robert ist der Meinung, dass vor allem die Chancen von Nebeneinkünften und einer Selbstständigkeit unterschätzt werden. Oft hört er Aussagen wie: »Ich verdiene 1500 Euro netto, wie soll ich bitte schön sparen? Ich habe keine Chance, finanzielle Unabhängigkeit zu erreichen! Finanzielle Unabhängigkeit ist nur für Gutverdienende!« In Kapitel 4 haben wir uns angeschaut, dass dies nicht ganz richtig ist, da es hauptsächlich auf die Sparquote ankommt. Ist das Einkommen zu gering, können die Ausgaben jedoch nicht immer weiter gesenkt werden. Während Ausgaben eine untere Grenze haben, hat das Einkommen keine Beschränkung nach oben.

Keine Zeit neben der Arbeit für eine Nebentätigkeit zu haben, war für Robert nie eine Ausrede. In den letzten Jahren probierte er immer wieder völlig neue Nebenbeschäftigungen aus, von denen sich die meisten als sehr lukrativ herausgestellt haben: Mit seiner Frau übernahm er etwa den Hausmeisterdienst in dem Haus, in der sie ihre Wohnung haben. Nachdem sie den Arbeitsaufwand dafür dokumentiert hatten, lautete das Ergebnis nach knapp 2 Jahren: »Wir sind auf einen Stundensatz von rund 200 Euro gekommen. Das war für uns auch sehr überraschend.«

Emma arbeitete angestellt als Übersetzerin, machte sich dann aber selbstständig. Hierdurch konnte sie ihren Stundensatz vervielfachen. Robert tat das Gleiche und konnte so circa 120 bis 130 Euro pro Stunde verdienen, während er von zu Hause aus arbeitete. Robert und Emma sind sich einig: »Sparen ist gut, verdienen ist besser. Beides zusammen ist natürlich der Turbo.«

Mit Anfang 30 in Rente – trotz oder gerade wegen der Kinder?

Alles lief so gut, dass Robert und Emma rechnerisch durch die Einkünfte aus ihren Immobilien bereits mit Anfang 30 die finanzielle Unabhängigkeit erreichten – mit zwei Kindern. Ich weiß, dass viele Familien immer klagen, wie teuer Kinder seien, und frage die beiden danach: »Ich denke, finanzielle Freiheit ist sogar als Single möglich!«, dreht Robert den Spieß um.

Single oder Familie mit Kindern – beides hat Vor- und Nachteile. Als Single oder kinderloses Paar ist man sehr flexibel, kann viel reisen, Zeit in günstigeren Ländern verbringen und Entscheidungen schnell umsetzen. »Als Familie mit Kindern trägt man mehr Verantwortung. Zwar ist die Situation komplexer, aber man hat andere Möglichkeiten, Risiko zu streuen und eine finanzielle Planung aufzusetzen.« Die steuerlichen Vorteile sind in Deutschland im Vergleich zu den anderen Ländern, die Robert und Emma kennen, groß.

Seit vielen Jahren führt die Familie ein Haushaltbuch. »Wir haben uns daran gewöhnt, am Ende des Monats auf die Zahlen zu schauen und zu verstehen, wohin unser Geld fließt.« Es ist zur Gewohnheit geworden: Ohne eine Übersicht über ihre Einnahmen und Ausgaben fühlt es sich für sie an, »als würden wir irgendwo im Wald ohne Kompass verloren sein«. Als die Kinder kamen, wurde das Haushaltbuch um die Kategorie Kinder erweitert. 4,5 Jahre nach der Geburt des ersten Kindes rechneten sie zusammen: Wie viel Geld haben sie ihre Kinder in Deutschland tatsächlich gekostet? Nach Einbezug von Kindergeld, Elterngeld und sonstigen Förderungen war das Ergebnis ein Überschuss von 30 000 Euro (ohne Berücksichtigung der Opportunitätskosten des fehlenden Gehalts).

Einen weiteren Effekt hat das Haushaltbuch auf das Leben der

Familie: »Muss es immer das teuerste Spielzeug sein, nur weil das jeder so macht? Wenn man sich von dieser Einstellung befreit, spart man nicht nur viel Geld, sondern man lernt auch mehr, die Dinge zu schätzen, die Freude bringen und wird glücklicher.«

Der Fokus verschiebt sich

2017 beschlossen sie als Familie, in Roberts alte Heimat auszuwandern. Seitdem leben sie in der Nähe der Großeltern in Rumänien. Neben der Erziehung ihrer Kinder sind sie beide weiterhin sehr aktiv: Seit 2016 organisieren sie jedes Jahr die Financial Independence Week Europe als kleine Konferenz rund um das Thema der finanziellen Freiheit. Themen wie persönliche Finanzen, Persönlichkeitsentwicklung, Minimalismus, Lifestyle-Design und Frugalismus werden von ausgesuchten Teilnehmern diskutiert. Seit dem Erreichen ihrer finanziellen Unabhängigkeit steht das Geldverdienen nicht mehr im Vordergrund: »Unser Fokus wandert langsam, aber sicher in Richtung sozialer Projekte. Es geht uns darum, Menschen zu vernetzen oder einen positiven Beitrag auf unsere Umwelt zu haben.«

Robert engagiert sich derzeit in Umweltprojekten in ihrem Wohnort. Er spürt Recyclingfirmen auf und redet mit Kommunalpolitikern: »In Rumänien steckt das Thema noch in den Kinderschuhen, aber ich bin ziemlich motiviert, etwas daran zu ändern.« Finanzielle Bildung für Jugendliche ist ebenfalls ein Thema, das für Robert noch nicht ausreichend abgedeckt wird: »Unser Schulsystem – egal ob Deutschland oder Rumänien – bildet die Jugendlichen gar nicht oder zu wenig im Bereich Geld, Umgang mit Geld oder einer Selbstständigkeit aus.« Aus diesem Grund hat Robert begonnen, regelmäßige Veranstaltungen in seinem Heimatort zu organisieren: Einmal im Monat lädt er erfolgreiche Menschen aus unterschiedlichen Bereichen in seine ehemalige Schule ein. »Sie halten Vorträge und machen Diskussionsrunden zu Themen wie: Karriere, Selbstständigkeit, persönliche Finanzen, Finanzplanung, Immobilien, Vereine, Startups und so weiter.«

Emma steckt neben der Zeit mit den Kindern viel Aufwand in das Internetportal FIREhub.eu, das während der Financial Independence Week gegründet wurde und seither Mitglieder der FIRE-Community in ganz Europa vernetzt. Es geht ihr dabei nicht um Profit, sondern um die Gemeinschaft. »Wenn wir es schaffen, gemeinsam Projekte zu entwickeln, die Probleme in unserer Gemeinschaft lösen – Umwelt, Bildung, Soziales, Tierschutz –, dann würde uns das sehr glücklich machen.« Viele Menschen aus der FIRE-Bewegung sind gut ausgebildet, ehrgeizig, organisiert und werden hoffentlich bald keine finanziellen Probleme mehr haben. »Diese Leute haben aus unserer Sicht ein hohes Potenzial, viel Gutes zu tun und dabei glücklich zu sein.« Das ist etwas, das beide sehr motiviert. Sie wollen diese Menschen kennenlernen, Kontakte knüpfen und hoffentlich beobachten, wie interessante Projekte daraus entstehen.

Unbequem zahlt sich aus

Gute Erfahrungen machen beide auch mit dem unbequemen Weg, den sie oft freiwillig wählen. Wenn Robert versucht, in seinem Heimatort die Menge des Mülls am Straßenrand und in Gewässern zu reduzieren, muss er viele lästige Situationen und Gespräche durchmachen. »Auch zwinge ich mich, täglich etwas Krafttraining zu machen – ich hasse es, aber ich weiß, dass es gut für mich ist.«

Robert und Emma entscheiden sich aber auch gemeinsam für unbequeme Varianten: Sie nehmen auch mal einen Flug, der um 6 Uhr morgens startet, statt Hunderte von Euro mehr zu zahlen, um 1 bis 2 Stunden länger zu schlafen. Der Verzicht auf ein Auto ist für beide ebenfalls der glücklichere Weg: Die Kita liegt circa 6 bis 7 Minuten von ihrem Haus entfernt. Fast jeder im Ort hat ein Auto und liefert die Kinder dort ab. »Wir fahren auch bei Minusgraden mit dem Fahrrad und den Kindern im Anhänger.« Robert hat dabei immer ein kleines Lächeln im Gesicht, weil er sich gut fühlt, wenn er dem eisigen Wetter trotzt. Emma lächelt nicht so sehr, wenn sie bei minus 5 Grad auf ihr Fahrrad steigen muss. Ein Auto wollen sie trotzdem beide nicht. Wenn es hin und wieder zu kalt ist oder sie krank sind, steigen sie eben in ein Taxi.

Für Robert und Emma ist das Prinzip »aktiv statt passiv« enorm wichtig. Sie möchten, dass sich ihre Kinder gut entwickeln, glücklich sind und in einer guten Gemeinschaft aufwachsen. »Man kann nicht einfach herumsitzen und warten, dass sich um einen herum so etwas entwickelt. Wir sind aktiv dabei, eine solche Gemeinschaft aufzubauen und das, was es schon gibt, zu unterstützen.«

Finanzielle Freiheit löst erst einmal nur finanzielle Probleme. Doch das Leben besteht aus einer Vielzahl von weiteren Problemen, mit denen man sich auseinandersetzt. »Es ist ziemlich einfach: Anstatt wöchentlich 2 mal 40 Stunden unserer Lebenszeit an andere zu verkaufen – sprich für anderer Leute Geld zu arbeiten –, können wir diese 80 Stunden genau das machen, was wir für wichtig halten. Wenn du nicht für deine Träume arbeitest, dann wird dich jemand einstellen, um seine eigenen Träume zu verwirklichen.« Das muss man einmal verinnerlichen.

Es ist nicht alles Gold, was glänzt

Das Konzept der hedonistischen Adaption macht allerdings auch vor der finanziellen Freiheit nicht Halt: »Unser Leben ist nicht unbedingt glücklicher geworden, nur weil wir finanziell frei sind.« Hedonistische Adaption greift hier genauso wie in anderen Bereichen: »Man gewöhnt sich dran. Glück muss man immer wieder neu suchen.« Ihre Zeit finden sie jedoch nun viel sinnvoller eingesetzt – ihre früheren Tätigkeiten machten die Welt in ihren Augen nicht besser. »Es gibt sicherlich viele andere Jobs, die viel sinnvoller sind, aber meistens auch viel schlechter bezahlt werden. Da läuft etwas in unserer Gesellschaft schief.«

Robert und Emma glauben nicht, dass Geld per se glücklich macht. »Es hängt davon ab, wie du deine durch Geld freigekaufte Zeit nutzt.« Geld schafft Freiraum, ihr Leben so zu gestalten, wie sie es sich wünschen. Und Geld löst in erster Linie finanzielle Probleme. »Wir haben alles gekauft, was wir brauchen.« Für sie und für viele andere, die finanzielle Freiheit erreicht haben, machen weniger die materiellen Dinge glücklich als Zeit mit der Familie, Gemeinschaft und Projekte, welche die Welt verbessern helfen.

Manches, was sie glücklich macht, kostet aber auch Geld: Weinverkostungen sind ein großes Hobby von Robert, das Geld braucht. Emma liebt es, sich weiterzuentwickeln, entsprechende Bücher zu lesen, Kurse zu besuchen oder Online-Gitarrenunterricht zu nehmen. Einmal im Jahr fährt sie alleine für eine Woche zu einer Konferenz, die ihr wichtig, aber nicht besonders teuer ist. Ihr gemeinsames Hobby ist das Reisen: Oft sind sie in Ungarn, zum Wandern im Allgäu oder in Großbritannien. »Billig sind die Reisen nicht, aber sie sind wichtig für uns.«

Die meiste Lebensfreude aber kommt tatsächlich von Dingen, die kein oder wenig Geld kosten: »Meinem Sohn das Fahrradfahren beizubringen, unsere Eltern mit den Kindern auf dem Spielplatz zu sehen und ihre Entwicklung zu beobachten, macht mich viel glücklicher als ein Gegenstand, den ich mir kaufen könnte.« Sparen ist für sie zudem keine Einschränkung: »Wenn ich gute Freunde in der Stadt treffe und wir gemeinsam einen Döner essen, macht mich das glücklicher, als in einem Michelin-Restaurant mit Arbeitskollegen zu essen.« Es geht vielmehr um Glück und Prioritäten.

Frugalismus, wenn die Kinder kommen

Es gibt viele vermeintliche Hinderungsgründe, wieso ein Leben ohne finanzielle Sorgen oder ganz selbstbestimmt in finanzieller Freiheit nicht möglich scheint. Ein Argument sind Kinder: »Noch kannst du viel sparen. Aber warte einmal, bis die Kinder kommen.« Umso mehr freut es mich, auch Beispiele wie das von Robert und Emma in diesem Buch vorstellen zu können. Entgegen weit verbreiteter Vorurteile, dass Kinder sehr teuer seien, haben sie ihre Ausgaben und Einnahmen, die aufgrund ihrer Kinder anfielen, genau protokolliert – und am Ende steht sogar ein Überschuss. Wie ist das möglich?

Wenn wir eine Person hierzulande nach den Kosten für Kinder fragen, kommt oft die Aussage: »Bis sie erwachsen sind, kosten Kinder uns eine schöne Wohnung in einer guten Lage.« Die Angaben des Statistischen Bundesamts geben die durchschnittlichen Kosten für Kinder je nach Alter wie folgt an:[65]
- Kinder von 0 bis 6 Jahre: 7000 Euro pro Jahr.
- Kinder von 6 bis 12 Jahre: 8000 Euro pro Jahr.
- Kinder von 12 bis 18 Jahre: 9500 Euro pro Jahr.

Insgesamt betragen die durchschnittlichen Kosten eines Kindes bis zur Volljährigkeit in Deutschland 137 000 Euro. Robert und Emma haben für ihre beiden Kinder die Ausgaben seit deren Geburt erfasst. Robert wollte wissen, wie viel sie tatsächlich für die Kinder ausgeben. »Nicht, weil ich ihnen zum 18. Geburtstag eine Rechnung präsentieren will, sondern weil ich irgendwie das Gefühl habe, dass durchschnittliche Familien viel zu viel ausgeben. Ich möchte sehen, ob mein Verdacht wahr ist oder nicht.« Er wollte echte Zahlen statt Gefühle.

2012 wurde ihr erstes Kind geboren, 2014 das zweite. Bis Ende Mai 2017, als sie nach Rumänien auswanderten, haben sie Kosten und Einnahmen in Deutschland gegenübergestellt:

Jahr	Kosten für zwei Kinder	Kita-Kosten	Förderungen der Kinder	
2012	−880 Euro	0 Euro	Elterngeld:	+30 276 Euro
2013	−350 Euro	−1126 Euro	Mutterschaftsgeld: +3041 Euro	
2014	−880 Euro	−3214 Euro	Kindergeld:	+16 880 Euro
2015	−1418 Euro	−3750 Euro		
2016	−1663 Euro	−3276 Euro		
2017	−1029 Euro	−2827 Euro		
Summe	**−6220 Euro**	**−14 192 Euro**		
Gesamt		**−20 412 Euro**	**+50 197 Euro**	
Ergebnis			**+29 785 Euro**	

Abbildung 10: *Kostenaufstellung für zwei Kinder von Familie White.*[66]

Nach den ersten 4,5 Jahren der Elternschaft hatten Robert und Emma einen Überschuss von knapp 30 000 Euro durch die Kinder erzielt (ohne Berücksichtigung der Opportunitätskosten des fehlenden Gehalts). Noch wissen die beiden nicht, wie sich die Ausgaben ihrer Kinder nach der Einschulung ändern werden: Die Kinderbetreuung fällt auf der einen Seite weg, Schulausflüge und Lernmaterialien kommen auf der anderen Seite hinzu. Da sie ihren Kindern weiterhin meist gebrauchte Dinge in guter Qualität kaufen, rechnen sie nicht mit einer starken Kostensteigerung. Für Emma und Robert war das Ergebnis jedenfalls überraschend, als sie die tatsächlichen Ausgaben schwarz auf weiß vor sich hatten.

Wie viel ist viel?

Nico aus der Nähe von Frankfurt, der mit Mitte 40 finanziell frei sein möchte, bekam als frischgebackener Papa meist als Antwort auf die Frage, was Kinder denn kosten: »Waaahnsinnig viel!« Als er nachhakte und wissen wollte: »Wie viel denn?«, konnte das niemand genau beziffern. Er hat daher ab der Geburt seines ersten Kindes im ersten Jahr ebenfalls alle Kosten protokolliert.

Zunächst war er sehr erstaunt, wie groß die Spanne für die Anschaffung der Babyausstattung ist: »Vom gebrauchten Hauck-Kinderwagen für 50 Euro bis zum neuesten Bugaboo-Geschoss für über 1000 Euro ist alles drin.«. Die Beratung im Fachgeschäft erinnerte ihn an die Hochzeitsvorbereitungen: »Damals wurden absurd hohe Preise mit dem Klassiker unter den Verkaufssprüchen gerechtfertigt: ›Das sollte es Ihnen wohl wert sein. Sie heiraten ja schließlich nur einmal im Leben!‹« Ähnlich hieß es jetzt: »Für Ihr Baby wollen Sie doch wohl nur das Beste, oder?« Nico und seine Frau stellten sich bei jeder Anschaffung für den Kleinen drei Fragen:

Frage 1: Braucht er es wirklich oder haben wir einfach nur Lust, ihm das zu kaufen? Falls Letzteres zutrifft, dann sollte es die Ausnahme bleiben.

Frage 2: Wenn er es braucht, können wir es von Freunden oder der Verwandtschaft leihen?

Frage 3: Wenn nicht, können wir es günstig gebraucht kaufen auf Ebay oder einem Kinderflohmarkt?

Dem Baby ist es völlig egal, ob sein Bett, sein Strampler oder seine Holzeisenbahn neu sind oder gebraucht. »Wir reden hier über den Kerl, der in Ekstase gerät, wenn er mit einem Süßstoffspender spielen darf«, lacht Nico. Durch ihre drei Fragen hielten sich ihre Kosten bisher in Grenzen, wenn er es mit seinen Bekannten vergleicht. In Abbildung 11 sind die Kosten für das Baby im ersten Jahr dargestellt. Da Nico das meiste gebraucht aus dem Umfeld kaufen konnte, beliefen sich die Kosten pro Monat auf 160 Euro. Demgegenüber standen Kindergeldzahlungen von 184 Euro. Was die direkten Kosten angeht, blieb ein Überschuss.

Betrachten muss man jedoch auch die indirekten Kosten, die schwerer zu beziffern sind: Nico lebt mit Frau und Kind in einem Haus, das für sie beide zu groß wäre. Hätten sie keine Kinder, würden sie wahrscheinlich zentraler und damit grundsätzlich teurer wohnen, aber dafür in einer kleineren und damit günstigeren Wohnung. Ein eigenes Auto hätten sie in diesem Fall wahrscheinlich nicht und würden stattdessen alle Wege per Fahrrad, Bahn oder Carsharing zurücklegen.

Ausgaben für Nicos Kind im 1. Jahr	Betrag	Bemerkung
Kinderwagen	0 Euro	Neu, Geschenk von Oma, 350 Euro
Buggy	−70 Euro	Ebay, gebraucht
Kinderbett	−100 Euro	Von Bekannten gekauft
Babyschale Auto	−30 Euro	Gebraucht, von Bekannten gekauft
Kindersitz	−100 Euro	Gebraucht, von Bekannten gekauft
Trage	−50 Euro	Gebraucht, von Bekannten gekauft
Rückentrage	−90 Euro	Ebay, gebraucht
Reisebett	0 Euro	Neu, Geschenk von Oma, 70 Euro
Kurse, Untersuchungen	−300 Euro	Osteopathin, Schwimmkurs
Medizin/Apotheke	−75 Euro	
Kleidung	−360 Euro	Ebay, Kinderflohmarkt
Windeln, Schnuller, Spielsachen	−500 Euro	
Nahrung	−250 Euro	
Summe	**−1925 Euro**	**Monatlich ca. −160 Euro plus Kindergeld +184 Euro**

Abbildung 11: *Ausgabenaufstellung für das Baby von Nico im ersten Jahr.*[67]

Diesen Kosten stehen jedoch wiederum entscheidende Kosten-ersparnisse gegenüber: Durch das Baby sind die Eltern heute meistens an das Haus gebunden und geben deutlich weniger Geld aus für Restaurantbesuche, Kneipenbesuche, Kino und Theater. »Mit Baby ist das Leben etwas gesetzter.« Auch sind ihre Urlaube mit einem Kleinkind nun günstiger. Statt mit dem Flugzeug nach Jamaika zu fliegen, geht es mit dem Auto zu Oma und Opa. »Das ist in unser aller Interesse«, betont Nico. Den Kleinen für einige Stunden abzugeben, klingt mittlerweile verlockender, als am Strand Fußball zu spielen. »Alles hat eben seine Zeit im Leben.« Wie auch bei Robert und Emma kommt noch das entgangene Ge-halt hinzu. Beide sparen und investieren zwar weiterhin jeden Mo-nat, aber durch das Elterngeld anstelle eines vollen Gehalts ist die Sparrate natürlich deutlich zurückgegangen.

Nicos Fazit nach dem ersten Jahr: »Die Kosten waren gar nicht gravierend. Die direkten Kosten ließen sich voll durch das Kin-dergeld decken.« Ein Baby muss nicht unbedingt teuer sein. Das meiste, was es braucht, ist Zeit. Es ist dem Kleinen egal, wie toll das Zimmer dekoriert oder wie modern der Kinderwagen ist. »Er unterscheidet nicht zwischen teurem Spielzeug und einer Rolle Klopapier.« Das wird sich später ändern. Den großen Unter-schied durch das Kind bemerkte Nico nicht bei den Kosten, son-dern am niedrigeren Einkommen. Auch geht sein Sohn mittler-weile in die Kita, was einen großen Kostenblock darstellt. Dafür wird seine Frau auch irgendwann wieder arbeiten gehen.

Die beste Bildung gibt's umsonst

Auch Peter, der mit Frau und Kind im abbezahlten Eigenheim circa 1800 Euro monatlich zum Familienleben benötigt, erfuhr eine Senkung vieler Kosten nach der Geburt seines Sohnes. Vor der Geburt ihres Sohnes ging er mit seiner Frau meist einmal pro

Woche ins Restaurant, sie machten teure Snowboardausfahrten und unternahmen Flugreisen nach Australien, Italien und Mexiko. Sie kauften Autos, Computer, Stereoanlagen, Motorräder und füllten ihre erste Wohnung mit Möbeln und Geräten.

Als sie Eltern wurden, stellten sie fest, dass ihr Kind auf all das keinen Wert legt. Damit sank auch ihr Interesse daran. Heute lesen sie mit ihrem Sohn unzählige Bücher aus der Bibliothek, schauen Dokus auf Netflix oder radeln zum Bach, um aus Steinen und Sand Dämme oder aus Metallschrott Roboter zu basteln. Für ein Kind in der westlichen Welt sind Bildungsaktivitäten in absoluter Fülle vorhanden, ganz ohne Kosten.

Nach meinem Abitur machte ich ein freiwilliges soziales Jahr im Kindergarten. Die Kinder waren wissbegierig und lernten spielerisch. Ich war fasziniert, wie wir durch einfaches Spielen im Wald oder mit Bauklötzen die Gelegenheit hatten, die Biologie von Pflanzen und Tieren, das Wetter und Naturgesetze wie die Schwerkraft zu vermitteln. Meiner eigenen Erfahrung nach habe ich als Kind dann am besten gelernt, wenn es spielerisch ablief und ich selbst begierig auf das Wissen war. In der Schule deckt sich der Bereich, in dem Kinder gerade Bedarf und Interesse haben, nicht mit dem Lehrstoff, der zu vermitteln versucht wird.

Ich habe Kinder zum Bäcker mitgenommen, um einen Geburtstagskuchen zu kaufen. Warum nutzen wir eigentlich Münzen und tauschen nicht mehr? Der Alltag ist voll von Möglichkeiten, Kindern etwas beizubringen, wenn Eltern die Zeit dafür haben. Kindererziehung ist ein Bereich, in dem Kosten und Nutzen zwei voneinander unabhängige Dinge sind. Wir können in teuren Vorschulkursen und bei Freizeitaktivitäten viel ausgeben und erhalten wenig Nutzen – oder kreativ die Gelegenheiten des Alltags nutzen und erhalten Bildungsmöglichkeiten in Hülle und Fülle umsonst.

Die wahren Kosten eines ungeliebten Jobs

Wenn wir untersuchen, wie effizient wir in welchen Bereichen unser Geld einsetzen, kommt unserer Arbeit eine große Bedeutung zu. Wie in der Gallup-Studie gezeigt, geht ein großer Teil der Bevölkerung ungern zur Arbeit und macht gegen Geld den Job nur nach Vorschrift. In diesem Fall unterschätzen wir oft den Zeit- und Geldaufwand, der damit zusammenhängt: Angenommen wir verdienen 800 Euro für 40 Stunden Arbeit pro Woche, dann tauschen wir theoretisch eine Stunde Lebenszeit gegen 20 Euro ein.

Diese Rechnung berücksichtigt jedoch nicht all jenen Zeit- und Kostenaufwand, der direkt oder indirekt mit unserer Arbeit verbunden ist: Alex rechnete aus, dass knapp ein Drittel seiner Kosten nur mit seinem Teilzeitjob zusammenhingen. Als er diesen aufgab, fielen auch die Kosten weg. Kennen wir unseren wahren Zeit- und Geldaufwand, den wir täglich investieren, um unser Geld zu verdienen?

Manche sind genervt oder gestresst von ihrer Erwerbstätigkeit und stürzen sich als Ausgleich und Belohnung in Frustkäufe. Hinzu kommen Extraausgaben für Essen, Putzen oder Reparaturen, von denen wir mehr selbst machen würden, wenn wir nicht mehr zu einer ungeliebten Arbeit müssten.[68]

Arbeit frisst Zeit und Geld

Das Erste, was wir bei der Berechnung unseres Stundenlohns zusätzlich berücksichtigen müssen, ist der tägliche Arbeitsweg. Unter der Woche verursacht der Arbeitsweg täglich 2-mal neben Geld- auch einen Zeitaufwand. Während meiner Tätigkeit als Projektleiter in Stuttgart hatte ich Kollegen, die morgens bereits genervt ins Büro kamen, weil sie 1,5 Stunden im Stau gestanden hatten. Da war noch nichts gearbeitet. Nehmen wir als Beispiel an, dass wir mit dem Auto täglich 2-mal 15 Kilometer im Berufsverkehr für 45 Minuten zur Arbeit pendeln. Berücksichtigen wir Parktickets, Strafzettel, Reparaturen sowie den Wertverlust für die Abnutzung des Autos, kommen wir schnell auf einen Zeitaufwand von 1,5 Stunden pro Tag oder 7,5 Stunden in der Woche und Kosten von 0,42 Euro pro Kilometer[69] mal 30 Kilometer mal 5 Tage pro Woche: insgesamt 63 Euro pro Woche.

Welche Kosten für Mahlzeiten fallen nur an, weil wir zur Arbeit gehen? Geld für den Morgenkaffee in der Frühstückspause, das Kantinenessen am Mittag und ein süßes Teilchen am Nachmittag mit dem zweiten Kaffee und Kollegen. Die Zeit, die wir in der Kantine oder Cafeteria Schlange stehen, addiert sich zu dem Geld, das wir für den Lieferdienst am Abend ausgeben, weil wir zu erschöpft vom Tag sind. Nicht die Restaurantbesuche, für die wir uns bewusst entscheiden und als Genuss wahrnehmen, sondern die Kosten für die Besuche, die wir zum »Dampf ablassen« brauchen, zählen hierzu. Nehmen wir an, Kantinen- und Auswärtsessen verursachen Mehrkosten im Vergleich zum selbst zubereiteten Essen von 30 Euro pro Woche.

Feierabend, Fluchtunterhaltung und Arbeitsurlaub

Ein weiterer Aspekt, der direkt mit der Arbeit zu tun hat, ist der Feierabend. Kommen wir abends von unserem Job entspannt und voller Leben nach Hause und fragen voller Energie und Interesse nach den Erfahrungen des Tages unserer Kinder und unseres Partners? Wollen wir mit ihnen Projekte angehen und neue Aktivitäten ausprobieren? Die meisten, mit denen ich mich über den Feierabend unterhalten habe, berichten eher davon, dass sie meist ausgelaugt sind, sich erschöpft in einen Sessel vor dem Fernseher fallen lassen und sich mit einem Bier für den stressigen

Tag belohnen. Diese Zeit, um herunterzukommen, ist ebenfalls Zeit, die direkt mit dem Job zusammenhängt. Wenn ich Kunden helfe, in Coachings ihre Ausgaben aufzuschlüsseln, sind durchschnittlich 40 Euro pro Woche für Feierabendsüßigkeiten und Alkohol realistisch sowie rund 5 Stunden an Zeit pro Woche.

Viele fiebern montags bereits dem Wochenende entgegen und leben eigentlich für das Wochenende. Das Wochenende wird als Flucht aus dem Arbeitsalltag gesehen, und es wird versucht, Entspannung nachzuholen. Stunden vor dem Fernseher, spontane Kurztrips, um die Motivation für die nächste Woche zu finden. Wenn unser Tag allerdings selbstbestimmt gestaltet wäre und uns zufriedenstellte, würden wir dann die gleiche Anzahl an Stunden vor dem Fernsehgerät verbringen, um abzuschalten? Es ist oft erschreckend, wie viel unserer Wochenendunterhaltung eigentlich nur eine Belohnung dafür darstellt, dass wir in einem langweiligen Job geblieben sind. Nehmen wir an, für diese Art von Fluchtunterhaltung fallen am Wochenende 4 Stunden und 50 Euro an. Wie hoch schätzt du deinen Wert?

Wer in einem Hamsterrad eines ungeliebten Jobs feststeckt und dauerhaft Unzufriedenheit, Ärger und Stress ausgesetzt ist, verschlechtert seine Gesundheit. Nehmen wir an, die Kosten für Yoga und Rückenschule betragen 25 Euro sowie 4 Stunden Zeit pro Woche.

Unser wahrer Stundenlohn

Rechnen wir all diese Kosten und Zeitaufwände zusammen, kommt schnell heraus, dass wir statt einer 40-Stunden-Woche mit 800 Euro Gehalt tatsächlich über 60 Stunden pro Woche einsetzen, um weniger als 600 Euro nach Abzug aller Kosten zu erhalten. Aus einem Stundenlohn von 20 Euro pro Stunde werden maximal 10 Euro pro Stunde, für die wir unsere Lebenszeit eintauschen.

Die Zahlen sind lediglich Schätzwerte und für jeden individuell, aber diese Betrachtungsweise verdeutlicht sehr anschaulich, was wir tatsächlich einsetzen, um unser Geld zu verdienen. In diesem Beispiel würde jeder ausgegebene Euro für 6 Minuten meiner Lebenszeit stehen. Meine abendliche Pizza nach einem anstrengenden Tag, die nicht nur meine Gesundheit nicht fördert, kostete zudem mit 10 Euro eine Stunde Lebenszeit, um das Geld dafür zu verdienen. Ich fand diese Betrachtungsweise spannend und sie half mir, viele Dinge klarer zu sehen und Änderungen einzuleiten.

Diese Betrachtung stellte auch Alex an, als er nach Geburt der Tochter noch Teilzeit arbeitete: »Etwa 25 Prozent der Kosten sind nur für die Generierung meines Einkommens angefallen.« Nach seinem Umstieg auf Teilzeit wurde sein Einkommen geringer, seine Kosten blieben jedoch nahezu gleich. »Die Mobilitätskosten waren bei mir am höchsten.« Da er seine Teilzeit nicht auf weniger Tage aufteilen konnte, musste er trotzdem jeden Wochentag nach München fahren, um dort 5,5 Stunden zu arbeiten. Die Kosten für das Bahnticket waren nicht unerheblich. Zudem dauerte sein Arbeitsweg in Summe 3 Stunden täglich, vorausgesetzt, die Bahnen fuhren planmäßig.

Immerhin konnte er während dieser Bahnfahrten an seinen eigenen Projekten arbeiten, weshalb er diese Zeit nicht einmal als Kosten berücksichtigt hat. »Auch meine reine Arbeitszeit in der Firma hätte mir mehr einbringen können, wenn ich sie komplett für mich und meine Projekte genutzt hätte.« Zusätzliche Kosten für Kleidung, Verpflegung, Gewerkschaftsbeiträge und Zeitaufwand für Geschäftsreisen waren für ihn am Ende ein zu hoher Preis, sodass er die Teilzeitarbeit beendete und sich nur noch seinen eigenen Projekten widmete.

Mobilität: Die Entscheidung, wie wir uns fortbewegen

Der größte Kostenblock für eine Arbeit, zu der wir täglich pendeln, sind die Transportkosten. Neben den laufenden Kosten sollte uns klar sein: Wenn wir uns ein Auto anschaffen, schmälert dieses unser Vermögen enorm. Ein Neuwagen verliert im Durchschnitt innerhalb der ersten 4 bis 5 Jahre die Hälfte seines Werts. Der Wertverlust verläuft dabei nicht linear, sondern ist am Anfang mit 25 Prozent im ersten Jahr am größten. Nach 5 Jahren rechnet man mit 5 bis 6 Prozent Wertverlust jährlich und nach 10 Jahren sind es nur noch wenige Prozent. Es gibt je nach Fahrzeugklasse und Fahrweise Unterschiede; auch ob das Fahrzeug nur für alltägliche Stadtfahrten genutzt wird oder als Flottenfahrer dient, hat Auswirkungen auf den Restwert. Die Zahlen repräsentieren jedoch den durchschnittlichen Wertverlust über alle Fahrzeugklassen hinweg, bei einer jährlichen Fahrleistung von 15 000 Kilometer.[70]

Angenommen der Neupreis unseres Autos liegt bei 40 000 Euro. In Abbildung 12 ist ersichtlich, dass der Kauf des Fahrzeugs für den Erstbesitzer in den ersten 5 Jahren einen Wertverlust von 22 000 Euro bedeutet. Die durchschnittlichen Kosten pro Jahr belaufen sich während dieses Zeitraums damit auf 4500 Euro, wobei das erste Jahr allein durch Wertverlust mit 10 000 Euro zu Buche schlägt. Würden wir den Wagen gebraucht nach 5 Jahren kaufen, beliefe sich der Wertverlust im Anschaffungsjahr dagegen auf 2400 Euro. Das Privileg, den Wagen neuwertig als Erster zu fahren, sollte einem Neuwagenkäufer damit 7600 Euro wert sein. Dem Argument, dass bei dem älteren Auto mehr Kosten für Reparaturen anfallen, stehen die erhöhten Versicherungskosten für einen Vollkaskoschutz beim Neuwagen entgegen. Wie immer möchte ich auch an dieser Stelle keine Kaufentscheidung verteu-

	Restwert	Wertverlust prozentual	pro Jahr	insgesamt
Neupreis	**40 000 Euro**			
Jahr 1	30 000 Euro	25 Prozent	10 000 Euro	10 000 Euro
Jahr 2	26 400 Euro	34 Prozent	3600 Euro	13 600 Euro
Jahr 3	23 200 Euro	42 Prozent	3200 Euro	16 800 Euro
Jahr 4	20 400 Euro	49 Prozent	2800 Euro	19 600 Euro
Jahr 5	18 000 Euro	55 Prozent	2400 Euro	22 000 Euro
Jahr 6	16 000 Euro	60 Prozent	2000 Euro	24 000 Euro
Jahr 7	14 000 Euro	65 Prozent	2000 Euro	26 000 Euro
Jahr 8	12 000 Euro	70 Prozent	2000 Euro	28 000 Euro
Jahr 9	10 200 Euro	75 Prozent	1800 Euro	29 800 Euro
Jahr 10	8600 Euro	79 Prozent	1800 Euro	31 400 Euro
Jahr 11	7800 Euro	81 Prozent	800 Euro	32 200 Euro
Jahr 12	7080 Euro	82 Prozent	720 Euro	32 920 Euro
Jahr 13	6440 Euro	84 Prozent	640 Euro	33 560 Euro
Jahr 14	5880 Euro	85 Prozent	560 Euro	34 120 Euro
Jahr 15	5400 Euro	87 Prozent	480 Euro	34 600 Euro

Abbildung 12: *Beispiel Wertverlust Neuwagen für 40 000 Euro.*

feln, aber anmerken: Wir sollten uns genau überlegen, ob uns das Privileg eines Neuwagens die Kosten wert ist im Vergleich zum Gebrauchtkauf.

Neben dem Erwerb einer Immobilie stellt der Autokauf eine der größten Anschaffungen dar. Diese Kaufentscheidung beeinflusst die weitere Vermögensentwicklung enorm und sollte wohlüberlegt getätigt werden. Vergleichen wir im Zahlenbeispiel den Fall, dass ein Neuwagen und ein 10 Jahre altes Auto zeitgleich gekauft werden, ergibt sich eine Kostenersparnis während der ersten 5 Jahre von 18 800 Euro (22 000 Euro gegenüber 3200 Euro). Nach 5 Jahren würde sich der Neuwagenkäufer wahrscheinlich den nächsten Wagen zulegen und so weiter. Die Ersparnis monatlich investiert in einen Aktiensparplan würde bei 7 Prozent Rendite nach 5 Jahren bereits zu einem Vermögen von 22 539 Euro führen.

Auto auf Pump

Ein Faktor, der die Vermögenssituation vieler Verbraucher in eine Schuldenfalle führt oder finanziell auf Jahre schlechter stellt, sind Konsumschulden. Der Anteil finanzierter Neuwagen liegt in Deutschland bei knapp 50 Prozent.[71] Bei den Gebrauchtwagen wird konstant etwa ein Drittel aller Käufe teilweise oder vollständig finanziert.

Finanzieren wir unser Auto auf Kredit, haben wir mehrere Nachteile: Der erste ist, dass wir dazu verleitet werden, eher einen Neuwagen zu kaufen, und damit automatisch den hohen Wertverlust in den ersten Jahren tragen. Auch sind wir geneigt, durch die gering wirkende monatliche Rate ein weitaus teureres Auto zu kaufen, als wir es bei einer Barzahlung gemacht hätten. Aufgrund der derzeitigen Niedrigzinsphase sind die Zinsen für einen Autokredit in den letzten Jahren gesunken, mit einem effektiven Jahreszins von durchschnittlich 3 Prozent pro Jahr dennoch nicht zu vernachlässigen.[72]

Wer sein Auto auf Kredit finanziert und damit selten an die langfristigen Folgen denkt, ist meist der Meinung, dass das Auto, sobald es auf dem Hof steht und monatlich bezahlt wird, ausgiebig genutzt werden kann ohne weitere Verluste. Das stimmt aber nicht: Immer dann, wenn wir es benutzen, verbrennen wir Benzin, verbrauchen Öl, nutzen Reifen und die rund 20 000 Einzelteile des Fahrzeugs ab. Gleichzeitig erhöhen wir mit jeder Fahrt das Risiko eines Unfalls. Nutzen wir das Auto jedoch nur selten, wenn es zwingend notwendig ist, bleibt es für viele Jahre intakt.

Auch das Risiko von Kosten für Bußgelder und Parktickets können wir senken, indem wir das Auto seltener benutzen.

Oft haben Menschen, die ihr Auto auf Kredit kaufen, viele weitere finanzierte Konsumgüter wie ein Fernsehgerät, Smartphone oder Ähnliches. Sie sind nervös, dass sie ihren Job verlieren, und haben nur geringe oder gar keine Ersparnisse. Die Mehrheit der Selfmade-Millionäre, die ich kenne, fährt dagegen keinen Neuwagen und kauft keine Konsumgüter auf Pump. Wer finanzielle Freiheit anstrebt und keine oder weniger finanzielle Sorgen haben möchte, ist nicht gut beraten, wenn er sein gesamtes Vermögen oder sogar mehr als das – mithilfe eines Kredits – für ein Auto ausgibt.

Radfahren als Renditeturbo für Gesundheit und Vermögen

Wenn wir entscheiden, wie wir uns fortbewegen, lohnt eine Prüfung der Alternativen. Fahrten mit dem öffentlichen Nahverkehr statt mit dem eigenen Auto bringen neben einem positiven Effekt für die Umwelt und einer Kostenersparnis weitere Vorteile: Die Zeit lässt sich zum Lesen, Entspannen oder Arbeiten nutzen.

Fahrräder als Fortbewegungsmittel gab es schon vor der Erfindung des Automobils. Das Auto hielt rasch Einzug in den Alltag, weil wir mit großer Geschwindigkeit und im Vergleich zum Fahrrad ohne Anstrengung zum Ziel gelangen. Unglücklicherweise hat das Auto jedoch verheerende Nebeneffekte auf unsere Umwelt, ist verantwortlich für viele Todesopfer und fördert Übergewicht durch Bewegungsmangel. Beziehen wir diese Auswirkungen in unsere Überlegungen, wie wir uns fortbewegen, mit ein, erscheint das Fahrrad als immer bessere Alternative.

Eine Radtour mit meinem Vater von Balingen nach Würzburg in entspanntem Reisetempo von 20 Kilometern pro Stunde macht mir mehr Freude als die gleiche Strecke mit dem Auto, wenn ich die Zeit dafür habe. Intensives Radfahren verbrennt bis zu 1000 Kalorien pro Stunde. Gleichzeitig wirkt sich die Bewegung auf unseren Körper positiv aus, da sie den Herzmuskel trainiert und die Grundlagenausdauer aufbaut, ohne unserer Umwelt zu schaden. Auch die Instandhaltung ist durch nur wenige mechanische Teile mit einfachen Werkzeugen schnell erledigt. Auch hier profitiert als Nebeneffekt der Geldbeutel: Jeder Kilometer, den wir statt mit dem Auto auf dem Fahrrad zurücklegen, erspart uns rund 30 Cent an Benzinkosten, Wertverlust und Wartung. Allein durch die Investition der Ersparnisse, wenn wir für ein paar Erledigungen und Einkäufe von 4 Kilometern pro Tag vom Auto auf das Rad wechseln, kommen wir auf über 6000 Euro in 10 Jahren.

Mit dem Rad zur Arbeit zu fahren, bringt neben Stressabbau am Abend mehr Aufnahmefähigkeit über den Tag, da der Kreislauf bereits in Schwung ist. Als ich von der U-Bahn auf das Fahrrad für den Weg zur Arbeit wechselte, hatte ich morgens im Büro mehr Energie und konnte nachts besser schlafen. Der Feierabend begann nicht erst zu Hause, sondern wenn ich vor dem Büro auf mein Rad stieg. Dank Elektrofahrrädern ist auch eine deutlich längere Anfahrt zur Arbeit möglich. Wer mit Ausreden kämpft, dass das Fahrrad aufgrund von Wetter, körperlicher Verfassung oder Alter nicht genutzt werden kann, sollte einen Blick nach Amsterdam werfen: Über 60 Prozent der Bewohner sind täglich mit dem Rad unterwegs. Kühles und regnerisches Wetter hält sie nicht davon ab.[73]

Wer seinen Lebensmittelpunkt in der Nähe des Arbeitsplatzes wählt, kann den Weg zur Arbeit auch zu Fuß zurücklegen. Ein Spaziergang zum Feierabendbeginn macht den Kopf frei und bringt Entspannung. Der positive Effekt auf Umwelt und das Vermögen ist ein zusätzlicher Anreiz.

Neben der Wahl des Wohnorts hinsichtlich unserer Arbeitsstelle können wir frei wählen, ob und wie wir uns sportlich betätigen und fit halten. Die Mehrheit entscheidet sich hier für das Fitnessstudio in der Nähe. Im Januar wird motiviert durch Neujahrsvorsätze das Monatsabo abgeschlossen, meist für mindestens 6 Monate. Nach einem regelmäßigen Besuch im Januar sind viele im Februar bereits seltener dort anzutreffen, und im warmen Sommer haben wir oft gänzlich die Motivation verloren. Warum anstelle des kostenpflichtigen Monatsabos im stickigen Fitnessstudio nicht die Natur nutzen? Joggen im Park, Klimmzüge am Trimm-dich-Pfad und Liegestütze auf der Wiese kosten nichts. Wir atmen frische Luft ein und die Öffnungszeiten sind unbegrenzt. Ich habe dieses Jahr meinen ersten Marathon absolviert, das Training davor war kostenfrei und in der Natur.

Generell habe ich mich gefragt, welche Aktivitäten und Momente mir im Leben viel Lebensfreude gebracht haben und bringen. Wenn ich überlege, was tolle Erinnerungen in meinem Leben sind, sind es meistens Momente, die nicht viel kosten. Ein Wandertag mit einem Kumpel im Allgäu und anschließendem Grillen bringt mir sehr viel Lebensfreude. Körperliche Aktivität und Essen selbst zuzubereiten ebenfalls. Das bleibt mir viel mehr in Erinnerung als ein Treffen in der schicken Cocktailbar, in der ich einen mittelmäßigen Burger mit Pommes für 13 Euro esse. Das ist ab und an auch nett und hat seinen Reiz, aber in den meisten Fällen erfahre ich deutlich mehr Lebensfreude bei Tätigkeiten mit netten Menschen, körperlicher Aktivität und in der Natur. Als Nebeneffekt kostet es meist nicht viel.

Jenny: Glücklich mit studentischem Lebensstil und ohne Auto

Jenny, 26 Jahre, arbeitet in Süddeutschland im Anlagenbau. Sie besitzt kein eigenes Auto. »Meine Eltern hatten immer Ärger mit ihren alten Autos. Da flossen viel Geld, Zeit und Nerven rein, sodass ich Autos mit was Negativem verband.« Als Studentin konnte sie sich ohnehin kein Auto leisten und auch als Berufseinsteigerin hatte sie hierfür erst einmal kein Geld. »Wenn man jahrelang gut ohne Auto auskommt, macht man einfach so weiter.« Da zwischen ihrer Wohnung und ihrem Arbeitgeber ständig Stau herrscht und es zu wenige Parkplätze gibt, fiel ihre Entscheidung schnell aufs Fahrrad: »Gesund ist es auch noch.« Sonstige Erledigungen macht sie entweder mit dem Rad oder den Öffentlichen.

Ein Auto würde sie sich anschaffen, wenn sie es beruflich benötigt, Kinder hat oder öfter Angehörige besucht. »Beruflich fahre ich bei Bedarf mit einem Firmenfahrzeug. Wenn ich zu einem Kundentermin muss, geht es selten ohne.« Zudem haben manche ihrer Kollegen keinen Führerschein oder sind die Gangschaltung nicht gewöhnt, da muss sie dann auch ans Steuer. »Egal, ob man ein eigenes Auto hat oder nicht: Einen Führerschein halte ich für wichtig.«

Die gebürtige Hessin wuchs in einer 5-köpfigen Familie mit dem Vater als Alleinverdiener auf. »Geld war immer das, was fehlte.« Für sie war klar, dass sie einen anderen Weg gehen muss: Mit 18 zog sie 250 Kilometer weiter nach Stuttgart, um Maschinenbau zu studieren. Als duale Studentin arbeitete sie in der vorlesungsfreien Zeit und erhielt rund 800 Euro netto als Ausbildungsvergütung. »Davon konnte man gut leben, sodass ich als frischgebackene Ingenieurin nach dem Studium ähnlich weiterlebte.« Sparsam war sie schon immer, das hat sie von ihrer Mutter gelernt.

Glück bedeutet für sie, dass eine Situation von so vielen äußeren Einflüssen geprägt wird, dass man nicht alleine für das positive Ergebnis verantwortlich ist. Um Glück zu haben, muss man ihrer Ansicht nach Vorarbeit leisten: »Wer in der Lotterie gewinnen will, muss ein Los kaufen. Wer Glück an der Börse haben will, muss Wertpapiere besitzen.« 2015 hat sie dementsprechend mit dem Investieren an der Börse begonnen.

Pragmatismus und Kreativität

Ihre Möbel stammen noch aus ihrer Studentenzeit: Das Geschirr ist bunt zusammengewürfelt, ausgemusterte Teller von ihren Eltern, teilweise Senfgläser zum Trinken und Eisschachteln zur Aufbewahrung von Essensresten. Beim Sofa ist ein Bein kaputt, aber derzeit hält es gut mit den untergelegten Büchern: »Das ist keine finanzielle Entscheidung, eher eine Einstellung: Wenn etwas noch funktioniert, muss man es nicht durch was Neues ersetzen.« Generell ist ihre Einrichtung sehr pragmatisch und es befinden sich nur wenige Deko-Artikel in ihrer Wohnung.

Was ist ihre Motivation für diesen genügsamen Lebensstil? »Ich weiß, wie es ist, kein Geld und Existenzängste zu haben.« Ihre Hauptmotivation daher: möglichst viel Geld sparen, um für jegliche Ereignisse gewappnet sein. »Es ist leichter, sich seine Sparsamkeit zu erhalten, als seine Ausgaben zu reduzieren, wenn man sich an einen hohen Lebensstandard gewöhnt hat.« Zusätzlich lebt es sich mit weniger Krempel leichter: Je weniger Sachen sie besitzt, desto weniger beanspruchen diese ihre Zeit, weil sie sich nicht darum kümmern muss. »Ein Messer lässt sich zum Beispiel schneller spülen und bewegen als ein Thermomix.« Studentisch zu leben ist keine rein finanzielle Entscheidung, sondern bringt ihr auch Gelassenheit: »Ein Kratzer mehr oder weniger ist bei gebrauchten Möbeln egal.« Ihre Zufriedenheit im Leben ist eher weniger von materiellen Besitztümern abhängig.

Frugal und genügsam bedeutet für sie, dass man mit dem, was man hat, zufrieden ist und nicht ständig mehr will, sobald man ein gesetztes Ziel erreicht hat. Materielles kann glücklich machen, aber nur in Maßen. »Ich freue mich über einen tollen Rucksack, aber ich brauche keinen zweiten, der sein Dasein im Schrank fristet.« Einschränkungen erfährt sie nur wenige, aber sie sind vorhanden: Ab und zu finden Geburtstagsfeiern an abgelegenen Orten statt, sodass sie auf eine Mitfahrgelegenheit angewiesen ist oder sich ein Auto von ihrer Familie leiht.

Wenn sie Freunde besucht, findet sie es einfacher, auf der Couch zu schlafen, als sich irgendwo 10 Kilometer entfernt ein Hotel zu suchen. »Im Urlaub nutze ich meist Airbnb. Da kann man dann auch mal selbst etwas kochen. Geld spart man dabei auch noch.«

Was den Umgang mit Konsum angeht, achtet sie darauf, nichts Unnötiges zu besitzen: »Deswegen kaufe ich selten etwas, was im Schrank oder Keller versauert und irgendwann ungenutzt im Müll landet.« Beim Kauf von elektronischen Geräten oder Haushaltsgegenständen liest sie sich viele Bewertungen durch, um Fehlkäufe zu vermeiden. Dabei steht nicht der Preis im Vordergrund, sondern Funktion und Qualität. Kauft sie Kleidung oder Schuhe, geht sie wieder sehr pragmatisch vor: Die Sachen müssen bequem und alltagstauglich sein. »Deswegen habe ich noch nie Kleidung im Internet gekauft, sondern immer im Laden, um die Sachen anzuprobieren.« Ebenso ist sie kein Fan von Mottopartys, bei der man die Verkleidung meist nur einmal und danach nie wieder nutzt. Sie mistet regelmäßig aus, indem sie die Sachen verschenkt oder entsorgt.

Welche Ausgaben bringen ihr Lebensfreude? »Alles, was ich jeden Tag nutze: mein Smartphone, mein Laptop, mein Fahrradkorb oder eine schicke Jacke.« Meistens bekommt sie die praktischen Alltagsbegleiter für wenig Geld. Ausgaben für Gesundheit oder Bildung sorgen ebenfalls für mehr Lebensfreude in ihrem Leben. »Da reicht das Geldausgeben allein aber nicht – man muss auch aktiv werden und das Gelernte umsetzen.« Geld kann ein Türöffner für schöne Erinnerungen sein: für das Besuchen von Freunden, das Bereisen der Welt oder spannende Aktionen wie einen Helikopterflug, den sie schon 2-mal wagte.

Seit ihrem Berufseinstieg haben sich ihre Ausgaben für Versicherungen, zum Beispiel gegen Berufsunfähigkeit, sowie für die Gesundheit erhöht: »Ich konzentriere mich derzeit unter anderem auf meine Ernährung und kaufe mehr Bio-Produkte.« Ihre Motivation ist recht simpel: Es geht nicht darum, dass man lange lebt, sondern dass man dabei auch fit bleibt. Aus ihrer Sicht hilft ein gesunder Körper auch beim Umgang mit Stresssituationen. »Ebenso kaufe ich nun viele Fachbücher. Da war ich vor 5 Jahren zu geizig für.«

Finanzielle Sorglosigkeit als Ziel

Wenn sie etwas bezahlt, dann immer mit Karte: »Dadurch habe ich meine Kontobewegungen im Überblick.« Ihre monatliche Sparrate wird direkt nach Gehaltseingang per Dauerauftrag auf das Tagesgeldkonto sowie auf ETF-Sparpläne überwiesen. »Mein Kontostand sollte vor Gehaltseingang immer bei rund 1000 Euro liegen.« Am Ende des Jahres führt sie nachträglich ein Haushaltsbuch und wertet aus, wofür sie ihr Geld verwendet hat. Sie setzt sich dabei aber keine Budgets: »Ich möchte mir nicht durch ein Budget vorschreiben, wie ich zu leben habe.« Die ersten 5 Jahre nach ihrem Studium hatte sie monatliche Ausgaben von rund 1200 Euro, derzeit sind es etwa 1500 Euro.

Ihr Ziel, das sie finanziell erreichen wollte, nennt sie »finanzielle Sorglosigkeit«. Für sie bedeutet es, keine Existenzängste mehr zu haben. »Ich will keine schlaflosen Nächte, wenn ich meinen Job verliere oder irgendwas kaputtgeht.« Ihr Erspartes ist mittlerweile hoch genug, dass sie davon viele Jahre leben kann. Dementsprechend hat sie dieses Ziel bereits erreicht. Ihren Renteneintritt plant sie mit 60 Jahren. »Im besten Fall ist das aber kein Renteneintritt von heute auf morgen, sondern ein schleichender Übergang.« Sie würde gerne Volkshochschulkurse geben, an einer Hochschule unterrichten, Bücher schreiben oder als Statistin im Fernsehen auftreten und Zeit mit Familie und Freunden verbringen.

Geld und Gesundheit

Geld spielte in Jennys Leben immer eine große Rolle: »Ich habe als Kind Pfennige gehortet und gezählt, um meinem Ersparten beim Wachsen zuzusehen.« Geldgeschenke von ihren Großeltern kamen aufs Sparbuch, und sie freute sich jedes Jahr darüber, Zinsen geschenkt zu bekommen. Wenn Geld fehlt, prägt es den Alltag negativ. »Selbst im Studium hatte ich enorme Existenzängste: Wenn man von 800 Euro allein lebt, bleibt nicht viel zum Sparen übrig.« Wäre sie durchs Examen gefallen, hätte sie Geld an ihren Arbeitgeber zurückzahlen müssen. »Mich macht der Gedanke sehr traurig, dass 1000 Euro haben oder nicht haben schon einen enormen Unterschied im Leben macht.« In ihrem Umfeld bekommt sie mit, dass manchmal nicht einmal Geld für die Zuzahlung bei Medikamenten vorhanden ist. »Geldmangel macht unglücklich, sodass das Vorhandensein von Geld auf jeden Fall glücklich macht.« Die meisten Probleme könne man mit Geld zumindest angenehmer gestalten.

Das tat sie bereits: »Ich mache nicht mehr so viele Überstunden wie früher. Ich hatte 50- bis 60-Stunden-Wochen und habe oft am Wochenende gearbeitet.« Als ihr Vater an Krebs erkrankte, nahm sie das ziemlich mit. »Ich habe mein Leben viel mehr hinterfragt und mich dann auch mehr um meine eigene Gesundheit gekümmert.« Einige Untersuchungen und Behandlungen hat sie aus eigener Tasche gezahlt, weil sie als gesetzlich Versicherte keine Hilfe bei Fachärzten gefunden hat. »Den Kauf von Bioprodukten würde ich mir vermutlich nicht leisten, wenn ich das Geld nicht hätte.« Zusätzlich hat sie sich getraut, ihre beruflichen Wünsche durchzusetzen: »Als Projektleiterin war ich ziemlich eingespannt, obwohl ich mehr in Richtung Prozessoptimierung und Programmierung machen wollte.« Dank ihres Finanzpolsters im Rücken war sie mutiger, ihre beruflichen Interessen durchzusetzen.

Was sie gelernt hat: »Man darf sich nicht von anderen predigen lassen, wie man zu leben hat. Man sollte selbst den richtigen Weg für sich finden, weil niemand die eigenen Lebensumstände besser kennt als man selbst.« Ihre Strategie ist es, aus jeder Situation das Maximum rauszuholen, statt sich feste Ziele zu setzen. Dadurch hat sie bisher viele gute Entscheidungen getroffen. »Ich bin mit 21 ins Berufsleben gestartet und sehr froh darüber, dass ich dadurch schon in jungen Jahren eine gute finanzielle Basis hatte.« Wem aber der Job keinen Spaß macht, der muss kein schlechtes Gewissen haben, wenn er noch einmal eine zweite Ausbildung dranhängt. »Lieber bis 60 in einem tollen Job arbeiten, als bis 40 – oder länger – in einem Job, den man hasst.«

Die finanzielle Freiheit ist für sie dementsprechend kein wichtiges Lebensziel. Stattdessen sollte man die ganzen Jahre davor schon so angenehm wie möglich gestalten. Im besten Fall schlägt man zwei Fliegen mit einer Klappe: »Wer in jungen Jahren die richtigen Weichen stellt, muss sich auch im Alter keine Sorgen machen.«

Geld für Essen

Im Schnitt gibt ein Single-Haushalt in Deutschland knapp 200 Euro monatlich für Nahrungsmittel aus.[74] Hinzu kommen Ausgaben für Restaurantbesuche. Da wir täglich meist 3 Mahlzeiten zu uns nehmen, haben unsere Essgewohnheiten einen großen Einfluss auf unser Leben – sowohl auf die Gesundheit als auch auf unseren Geldbeutel.

Weil wir Lebensfreude maximieren wollen und einen gesunden Körper wertschätzen, ist der Preis nicht die entscheidende Größe bei der Ernährung. Zuerst möchten wir gesunde und leckere Gerichte konsumieren, danach schauen wir, wie wir dies mit möglichst geringen Kosten bewerkstelligen können. Dies merkte auch Ranga, als er sich für unter einem Euro pro Tag ernährte, jedoch einseitig und nicht ausgewogen.

Was wir essen

Der Kalorienbedarf von rund 2000 Kalorien täglich kann dabei auf ganz unterschiedliche Arten gedeckt werden. Wenn wir im Supermarkt auf all die bunten eingepackten Leckereien zusteuern, wird unser Einkauf weder gesund noch günstig. Stattdessen sollten wir darauf achten, dass wir wichtige Nährstoffe wie Proteine, Vitamine und Mineralien zu uns nehmen. Je mehr Nährstoffe und je weniger industriell hergestellte Inhaltsstoffe wie Zucker, Geschmacksverstärker oder große Mengen an Salz, desto besser. Bei meiner Ernährung versuche ich daher den Anteil an Fertigpizzen und Fast-Food-Burgern zu minimieren. Stattdessen bilden möglichst unverarbeitete Grundnahrungsmittel wie Reis, Haferflocken, Vollkornnudeln, Eier oder Linsen die Basis. Bei einem hohen Nährwert ist damit eine Kaloriendeckung pro Tag für wenige Cent möglich. Für eine ausgewogene Ernährung können die Grundnahrungsmittel ergänzt werden um Gemüse, Nüsse, Olivenöl und Obst. Eine Mahlzeit mit Reis und Bohnen, die ich in Mexiko zu schätzen gelernt habe, ist ein guter Proteinlieferant zu sehr geringen Kosten.

Wenn wir unsere Gerichte auf günstigen unverarbeiteten Basiszutaten aufbauen, können sie auch durch teurere Zutaten wie Biofleisch ergänzt werden. Im Durchschnitt ist es problemlos möglich, pro Portion im Bereich von 0,50 bis 1,50 Euro zu liegen – guter Geschmack und gesunde Inhaltsstoffe inbegriffen. Zum Beispiel kann ein gesundes Frühstück aus einer Schale Haferflocken, Joghurt, Nüssen und Apfel bestehen. Kosten: rund 0,70 Euro. Mittags esse ich gerne ein Thaicurry, bestehend aus Naturreis, Currypaste, Paprika, Karotten und Pinienkernen: gesund, lecker und für rund 0,50 Euro pro Portion für wenig Geld selbst zubereitet. Der Snack für zwischendurch: meist ein Apfel oder eine Handvoll Nüsse. Das Abendessen, bestehend aus einem grünen Salat mit angebratenen Pilzen, Tomate, Karotte und gelegentlich Hühnchenfleisch vom Metzger, schlägt mit rund 1,50 Euro zu Buche. Insgesamt ist eine ausgewogene Ernährung mit drei Mahlzeiten am Tag für rund 3 Euro gut möglich. Monatlich macht dies weniger als 100 Euro.

Planung erleichtert vieles

Damit wir im Supermarkt nicht ständig gegen ungesunde und teure Versuchungen kämpfen müssen, erleichtert uns eine Wochenliste die Planung. Einmal wöchentlich überlege ich mir die Gerichte für die Woche und notiere die benötigten Zutaten. Beim Wocheneinkauf wird die Liste strikt abgearbeitet – ergänzt um eine ungesunde Ausnahme für die Motivation –, ohne ständig den bunten Schildern machtlos ausgeliefert zu sein. Ein Wochenplan gibt uns Macht zurück.

Ebenfalls schätze ich die Erleichterung am Abend, da ich mir nicht mehr Gerichte ausdenken und Zutaten einkaufen muss. Ein Wocheneinkauf anstelle vieler Spontankäufe hat noch einen weiteren Vorteil: Durch den gebündelten Einkauf lohnt sich auch der Besuch eines eventuell weiter entfernten Supermarkts, der Waren bei gleicher Qualität etwas günstiger anbietet. Wer beim Einkauf Kilopreise vergleicht, ist zusätzlich vor Marketingtricks geschützt. Bei Gemüse wie Paprika ist es oft verblüffend, wie man uns durch Preisgestaltung das doppelte Geld für die gleichen Waren abluchsen möchte.

Auch die Zubereitungszeit ist mir wichtig: Ich koche gerne, aber besonders unter der Woche möchte ich nicht zu viel Zeit damit verbringen. Zu schätzen weiß ich daher Gerichte, bei denen ich ohne Probleme mehrere Mahlzeiten auf einmal zubereiten kann. Besonders Reispfannen, Nudelgerichte oder Linseneintöpfe eignen sich gut. Die Zeit, die ich für die Zubereitung von einer Portion oder von drei Portionen benötige, ist die gleiche. Abgepackt dient der Rest im Kühlschrank als Mittag- oder Abendessen in den nächsten Tagen. Zubereitungszeit und Kosten pro Portion sind damit sehr gering.

Gerichte mit hohem Nährwert, mit viel Geschmack und kurzer Zubereitungsdauer pro eingesetztem Euro sind perfekt. Auch hier gibt es wieder eine Win-win-Situation: Viele gesunde und leckere Lebensmittel sind oft sehr günstig, während Industrienahrung mit hohem Zucker-, Fett- und Salzanteil allein aufgrund der Verarbeitung ziemlich teuer ist. Ein gesünderes Essen führt damit zu geringeren Kosten. Durch die Zubereitung mehrerer Mahlzeiten auf einmal ist auch der Zeitbedarf überschaubar und mit einer Aktivität verbunden, die Freude und Entspannung bringt. Als Inspiration ist der Food-Blogger Miguel Barclay zu empfehlen, der eine Vielzahl an köstlichen Rezeptideen für Gerichte unter einem Euro kreiert.

Bewusstsein auch beim Essen

Gewohnheiten machen auch vor unserem Essen nicht halt. Beispielsweise hatte ich mir angewöhnt, täglich mit den Kollegen in der Firmenkantine zu essen. Danach gab es einen Kaffee aus dem Automaten und einen Schokoriegel. Tatsächlich war das Essen meist nicht besonders gesund: Zusatzstoffe in den Saucen und viel Fleisch führten zu dem Suppenkoma nach dem Mittag. Als ich anfing, abends selbst zu kochen, blieb meist ein Rest, den ich am nächsten Tag auf die Arbeit mitnehmen konnte. Verspeist in Gesellschaft der Kollegen führte das zu keinerlei Einschränkungen, sondern zu mehr Lebensqualität: gesünderes Essen zu geringeren Kosten.

Fast Food, gewohnheitsmäßige Restaurantbesuche und der morgendliche Coffee to go reißen langfristig ein tiefes Loch in die Haushaltskasse. Die Ausgaben, die schlecht für die Gesundheit sind oder aus Faulheit passieren, können direkt gestrichen werden. Restaurantbesuche, die Lebensfreude bringen und bewusst wahrgenommen werden, dürfen bleiben. Wer Gewohnheiten hinterfragt und sich bewusst macht, was er häufig isst, stößt schnell auf das Thema Fleisch. Hoher Fleischkonsum führt nicht nur zu Umweltproblemen, sondern frisst auch viel unseres hart erarbeiteten Geldes auf. Obwohl im Discounter Antibiotikaschnitzel zu nicht nachvollziehbaren Preisen angeboten werden, ist Fleisch immer noch ein sehr teures Produkt. Nicht jeder muss direkt Vegetarier werden, aber es lohnt sich zu hinterfragen, ob wir unseren Fleischkonsum zumindest ein wenig reduzieren können. Wenn ich seltener Fleisch esse, kann ich es mir in guter Qualität beim Metzger aus der Region besorgen und weiß es mehr zu schätzen. Es bleibt somit etwas Besonderes und der Planet und das Vermögen freuen sich.

Ebenfalls viel Geld kosten Barbesuche. In Großstädten müssen wir besonders tief in die Tasche greifen. Neben der netten berauschenden Wirkung und lockeren Gesellschaft mit anderen ist Alkohol im Endeffekt ein Gift. Das Gleiche gilt für Zigaretten. Je mehr wir unseren Konsum hierbei reduzieren, desto länger und komfortabler – mit mehr Geld – leben wir.

Bars, Cafés oder Restaurants besuche ich heute viel bewusster. Nachdem ich einmal in einer Bar einen mittelmäßigen Mojito für 9,80 Euro serviert bekam, schaute ich im Internet nach Rezepten und mixe ihn seitdem in meiner Küche selbst. Einen oder zwei Freunde eingeladen und der Abend wird durch Aktivität und Experimentieren deutlich spaßiger als in der Bar, zudem auch günstiger.

Trotzdem gehe ich gerne in Bars, Cafés und Restaurants. Allerdings habe ich dort auch einen Anspruch: Aus Gewohnheit unternehme ich solche Besuche nicht mehr, sondern nur noch, wenn es etwas Besonderes gibt, das Ambiente gut ist oder ich den Besitzer unterstützen möchte. Auch bei Gerichten können wir uns fragen, ob wir regelmäßig neue Köstlichkeiten statt im Restaurant selbst zubereiten können. Neben der Aktivität vergrößert es unser Repertoire an Fähigkeiten, kann mit anderen zusammen gemacht werden und lässt uns Geld für andere Dinge. Ein Restaurantbesuch wird, wenn er seltener ist, mehr wertgeschätzt.

Gebühren und andere Kosten senken

Unsere monatlich anfallenden Kosten wirken sich doppelt auf unsere Finanzen aus: Sie erhöhen den Geldbetrag, den wir benötigen, um finanziell freier zu werden, zum anderen verlangsamen sie unseren Vermögensaufbau. Können wir unseren Bedarf an Dienstleistungen und monatlichen Lieferungen mit geringeren Kosten erzielen, profitieren wir doppelt.

Ein Beispiel sind die Gebühren für das Bankkonto. Aus Gewohnheit, Unkenntnis oder Bequemlichkeit zahlen viele im digitalen Zeitalter noch monatlich Kontogebühren an ihre Filialbank. Bei den meisten steht der Gebühr kein Service seitens der Bank gegenüber. 10 Euro im Monat durch Kontoführungsgebühr, Überweisungsgebühr oder Auslandsabhebungen summieren sich im Jahr leicht auf 120 Euro. Im Anhang habe ich einen Link zu einer Übersicht kostenloser Bankkonten aufgeführt, deren Service meiner Erfahrung nach besser ist als der vieler kostenpflichtiger Filialbanken. Der Zeiteinsatz von 10 Minuten für die Eröffnung zahlt sich aus: 10 Euro, die von nun an monatlich investiert werden können, machen in 10 Jahren 1700 Euro aus.

Lohnenswert ist ebenfalls das regelmäßige Überprüfen von Strom- und Gasverträgen. Wegen des starken Wettbewerbs gibt es bei den Anbietern meist hohe Neukundenprämien, und ein Wechsel ist heute durch digitale Dienstleister ohne Aufwand innerhalb von einigen Minuten vollzogen. Der Link für eine Übersicht zum Strom- und Gasvergleich ist im Anhang aufgeführt. Das Gleiche gilt für Versicherungen. Eine Erinnerung im Mobiltelefon kurz vor Ende der Kündigungsfrist zahlt sich aus.

Ähnlich lukrativ ist die Analyse der monatlichen Kosten für das Telefon. Steht der Mehrwert eines Smartphones für über 1000 Euro im Verhältnis zu dem, was einem dieses Geld sonst ermöglichen könnte? Es bleibt eine subjektive Entscheidung, es ist aber sinnvoll, sie gut zu durchdenken. Nach der Wahl des Modells, das auch häufig in gutem Zustand gebraucht erworben werden kann, stellt sich die Frage der monatlichen Kosten: Schnell sind 50 Euro monatlich fällig. Würde eine Prepaidkarte für 8 Euro im Monat eventuell den gleichen Zweck erfüllen? Grundsätzlich lohnt sich die Auflistung der während der gesamten Vertragslaufzeit anfallenden Kosten. Erst wenn alle Kosten inklusive Anschlussgebühren und Boni während der Vertragsdauer errechnet sind, lassen sich Alternativen objektiv vergleichen.

Effizienter Umgang mit Geld bedeutet auch, uns alles Geld zurückzuholen, das uns zusteht. Ein Großteil der Deutschen gibt keine Steuererklärung ab und verschenkt damit in der Regel Geld. Diese lohnt sich auch für Personen, die noch nicht oder nur gering verdienen, weil sie sich noch in der Ausbildung, im Studium oder in Rente befinden. Wer die Steuererklärung verpasst hat, kann diese auch rückwirkend für die letzten 4 Jahre abgeben. Der Aufwand und die Komplexität sind überschaubar, denn die Erklärung lässt sich online abgeben. Wer es noch bequemer haben möchte, wird durch ein Steuerprogramm für rund 20 Euro anhand von Interviewfragen durch den Prozess geführt. Bei durchschnittlichen Rückzahlungen in Höhe von 935 Euro wäre es schade, sich dieses Geld entgehen zu lassen.

Frugalismus ist kein Glücksspiel

Wer Konsumgegenstände auf Kredit kaufen muss, hat seine Finanzen nicht im Griff und zahlt drauf. Selbst bei einer 0-Prozent-Finanzierung zeigt die Beanspruchung eines Kredits, dass wir nicht rechtzeitig vorsorgen konnten und uns den Gegenstand heute eigentlich nicht leisten können. Wir erhöhen unsere monatlichen Fixkosten und werden dazu verleitet, Gegenstände zu kaufen, die außerhalb unserer Möglichkeiten liegen.

Neben Konsumschulden stellt der Versuch, über Nacht reich zu werden, eine weitere schlechte Strategie dar. Beispiele sind Lotterien oder Spielkasinos. Es ist ein Irrsinn zu glauben, durch Lottospielen zum Millionär zu werden. Die Hälfte des Spieleinsatzes landet zudem in der Tasche des Staats, da nur 50 Prozent des Einsatzes in die Ausspielung kommen. Über 23 Millionen Deutsche entscheiden sich trotzdem jeden Monat dafür.

Der Traum, ohne Aufwand spielend reich zu werden, lockt unzählige Menschen regelmäßig an Spielautomaten in Kasinos oder Gaststätten. Ein Prozent der Deutschen ist sogar süchtig. Diese Menschen stecken oft tief im Schuldensumpf und verschlimmern ihre Situation von Tag zu Tag, statt sie zu verbessern. Die Sucht kann Leben zerstören, Familien entzweien und zu Arbeitslosigkeit führen. Der Wunsch nach schnellem Geld ist auch im wilden Aktienhandel die Ursache für Verluste. Warum Aktien, eine vernünftige Strategie vorausgesetzt, eine sinnvolle Geldanlage sind, betrachten wir in Kapitel 8.

Die richtigen Prioritäten setzen

Neben dem Fehler, dem schnellen Reichtum nachjagen zu wollen, werden bei Finanzentscheidungen zudem oft die falschen Prioritäten gesetzt. Um günstiger zu tanken, fahren wir gerne mal zu einer 10 Kilometer weit entfernten Tankstelle und rühmen uns anschließend im Bekanntenkreis mit der Ersparnis von 5 Euro. Es ist sehr einfach und messbar, daher machen wir das gerne. Wenn wir aber unsere Terrasse neu machen lassen, fragen wir vielleicht nur eine einzige Firma an. Dabei würde die Einholung weiterer Kostenvoranschläge mit Leichtigkeit eine Ersparnis von über 2000 Euro einbringen.

Im Supermarkt auf Preise zu achten ergibt Sinn, da der Zeitaufwand dafür gering ist. Wer jedoch anfängt, Excel-Tabellen für die Preisentwicklung von Tomaten zu erstellen, läuft in die Irre. Die Zeit wäre beispielsweise besser in eine Weiterbildung investiert, um den Stundenlohn zu erhöhen, oder in die Einholung weiterer Angebote bei größeren Ausgaben. Die Priorisierung der wichtigen Finanzentscheidungen ist eine Voraussetzung für die Verbesserung unserer Situation.

Weniger, aber besser: Befreiung vom Krempel

In Zeiten des komfortablen Online-Shoppings per Klick auf dem Tablet ist es sehr einfach, innerhalb kurzer Zeit seine Wohnung zu füllen und den Kontostand zu schmälern. Wenige Tage oder Wochen später merken wir meist, dass viele der Neuanschaffungen eigentlich überflüssig waren, Platz einnehmen oder uns mittlerweile sogar lästig sind. Je mehr unser Gespür für Zeug, das unser Leben nicht bereichert, wächst, desto motivierter sind wir, unser Leben aufzuräumen. Der Trick, den ungenutzten Handstaubsauger im Keller verschwinden zu lassen, löst das Problem noch nicht. Auch wenn wir etwas nicht sehen, ist es trotzdem noch unnützes Zeug.

Wenn wir uns auch anfänglich gegen das Aussortieren sträuben, fühlen wir uns kurze Zeit später jedoch oft befreit und euphorisch. Der Kleiderschrank ist leerer und enthält nur noch die Stücke, die wir lieben und gerne und häufig tragen. Nach dem Motto »weniger, aber besser« passen sogar qualitativ hochwertigere Produkte ins Budget, da sie nicht in Massen und ständig gekauft werden.

Als ich vor einem Umzug meine Habseligkeiten genauer anschaute, stellte ich fest, dass ich viele Dinge besaß, die ich nicht nutzte oder eigentlich gar nicht mehr wollte. Ich hatte sie jedoch noch aufbewahrt, weil ich sie ja eines Tages vielleicht noch brauchen könnte. Meine Lösung, die mir geholfen hat, war, die ungenutzten Dinge zu verkaufen und die Erträge beiseitezulegen. Damit könnte ich alles ersetzen, was ich in Zukunft doch wieder brauchen würde. In der Zwischenzeit erwirtschaftete das Geld jedoch Kapitalerträge, mein Leben wurde einfacher und jemand, der die Dinge wirklich brauchte, konnte sie nutzen. Eine alte Digitalkamera, ein Flachbildschirm und ein Rennrad fanden einen neuen Besitzer. Vermisst habe ich die Gegenstände bis heute nicht.

Ein Grund, wieso wir überhaupt ungenutztes Zeug anschaffen, sind häufig Impulskäufe. Wir sehen etwas bei einem Kollegen, Freund oder in der Werbung: Unbewusst glauben wir, dass wir den Gegenstand ebenfalls brauchen, am besten sofort. Nach 2 Wochen staubt die Yogamatte jedoch ein, der Bauch-weg-Trainer ist zu umständlich und der Gewürzmörser kam auch noch nicht zum Einsatz.

Um derartige Anschaffungen zu vermeiden, die mein Leben langfristig nicht bereichern und mir Geld aus der Tasche ziehen, habe ich mir eine Regel angewöhnt: die 30-Tage-Regel. Plane ich die Anschaffung eines größeren Gegenstandes, schlage ich nicht sofort zu, sondern warte einen Monat. Da ich bisher ohne das Gerät auskam, kommt es auf einige Wochen nun auch nicht mehr an. Das hat den Vorteil, dass ich zusätzliche Bedenkzeit habe. Möchte ich nach dieser Wartezeit den Gegenstand immer noch haben, kaufe ich ihn.

So kann ich die Menge an Zeug reduzieren, das mir nach einiger Zeit ohnehin lästig würde. Gleichzeitig führt die Wartezeit dazu, dass ich Probleme eventuell kreativer löse, als dafür unbedingt Geld auszugeben. Mein Beachvolleyball war kaputt und ich klickte schon fast auf den Bestellbutton für 70 Euro, als ich mich an meine 30-Tage-Regel erinnerte. Während der Wartezeit googelte ich in der Mittagspause aus Langeweile die Frage, ob sich der Ball reparieren lässt. Prompt fand ich einen Anbieter, der ihn mir für 8 Euro wieder instand setzte.

Indem wir mit Neuanschaffungen warten und versuchen Probleme kreativ zu lösen, statt sofort etwas neu zu kaufen, profitieren wir doppelt: Geld und Ressourcen werden geschont. Wie im Kapitel 5 am Beispiel der kaputten Geschirrspülmaschine von Oliver gezeigt, führt das Reparieren auch zu neuen Fähigkeiten und Spaß. Und als die Tochter meines ehemaligen Arbeitskollegen Tobias unbedingt eine Spielküche haben wollte, wurde er kreativ, statt irgendwo im Internet die nächstbeste Kunststoffküche zu bestellen: Nach einem Plan, einem Einkauf im Baumarkt und vielen Stunden Freude und Schweiß überreichte er seiner Tochter stolz eine selbstgebaute Holzküche, ein Unikat. Das Gleiche wiederholte er für ihr Bett: Aus Balken und Brettern entstand eine Schlafstatt in Hausoptik. Diese Idee kam so gut an, dass ich Tobias half, weitere Betten für Bekannte herzustellen.

Der Kauf-nix-Monat

Wer damit kämpft, zu häufig zu viel Geld auszugeben, für Dinge, die er nicht wirklich benötigt, kann es mit einem Kauf-nix-Monat versuchen. Einen Monat wird auf jede Neuanschaffung verzichtet, außer natürlich auf Lebensmittel und Dinge des täglichen Bedarfs. Zur Überprüfung, ob die Anschaffung wirklich nötig ist, können folgende Fragen dienen:

– Brauche ich das?
– Wie viel davon habe ich bereits?
– Kann ich auch ohne leben?
– Wie lange wird es mir Freude bereiten?
– Kann ich es selbst reparieren?
– Was mache ich damit, wenn ich es nicht mehr brauche?
– Ist es mir die Lebensenergie in Form von Geld wert?
– Kann ich es ausleihen?
– Kann ich es gebraucht kaufen?

Indem wir uns bewusster überlegen, welche Dinge wir in unser Leben lassen, gewinnen wir Macht zurück und werden nicht nur von Impulsen und Gewohnheiten geleitet. Die letzte Frage, ob der Gegenstand gebraucht erworben werden kann, ist wichtig:

Ganz oft entstehen uns keinerlei Nachteile durch die Anschaffung von gebrauchten Sachen – benötigt wird jedoch nur ein Bruchteil des Geldes. Mein Rennrad beispielsweise kaufte ich mir gebraucht auf einer Fahrradbörse für 600 Euro. Nachdem ich einen Sommer regelmäßig gefahren war, verlor ich die Lust, und es stand 2 Jahre herum. Also entschied ich, es zu verkaufen: Da ich es zu einem guten Preis erworben hatte, konnte ich es in gutem Zustand 3 Jahre später für 650 Euro verkaufen. Bei vielen Gegenständen lohnt sich die gebrauchte Anschaffung mehr.

Unsere Herausforderungen im täglichen Leben können wir auf unterschiedliche Arten lösen: kreativ, bewusst und unter minimalem Einsatz von Ressourcen. Oder wir werfen mit Geld um uns und versuchen, eine unendliche Liste an Wünschen abzuarbeiten, nur um uns in einem planlosen, aber sehr teuren Leben wiederzufinden, während wir nie Geld haben. Beide Wege sind möglich, meiner Erfahrung nach ist es jedoch auf dem ersten Weg deutlich einfacher, Glück und Erfüllung zu finden, da er zu weniger Ablenkungen und mehr freier und selbstbestimmter Zeit führt.

Frugalist Thomas: Minimalistisch in Zürich

Thomas, 22 Jahre, lebt in Zürich. Während seiner Ausbildung sparte er viel und legte das Geld in Aktien an. Er hat bereits umgerechnet über 80 000 Euro Aktienvermögen angehäuft und erhält jährlich Dividenden in Höhe von 1900 Euro. Das deckt bereits die laufenden Kosten eines Monats.

2012 begann er seine Ausbildung als Informatiker in einer Großbank. Schon nach 4 Jahren betrug sein Vermögen umgerechnet 30 000 Euro. Neben der Ausbildung besuchte er parallel eine höhere Fachschule, um die Berufsmatura zu erlangen. Er wollte sich die Möglichkeit offenhalten, irgendwann zu studieren.

Nach seiner Ausbildung arbeitete er als Datenbankadministrator bei einer Bank. Seine Beziehung zu Geld entwickelte sich schrittweise. »Geld war für mich schon sehr lange ein Mittel zum Zweck, es dauerte allerdings eine Zeit lang, bis ich verstand, dass es nichts bringt, nur zu sparen und das Ersparte dann für sein Sparziel auszugeben.« Mit 17 entdeckte er das Investieren: Geld zu sparen und dieses anschließend gewinnbringend einzusetzen.

Deshalb startete er mit 17 sein erstes Geschäft: einen Shop für den Online-Verkauf von Merchandise und Spielkarten. Sein erstes Aktiendepot eröffnete er mit 18 und kaufte 2015 seine erste Einzelaktie. »Seither habe ich mein Depot fleißig aufgebaut«, auf mittlerweile über 80 000 Euro. »Während dieser Jahre wurde mir immer mehr klar, dass Geld nur ein Mittel zum Zweck ist. Es hilft dir dabei, das machen zu können, was du willst.« 2018 fasste er daher den Entschluss, seinen Angestelltenjob zu kündigen und sich mit seinem Online-Geschäft selbstständig zu machen. Sein guter Umgang mit Finanzen und sein bisheriges Vermögen ermöglichten ihm diesen Schritt.

Den Großteil des Vermögens hat er in den ersten Jahren nach seiner Ausbildung und in den 2,5 Jahren als Angestellter angespart. »Wie viele vielleicht meinen könnten, habe ich nicht mehr lange im Hotel Mama beziehungsweise Elternhaus verbracht.« 5 Monate nach Abschluss seiner Ausbildung, zog mit seiner Freundin in eine gemeinsame Mietwohnung. Die Lebenshaltungskosten in der Schweiz sind hoch, aber man verdient auch mehr »und kann viel mehr sparen, wenn man weiß, wie es geht«.

Nach seiner Ausbildung verdiente er rund 63 000 Euro jährlich, von denen er rund 40 Prozent monatlich sparte. Thomas achtet besonders auf die Optimierung seiner Fixkosten: Miete, Versicherungen, Internet, Handyvertrag. »Einer der größten Kostenpunkte in der Schweiz ist die Miete, hier hat man viel Potenzial. Vielleicht reicht auch ein Zimmer weniger.« So spart man viel Geld, ohne Lebensqualität einzubüßen, eventuell gewinnt man auch an Lebensqualität. »Man hat weniger zu putzen und weniger Gerümpel, das man mit der Zeit ansammelt.« Es macht ihm sogar Freude, Miete zu zahlen: Er freut sich, dass er mit Freundin und Haustieren schön wohnen kann. »Es ist eine Sache der Einstellung: Viele Leute zermürben sich vielleicht jeden Monat ihr Hirn, wenn die Miete gezahlt werden muss. Ich bin dankbar.«

Einen Überblick über seine Ausgaben behält er mit einer Budget-App auf dem Smartphone: Momentan liegen seine Ausgaben in Zürich bei umgerechnet 1300 bis 1700 Euro im Monat, ohne dass er auf etwas verzichten muss. In Anbetracht dessen, dass in der Schweiz viele mit dem Mindestlohn in Höhe von umgerechnet 2800 Euro bei Vollzeitbeschäftigung »kaum über die Runden kommen«, ist das sehr wenig. »Ich kaufe mir so wenig, weil ich einfach nichts brauche.« Es gibt Monate, da gibt er überhaupt kein Geld aus für neue Dinge – nicht, weil er sich einschränkt, sondern »weil ich nichts brauche«.

Eine Erklärung sieht Thomas in seinem Kaufverhalten: »Ich kaufe sehr wenige Dinge außer Essen und Trinken.« Es hängt wohl auch damit zusammen, wie stark die Tätigkeit, der man nachgeht, einen erfüllt: »Ich gebe mittlerweile deutlich weniger aus, seit ich nur noch an meinen Projekten arbeite.« Vorher gab er mehr Geld aus – er musste eine gewisse Unzufriedenheit kompensieren, was sich in seinem Konsum manifestierte. »Da bin ich wohl nicht der Einzige gewesen.«

Bei seinen Ausgaben trennt er strikt zwischen geschäftlichen und privaten: Ein Standmikrofon, das er sich vor Kurzem gekauft hat, zählt er nicht als Konsumausgabe, sondern als Investition, denn er verdient damit Geld. Ebenso nutzt er sein Smartphone hauptsächlich als Arbeitsgerät.

Minimalismus und die Reduzierung von Ablenkung

Seinen Lebensstil beschreibt er als eher sparsam und minimalistisch. Den Minimalismus lernte er in der Netflix-Dokumentation *Minimalism. A Documentary About the Important Things* kennen. »Zu Beginn war er mir noch eher suspekt, allerdings ging es einige Wochen, bis ich das irgendwie verarbeitet hatte.« Mittlerweile ist er für ihn zu einem Kernbestandteil seines Lebens geworden. Er wirkt sich auf viele Aspekte aus: was er isst, was er kauft, was er macht und mit wem er Zeit verbringt.

Es geht weniger darum, nur seine Gegenstände auf ein Minimum zu reduzieren, sondern eher darum, zu wissen, was man will: sich auf diese Dinge zu konzentrieren und Ablenkungen zu vermeiden. »Ich habe für mich festgestellt, dass mich zu viele Besitztümer vom Wesentlichen ablenken. Deshalb habe ich vieles verschenkt, verkauft oder gespendet.« Es gefällt ihm, einen Überblick über das zu haben, was er besitzt, und davon nicht überwältigt zu werden. »Mir gefällt es, auf wenig angewiesen zu sein.« Außerdem kann er sich damit leichter auf seine Projekte fokussieren. Er hält nicht viel davon, wie im Film mit Loriot eine große Menge an Senf oder Nudeln auf Vorrat zu kaufen, nur weil es Geld spart. »Ich sehe auch die Opportunitätskosten: Es muss gelagert werden, man hat es stets im Blickfeld, was zu Ablenkung führt.«

Trotz seines sparsamen Lebensstils gibt er in einigen Bereichen auch mehr aus, wenn es ihm einen subjektiven Mehrwert bringt. Ein gutes Beispiel ist die ewige Diskussion zwischen dem Smartphone von Apple oder einer anderen Marke. Beide Produkte sind qualitativ auf dem gleichen Niveau. »Trotzdem würde ich immer Apple bevorzugen, auch wenn es teurer ist. Der angesprochene Mehrwert kann auch sehr subjektiv oder emotional bedingt sein.« Ein Bewusstsein für die Dinge hilft ihm auch dabei, zu erkennen, was ihm im Leben guttut: »Durch den Minimalismus habe ich auch das Lesen für mich entdeckt.«Konsum beschränkt sich nicht nur auf materielle Gegenstände, sondern beinhaltet auch das, was wir unserem Geist an Gedanken zuführen, zum Beispiel durch Informationen, Medien und Unterhaltung. Thomas und seine Freundin haben daher auch keinen Fernsehanschluss in ihrer Wohnung.

Sparen sollte keine Einschränkung sein, sondern die Entscheidung für einen Lebensstil. »Ich bin kein Fan davon, einfach nur zu sparen, um mich einzuschränken.« Er reist gerne, die letzte große Reise: ein Roadtrip in den USA von der Ost- zur Westküste. »Ich hätte mir natürlich diese Reise und knapp 8000 Euro sparen können, aber das wäre, sich einzuschränken«, da es ihm ein Bedürfnis ist, die Welt zu sehen.

Frugales und genügsames Leben bedeutet für ihn, dass er auch die einfachen Dinge im Leben wertzuschätzen weiß: »Man wirft nicht unnötig mit Geld um sich und lebt unter seinen Verhältnissen.« Das bedeutet, dass das Einkommen höher ist als die Ausgaben. Wobei man drüber streiten kann. Im Extrembeispiel: Ist eine Person, die jährlich 1 Milliarde Euro verdient nun genügsam, wenn sie jährlich nur 500 000 Euro davon zum Leben ausgibt? Thomas meint ja, denn »er lebt mit einer Sparquote von 99,95 Prozent extrem unter seinen Verhältnissen.«

Den Weg zur finanziellen Freiheit genießen

Von der Idee der finanziellen Freiheit hat Thomas mit 16 zum ersten Mal gelesen: »Es war mir zu Beginn erst einmal sehr fremd. Allerdings merkte ich mit der Zeit, dass es wohl der ideale Weg ist, um ein glückliches Leben zu führen.« Deshalb fing er an, sich weiterzubilden: Wie kann er mehr sparen, wie funktioniert das Investieren, wie kann er zusätzliches Geld verdienen. »Anfangs war das Ziel eher simpel: Summe X im Arbeitsleben ansparen, investieren und von den passiven Einkünften leben.« Mittlerweile ist ihm diese Summe gar nicht mehr so wichtig. Viel wichtiger ist ihm, dass er die Reise und den Weg bereits genießt.

Eine Entscheidung für mehr Lebensfreude bereits heute war seine Selbstständigkeit: »Ich bin froh, den Schritt gewagt zu haben. Ich fühle mich auf eine gewisse Art und Weise bereits finanziell frei.« Diese finanzielle Freiheit scheint ihm mittlerweile auch mehr eine Art innere Einstellung zu sein. »Natürlich würde ich, selbst wenn ich nun Summe X erreichen würde, weiter an meinen Projekten arbeiten.« Der einzige Unterschied wäre, dass er die Freiheit hätte, von heute auf morgen sein Geschäft zuzuschließen und etwas anderes zu machen, ohne in finanzielle Schieflage zu geraten.

Thomas hat durch seinen Online-Shop für Spielkarten etwas gefunden, was ihm so viel Spaß bereitet, dass er es auch kostenlos machen würde. »Man kann mit allem Geld verdienen, es braucht nur etwas Geschäftssinn.« Für ihn fühlt sich sein Leben bereits heute nicht mehr wie Arbeit an, sondern wie ein Prozess, den er gerne durchläuft – unabhängig davon, wie gut er entlohnt wird. Gehalt ist für ihn keine Art Schmerzensgeld mehr. Seine Einnahmen sind sogar eine Anerkennung für etwas, das er gerne macht. Sein frugalistischer Lebensstil ermöglicht es ihm.

Praxisaufgabe: Wie ist dein Kosten-Glück-Verhältnis?
- Wie hoch ist dein wahrer Stundenlohn, wenn du alle Faktoren einbeziehst?
- Welchen Weg kannst du durch Radfahren, Gehen oder Treppensteigen ersetzen, um fitter und vermögender zu werden?
- Was ist dein Lieblingsessen im Restaurant? Wie wäre es, wenn du den nächsten Restaurantbesuch durch einen Kochabend zu zweit ersetzt?

- Zahlst du unnötige Gebühren für dein Bankkonto oder Aktiendepot? Prüfe es gleich und spare monatlich Geld.
- Was hast du im Schrank oder in deiner Wohnung, bei dem es dir besser ginge, wenn es weg wäre? Warum hast du es noch?

8

Frugalismus-Baustein: Beherrsche die Grundlagen des Investierens!

»Gib einem Mann einen Fisch – und du ernährst ihn für einen Tag.
Lehre einen Mann zu fischen – und du ernährst ihn für sein Leben.«
(Konfuzius)[75]

Vincent: Hamburger Selfmade-Millionär als Angestellter

Vincent ist das, was man den Millionär von nebenan nennen würde. Mit seinem Hamburger Akzent ist der Vater einer erwachsenen Tochter ein lebenslustiger Zeitgenosse. Er machte eine Ausbildung zum Luftfahrttechniker und arbeitet auch heute, 26 Jahre später, noch bei der gleichen Firma. Das Gehalt braucht er jedoch nicht mehr: Er hat über die Jahre ein Vermögen von über 1 Million Euro aufgebaut, das er zum Großteil investiert hat. Das Einkommen neben seinem Angestelltenjob aus Investitionen und Nebenprojekten beträgt monatlich über 6000 Euro, nach Kosten und vor Steuern. Er reduzierte daher seine Zeit im Angestelltenjob auf 21 Stunden beziehungsweise 3 Tage die Woche; sobald es durch den Arbeitgeber möglich ist, sollen es nur noch 15 Stunden werden.

1976 geboren, folgte nach dem Realschulabschluss die Ausbildung in einem gewerblichen Beruf. Schon während seiner Ausbildung hatte er den Plan, früh in Rente zu gehen, lange bevor er von der FIRE-Bewegung und Frugalismus hörte. »Durch die Insellage meiner Firma in Hamburg war der Arbeitsweg schon immer zeitraubend und nervig.« Wenn man nicht auf der unattraktiven Halbinsel leben möchte, gibt es kaum eine Möglichkeit, den Arbeitsweg deutlich zu verkürzen. »Allein dadurch sowie die gesetzlichen Pausenzeiten verliere ich gut 3 Stunden Lebenszeit pro Arbeitstag.« Für ihn war damit bereits vor 25 Jahren die logische Konsequenz, diesem Umstand entgegenzuwirken.

Rente heißt Freiheit

Er war begeistert von der Idee, in jungen Jahren Gas zu geben und ab einem gewissen Zeitpunkt hierdurch die Freiheit zu haben, selbst zu entscheiden, ob und in welcher Intensität er seiner Tätigkeit noch weiter nachgeht. »Der Begriff Rente ist dabei ja recht flexibel. Das hört sich zunächst so an, als wolle man gar nichts mehr tun und im Prinzip auf das eigene Ableben warten. Für mich persönlich ist das aber eher ein Freiheitsbegriff.« Nicht mehr arbeiten zu müssen, nicht auf einen Arbeitgeber, einen erlernten Beruf oder eine festgelegte Branche angewiesen zu sein, freie Wahl, ob und was man tut. »Nein sagen zu können, weil man nicht auf jede Gelegenheit angewiesen ist.«

Ohne zu wissen, dass sein Plan den Namen Frugalismus, finanzielle Freiheit oder finanzielle Unabhängigkeit trägt, begann er damit, die Voraussetzungen zu schaffen. Mit über 30 machte er eine vom Arbeitgeber geförderte Weiterbildung zum Techniker. Beruflich wählte er oft den unbequemen Weg und ging dorthin, wo gerade Bedarf bestand. »Ich habe freiwillig Auslandseinsätze, Schichtdienste und Überstunden ohne Ende gemacht.«

Unbequem sind auch seine sportlichen Aktivitäten: »Ich möchte über 100 werden, deswegen überwinde ich mich auch bei Wind und Wetter oder nach einem anstrengenden Tag zu etwas Sport.« Meistens macht es ihm jedoch Spaß, und er freut sich auf die Laufrunde, eine Partie Tennis oder ein paar Übungen.

Gleichzeitig war er immer schon sehr sparsam. »Ich hatte schon als Schüler ein schlechtes Gewissen, wenn die Blätter in meinem Schulblock dem Ende entgegengingen und der Kauf eines neuen drohte.« Obwohl der Block nur einige Cent kostete, malte sich Vincent aus, wie hart sein armer Papa dafür schuften musste. Das Geld, das monatlich übrigblieb, investierte er. 1996 kaufte er die ersten Aktien. Sein Arbeitgeber bot ihm an, Belegschaftsaktien vergünstigt zu erwerben. Im gleichen Jahr kam der bis dahin nie da gewesene Hype um einen Börsengang auf: die Telekom-Aktie. Auch hier stieg Vincent ein. 2 Jahre später kaufte er seine erste Eigentumswohnung. Aber er machte auch Fehler: Beim Investieren in verschiedene geschlossene Beteiligungen verlor er insgesamt 200 000 Euro. Er gab jedoch nie auf und bildete sich finanziell weiter. Fortan arbeitete er noch härter an seinen Zielen.

Seine Ausgaben stiegen nur leicht: »Ich renne nicht jedem Trend und allem möglichen Luxus hinterher.« Sicher hat jeder andere Prioritäten, und wenn jemand in einem Bereich, der ihm wirklich wichtig ist, auf hochwertige Produkte oder Dienstleistungen setzt, ist das vollkommen legitim. »Oftmals will man jedoch nur andere beeindrucken oder vermeintliche Erwartungen erfüllen.« Oft sind bei teureren Produkten Unterschiede gar nicht mehr wahrnehmbar: »Man hat zwar sehr viel mehr ausgegeben, aber der Unterschied zu einer günstigeren Variante ist nur minimal.« Sich selbst bezeichnet er als »sparsam und genügsam mit Aussetzern«, lacht Vincent. Er hat nicht das Gefühl, sich groß einzuschränken oder etwas zu verpassen. Wenn er etwas wirklich will, dann gönnt er es sich. »Ansonsten bin ich zufrieden mit dem, was ich habe!«

Auch neben seinem Angestellteneinkommen ist Vincent kreativ: Er vermietet seinen Transporter, das Gästezimmer und sogar die ganze Wohnung, wenn er im Urlaub ist. »Für mich bedeutet es tatsächlich Lebensfreude, wenn ich etwas Tolles erlebt habe, das mich nicht viel gekostet hat, oder ich wieder eine Idee habe, wie ich mit einfachen Mitteln zusätzlich etwas Geld machen kann.« Er stößt auch immer noch auf Unverständnis, wenn er eine Pfandflasche aufsammelt oder andere Dinge macht, die er nicht nötig hätte.

Risiko und Sicherheit

Die monatlichen Überschüsse investierte er neben Immobilien und Wertpapieren auch in Privatkredite (P2P-Kredite), Edelmetalle, eine Riester-Rente, einen Bausparvertrag, Genossenschaftsanteile und Kryptowährungen. Sein Sicherheitspolster ist auf dem Tages- und Festgeldkonto untergebracht.

Das Aufteilen seiner Investitionen auf verschiedene Anlageklassen, die sogenannte Diversifikation, ist ihm wichtig. »Mit dieser breiten Streuung fühle ich mich einfach wohler und habe nicht alles auf eine Karte gesetzt.« Wenn die Börse crasht, muss der Immobilienmarkt nicht zwangsläufig mit einbrechen und umgekehrt. Falls doch, hat er noch P2P-Kredite, Gold und Bargeld zur Verfügung. Dieser Mix aus riskanten und sicheren Anlagen lässt ihn gut schlafen.

Durch stetiges Investieren und ein Bewusstsein über seine Ausgaben erreichte er im Alter von 40 Jahren ein selbstgeschaffenes Nettovermögen von über 1 Million Euro. Nachdem er zwischenzeitlich von der 4-Prozent-Regel gelesen hatte, wurde ihm plötzlich klar, dass er zu diesem Zeitpunkt bereits finanziell un-

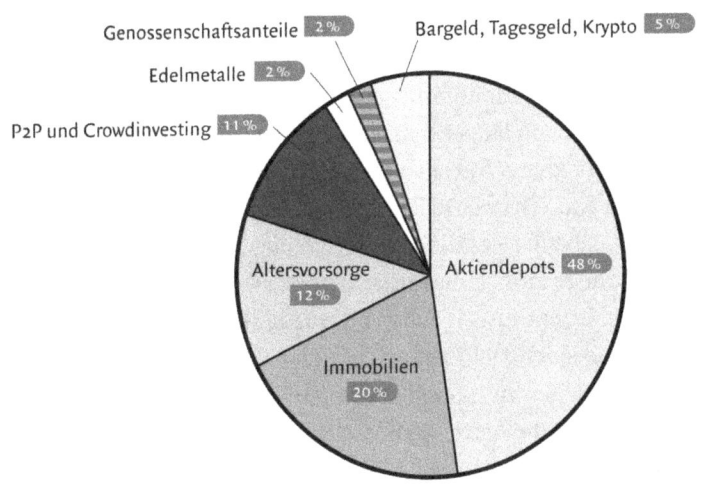

Abbildung 13: *Vermögensaufteilung Vincent.*

abhängig war – ohne es zu wissen. »Außerdem pflege ich schon immer einen Lebensstil weit unter meinen finanziellen Möglichkeiten.« Er ist also nicht einmal auf sein Vermögen in voller Höhe angewiesen, um seinen Lebensabend ohne ein weiteres aktives Beschäftigungsverhältnis zu bestreiten. Allein im Monat März erhielt er beinahe vollständig passive Einnahmen von rund 7000 Euro aus seinen Investitionen und Nebeneinkünften.

Passives Einkommen im März (vor Steuern)	
Mieteinnahmen aus Immobilien (nach Kosten)	3874 Euro
Transportervermietung	1092 Euro
Dividenden aus Aktiendepots	868 Euro
Zinsen aus P2P-Krediten	587 Euro
Diverses (Blog, Handel mit Aktien-Optionen)	710 Euro
Summe	**7131 Euro**

Abbildung 14: *Aufstellung passive monatliche Einkünfte von Vincent.*

Geld macht die Situation nicht schlimmer

Nachdem seine Einkommensquellen neben dem Angestelltenverhältnis schon länger höher als sein Gehalt aus dem Hauptjob waren, reduzierte Vincent seine Arbeitszeit – kündigen wollte er jedoch nicht. »Grundsätzlich arbeite ich gerne, und ich mag meinen Job. Ich bin seit 26 Jahren bei der gleichen Firma in der Luftfahrtbranche tätig, habe dieser vieles zu verdanken und liebe es, als Luftfahrtenthusiast Teil der Branche zu sein.« Über die Jahre hat er sich einen nicht zu verachtenden Status in der Firma erarbeitet. Zudem schätzt er die weiteren Vorzüge des Angestelltenjobs: »Mein Arbeitgeber zahlt die Hälfte meiner Krankenkassenbeiträge, ich sammle weiter Rentenpunkte – gesetzlich sowie betrieblich –, erwerbe einmal im Jahr vergünstigte Belegschaftsaktien. Die Monatskarte für die öffentlichen Verkehrsmittel im Großraum Hamburg ist über den Arbeitgeber deutlich günstiger.« Die Summe dieser Annehmlichkeiten lässt ihn weiter an seinem Arbeitsverhältnis festhalten.

Er weiß es zu schätzen, längere Auszeiten und Urlaube nehmen zu können. Die Wochenarbeitsstunden reduzierte er bereits für 2 Jahre auf 3 Tage mit 27 Stunden in der Woche, inzwischen sind es nur noch 21 Stunden. Sein Endziel von 15 Stunden an 2 Tagen in der Woche ist bei seinem Arbeitgeber bekannt und wird umgesetzt, sobald es in seiner Abteilung möglich ist. Seine Situation gibt ihm Sicherheit und Entspanntheit: »Käme ein lukratives Abfindungsangebot, würde ich an einen unausstehlichen Chef geraten oder gingen die Kollegen mir auf den Geist, könnte ich mich von heute auf morgen aus dem Job verabschieden.«

Seine Einstellung zu Geld war noch nie negativ, was er mit einem Satz von Clinton Jones beschreibt: »Ich war noch nie in einer Situation, in der Geld zu besitzen die Situation schlimmer gemacht hätte.«[76] Trotzdem ist ihm bewusst, dass man viele wichtige Dinge wie Gesundheit, Zufriedenheit und echte Liebe nicht mit Geld kaufen kann. »Bei einigen Problemen hilft weder der Blick aufs Konto noch der Griff in den Tresor!«

Vincent ist mit bester Gesundheit gesegnet und fast nie krank, wofür er sehr dankbar ist. Aber er weiß, dass sich das schlagartig ändern kann. Sein finanzielles Polster würde ihm dann jedoch teure Spezialbehandlungen oder behindertengerechte Umbauten ermöglichen, ohne dass er mit einer Krankenkasse diskutieren müsste. Er möchte nicht von einem Sachbearbeiter abhängig sein, wenn es um die Gesundheit oder gar das Leben seiner Liebsten oder von ihm selbst geht.

Wirklich glücklich machen ihn ganz andere Dinge: Zwischenmenschliches, Sonne und Momente, die man größtenteils nicht planen oder kaufen kann, wie er es auf Reisen erlebt: »Das ist mir sehr wichtig, dafür gebe ich auch gerne Geld aus, weil es mich sehr zufrieden macht.« Auch andere schöne Momente und Erlebnisse kosten Geld, welches er gerne bereit ist auszugeben: »Am liebsten gemeinsam mit Menschen, die mir wichtig sind: mit Partnerin, Tochter oder Freunden.«

Sein Tipp für Menschen zu Beginn der Reise in die finanzielle Freiheit: »Der wichtigste Spartipp ist, sich nicht der typischen Lifestyle-Inflation hinzugeben.« Wer es schafft, nach Ausbildung oder Studium eine gewisse Zeit auf Studentenniveau oder leicht darüber weiterzuleben, und das neu gewonnene Arbeitseinkommen in Form von Aktien oder Immobilien investiert, wird langfristig ein Vermögen aufbauen. Je früher wir starten, umso mehr profitieren wir vom Zinseszinseffekt, den wir später näher betrachten. »Sparen ist eine tolle Grundlage, aber nur der erste Schritt.« Viel wichtiger ist der Schritt danach, das Geld zu investieren, um die Möglichkeit zu haben, es zu vermehren. »Jemand, der frugalistisch lebt und sinnvoll investiert, muss nicht bis 67 arbeiten und wird im Alter keine finanziellen Probleme haben.«

Das Geld liegt auf der Straße, wir dürfen uns nur nicht zu schade sein, uns danach zu bücken und es aufzuheben: »Den Mutigen und Kreativen gehört die Welt!« Vincent begann früh in Wertpapiere zu investieren, was andere für Teufelszeug hielten. Er kaufte Wohnungen, obwohl die meisten privaten Vermieter nur eine sehr geringe oder sogar negative Rendite mit ihren Immobilien erzielen. Er mietete eine große Villa und vermietete die Zimmer gewinnbringend an Monteure. »Ich habe Keller vermietet, Autos und Transporter.« Natürlich kann auch mal etwas schiefgehen, aber trotz der Fehler steht Vincent heute finanziell sehr gut da, weil er nicht aufgegeben, sondern noch härter an seinen Zielen gearbeitet hat. »Mach dir dein eigenes Bild, bilde dich weiter und tue Unbekanntes oder Unkonventionelles nicht direkt ab, sonst verpasst du die besten Chancen.«

Wer nicht investiert, verliert

Reden wir über den Begriff des Sparens, meint dieser nicht, dass wir Geld zurücklegen, um es dann in einem Urlaub aufzubrauchen – hierfür bilden wir Rückstellungen. Sparen meint, dass wir Geld zur Seite legen, das wir zum Teil investieren und die nächsten Jahre oder Jahrzehnte nicht mehr anrühren. Es bildet unsere passive Einkommensmaschine. Wir möchten ein Vermögen aufbauen, das uns Erträge erwirtschaftet, während wir unser Leben genießen.

Wenn wir nun direkt mit dem Investieren starten wollen, sollten wir eines bedenken: Es sollten einige Voraussetzungen erfüllt sein, bevor wir beginnen, unsere monatlichen Sparraten zu investieren. Wenn wir tief in einem Dispokredit stecken und dafür monatlich horrende Zinsen an die Bank zahlen, lohnt es sich, die Überschüsse zuerst hierauf zu verwenden. Es kommt daher zunächst darauf an, wo wir finanziell stehen: Manche starten mit Schulden, manche mit einem großen Vermögen, andere mit o Euro.

Ziel 1: Ansparen des Notgroschens auf dem Giro- oder Tagesgeldkonto

Der Notgroschen ist unser Sicherheitspolster, das wir dauerhaft und schnell verfügbar wissen möchten. Er gibt uns die Sicherheit, falls eine plötzliche Autoreparatur abgebucht wird, ein Kunde zu spät zahlt oder die Waschmaschine kaputtgeht. Die Höhe des Notgroschens kann je nach persönlichem Wohlbefinden zwischen 3 und 12 Monatsausgaben betragen. Diesen Notgroschen anzusparen stellt das erste Ziel unseres Vermögensaufbaus dar.

Ziel 2: Abbau von Konsumschulden

Ist unser Notgroschen angespart, gehen alle weiteren monatlichen Überschüsse in den Abbau von Konsumschulden, sofern vorhanden. Durch Schulden sind wir abhängig von anderen Personen oder Banken. Diese Abhängigkeit möchten wir schnellstmöglich beenden. Auch für Eigenheimbesitzer lohnt sich nur ausnahmsweise – bei sehr hohen monatlichen Einnahmen und weiteren Sicherheiten – das Investieren in weitere Anlageklassen, bevor der Immobilienkredit getilgt ist. Das zweite Ziel auf dem Weg zu mehr finanzieller Freiheit haben wir erreicht, wenn wir schuldenfrei sind.

Ziel 3: Überschüsse investieren

Ist der Notgroschen vorhanden und sind die Schulden getilgt, wird sich bei einer positiven Sparrate immer mehr Geld auf dem

Girokonto anhäufen. Das mag manchen freuen, denn auf dem Konto ist das Geld vermeintlich sicher. Von Aktien, Gold oder gar Bitcoin möchten sie nichts wissen, zu groß ist ihre Angst vor dem Totalverlust.

Die Entscheidung, nicht zu investieren, ist jedoch auch eine Entscheidung: die Entscheidung dafür, dass unser Geld jedes Jahr weniger statt mehr wird. Grund hierfür ist die Inflation, der Kaufkraftverlust eines Euros in Zukunft: Für 100 Euro, die wir heute auf unser Sparbuch legen, können wir uns in 10 Jahren weniger kaufen als heute. Die Kaufkraft der 100 Euro nimmt jedes Jahr um die Inflationsrate ab, die das Statistische Bundesamt im Jahr 2019 auf 2 Prozent gegenüber dem Vorjahr ermittelt hat.[77] Ersparnisse von 100 000 Euro, die »sicher« auf dem Sparbuch verwahrt werden, sind 20 Jahre später bloß noch 69 991 Euro wert.

Es ist daher ratsam, nur einen Teil unseres Gesamtvermögens in risikofreien Anlagen wie dem Sparbuch zu verwahren. Wie wir die persönliche Aufteilung zwischen risikolosen und riskanten Anlagen, die mehr Rendite bringen, für uns festlegen, ist im Anhang als weiterführende Information im Online-Kurs und E-Book erläutert.

Grundregeln für Investitionen

Mit einer Investition verfolgen wir immer die Absicht, einen Gewinn mit unserem eingesetzten Kapital zu erzielen. Eine Investition in Schuhe oder in einen Urlaub erzielt allerdings meist keinen Gewinn und ist daher eine Ausgabe. Ebenso ist ein Eigenheim eine Verbindlichkeit und keine Investition: Es kostet uns Geld, statt uns Geld einzubringen.

Risiko und Rendite sind untrennbar miteinander verknüpft

Wenn wir für unser Geld mehr Rendite erhalten möchten, bekommen wir diese nicht umsonst: Mehr Rendite erhält, wer mehr Risiko eingeht. Indem wir jedoch selbst festlegen, welchen Anteil unseres Gesamtvermögens wir in risikoreiche Anlagen wie Aktien oder vermietete Immobilien stecken, können wir unsere persönliche Strategie wählen, mit der wir uns wohlfühlen. Je nach Alter und Risikoneigung legen wir fest, wie viel Unsicherheit und Schwankungen wir ertragen wollen und können, um dafür mit einer Rendite belohnt zu werden. Eine todsichere Anlage mit zweistelliger Rendite ist kein seriöses Versprechen.

Der Anlagehorizont ist entscheidend

Das zweite wichtige Kriterium beim Investieren ist der Anlagehorizont. Wie lange sind wir nicht auf das Geld angewiesen, das wir investieren? Je mehr der Wert der Investition im Zeitverlauf schwankt, desto länger sollte das Geld investiert bleiben, um das Risiko von Verlusten zu minimieren. Wenn wir unseren Notgroschen angespart haben und die weiteren Überschüsse investieren wollen, ist die Investition in Aktien nicht ratsam, wenn wir bereits wissen, dass wir in einem Jahr mit diesem Geld auf Weltreise gehen möchten. Das Risiko ist zu hoch, dass bei einem kurzen Anlagehorizont von einem Jahr sich die Kurse zum Verkaufszeitpunkt auf einem niedrigen Niveau befinden und wir damit einen Verlust realisieren müssen.

Ist das Geld für die Weltreise bereits angespart oder gar nicht erforderlich, ist es sinnvoll, einen Teil unseres Vermögens rentabler zu investieren, als es einfach auf dem Sparbuch zu belassen. Was wir benötigen, ist Zeit: Zeit, um Wertschwankungen unserer

Investition auszusitzen und nicht unter Druck zu geraten, zu einem ungünstigen Zeitpunkt verkaufen zu müssen.

Diversifikation reduziert das Risiko

Egal, wie wir unser Geld investieren, gilt die Regel: Lege nicht alle Eier in einen Korb, wenn das Verlustrisiko reduziert werden soll. Haben wir all unser Vermögen in eine einzige Immobilie investiert, die wir vermieten, setzen wir unser Vermögen einem hohen Risiko aus. Haben wir Problemmieter, neue Rahmenbedingungen in der Nachbarschaft oder eine Immobilienkrise, wirkt sich das auf unser gesamtes Vermögen aus. Haben wir unser Erspartes für den Kauf von Bitcoins eingesetzt, kann ein Regierungsbeschluss oder Hackerangriff den Wert von heute auf morgen vernichten.

Stattdessen können wir unser Verlustrisiko reduzieren, indem wir unser Vermögen auf verschiedene Anlageformen wie Bargeld, Aktien, Gold oder Immobilen verteilen. Innerhalb der Anlageklasse Aktien stellen börsengehandelte Indexfonds oder »Exchange Traded Funds« (ETF) eine gute und kostengünstige Möglichkeit dar, uns bereits mit kleinen Beträgen an einer Vielzahl an Unternehmen verschiedener Länder und Branchen zu beteiligen. Eine Anleitung, wie ein monatlicher ETF-Sparplan oder eine Einmalanlage in solche Fonds aussehen kann, gibt es auf www.geldschnurrbart.de/video-kurs.

Die Zeit arbeitet mit dem Zinseszinseffekt für uns

Was steckt hinter dem Zinseszinseffekt, den Albert Einstein angeblich als größte Erfindung der Menschheit bezeichnet hat?[78] Er kann Schuldner in den Abgrund reißen und Investoren Wohlstand bescheren. Nehmen wir an, die frischgebackenen Eltern

beschließen, 100 Euro im Monat für die Ausbildung ihres Kindes
beiseitezulegen, dann sind zu dessen 18. Geburtstag 21 600 Euro
zusammengekommen. Was wäre jedoch, wenn die Eltern das
Geld nicht auf ein Sparbuch mit vernachlässigbaren Zinsen, sondern monatlich ertragreicher investiert hätten? Bei einer durchschnittlichen Aktienrendite von 7 Prozent im Jahr stünden statt
21 600 Euro rund 42 300 Euro zur Verfügung. Der Grund ist der
Zinseszinseffekt: Der Gewinn selbst erwirtschaftet im Folgejahr
einen Ertrag, es gibt Zinsen auf die Zinsen. Besonders über lange
Zeiträume hinweg ist dieser Effekt enorm, wie Abbildung 15 verdeutlicht.

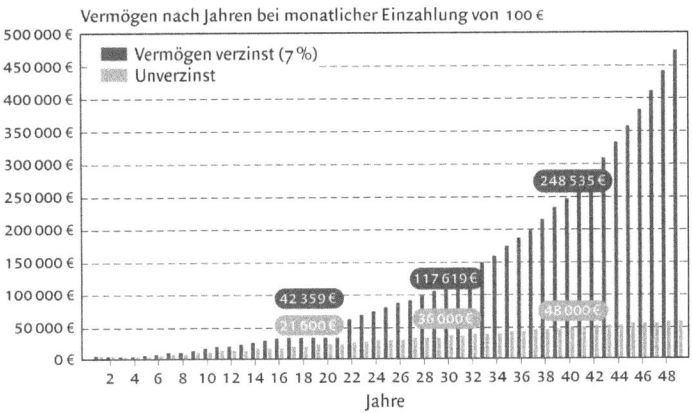

Abbildung 15: *Zinseszinseffekt bei einer Sparrate von 100 Euro im Monat.*

Die wichtigsten Anlageformen

Die verschiedenen Anlageklassen, in die wir investieren können,
unterscheiden sich nach Risiko und Rendite.

Anlageklasse	Beispiele	Bemerkung Durchschnittliche Rendite 1970–2016 (inflationsbereinigt)
Cash	Bargeld, Tagesgeldguthaben, Sparbuchguthaben	Anlageklasse mit dem geringsten Risiko und der geringsten Rendite **Rendite: negativ** (nach Inflation)
Immobilien	Eigengenutzte Immobilie, vermietete Wohnung	Selbstnutzer: **Rendite: 1,3 % p. a.**
Anleihen	Staatsanleihen, Unternehmensanleihen	Geringes Risiko, **geringe Rendite: 2,1 % p. a.**
Rohstoffe	Gold, Öl, Erdgas	Gold, höheres Risiko **Rendite: 1,3 % p. a.**
P2P-Kredite	Mintos, Viainvest	Hohes Risiko, **Rendite: 12,5 % p. a.**
Kryptowährungen	Bitcoin, Etherium, Dash	Hoch spekulativ, keine große Datenmenge vorhanden
Aktien	Einzelaktien wie Tesla, McDonalds Indexprodukte wie Aktien ETFs Ausländische Aktien	Langfristige Rendite nach Inflation z.B. MSCI World Standard Index **Rendite: 5 % p. a.**

Abbildung 16: *Risiko und Renditen unterschiedlicher Anlageklassen.*[79]

Cash

Zur Anlageklasse Cash zählen unser Bargeld, Guthaben auf Sparbüchern und Tagesgeldkonten. Der Vorteil ist das geringe Risiko, doch dafür gibt es nur eine geringe Rendite. Nach Abzug der Inflation ist die Rendite sogar negativ.

Cash eignet sich ideal als schnell verfügbare Reserve. Sobald der Betrag jedoch die Summe des gewählten Notgroschens übersteigt, sollten Überschüsse zumindest zum Teil gewinnbringender investiert werden.

Es gibt mehrere Möglichkeiten, in Immobilien zu investieren, das Eigenheim ist dabei die beliebteste Investitionsart der Deutschen. Da ein Haus oder eine Wohnung, die meist auf Kredit gekauft werden, keine Erträge abwerfen, sondern Kosten verursachen, stellen sie keine Investition dar. Trotz eines starken Anstiegs der Immobilienpreise in den vergangenen Jahren betrug der durchschnittliche Wertzuwachs deutscher Wohnimmobilien zwischen 1970 und 2016 nur 0,1 Prozent pro Jahr.[80] Eine Entscheidung für ein Eigenheim kann dennoch sinnvoll sein, allerdings aufgrund anderer, auch emotionaler Faktoren, zum Beispiel zur persönlichen Absicherung.

Vermietete Immobilien als Kapitalanlage sind eine weitere Möglichkeit. Der größte Vorteil ist, dass Investitionen durch Bankkredite gehebelt werden können und dadurch von Wertsteigerungen stärker profitiert werden kann. Kaufen wir etwa eine Immobilie im Wert von 200 000 Euro, macht eine Wertsteigerung von 1 Prozent 2000 Euro aus. Setzen wir jedoch nur 20 000 Euro unseres eigenen Geldes ein und finanzieren den Rest durch einen Kredit, entspricht der Gewinn von 2000 Euro einer Rendite auf unser eingesetztes Geld von 10 Prozent. Auch lassen sich im Gegensatz zum selbst genutzten Eigenheim Kreditzinsen oder Handwerkerkosten steuerlich absetzen. Zudem sind die Renditen von Immobilien nicht abhängig vom Auf und Ab der Börse: Ging diese in der Vergangenheit mal in den Keller, sind Immobilien diesem Trend nicht oder weniger stark gefolgt.[81]

Ein Nachteil ist das sogenannte Klumpenrisiko: Ein großer Teil unseres Vermögens ist wie ein Klumpen an einer physischen Stelle gesammelt. Wenn sich in der Wohngegend etwas ändert, kann die Auswirkung auf das Vermögen groß sein. Zudem ist mit Immobilien als Kapitalanlage ein höherer Verwaltungsauf-

wand verbunden als bei dem Kauf einer Aktie oder eines Gold-
barrens.

Staatsanleihen

Eine risikoarme und dafür ebenfalls renditearme Investition stellen Anleihen eines Staats mit guter Bonität wie Deutschland dar.
Anleihen sind Schuldverschreibungen mit einem festen Zinssatz
und vorgeschriebener Laufzeit. Der Staat leiht sich Geld, das wir
als privater Anleger bereitstellen. Dafür kassieren wir einen festen Zins.

Der Zinssatz für deutsche Staatsanleihen lag im Durchschnitt
der letzten Jahre wie in Abbildung 16 dargestellt bei knapp über
2 Prozent. Deutsche Staatsanleihen eignen sich daher für den
risikofreien Anteil im Gesamtportfolio.

Rohstoffe

Rohstoffe sind eine weitere interessante Anlageklasse: Gas und
Erdöl, Gold und andere Edelmetalle. Am populärsten ist sicher
Gold, das bei jeder Hausbank erstanden werden kann und sich
leicht lagern lässt. Rohstoffe zusammen mit Aktien in ein Gesamtportfolio aufzunehmen kann vorteilhaft sein, da ihre Wert-
entwicklung wenig miteinander zu tun hat.

Wichtig zu wissen: Gold ist keinesfalls eine sichere Anlage
mit gutem Ertrag. Die durchschnittliche Preissteigerung zwischen 1970 und 2016 fiel mit 1,3 Prozent pro Jahr mäßig aus, wobei Schwankungen des Goldpreises von bis zu minus 74 Prozent
möglich waren. Der Vorteil für eine Investition liegt in der Risiko-
streuung, um bei einer Krise im Immobilien- oder Aktienmarkt
eine hiervon unabhängige Wertanlage, die sehr mobil ist, zu besitzen.

P2P-Kredite

In den letzten Jahren populär geworden sind Plattformen für sogenannte P2P-Kredite wie Mintos.[82] Auf diesen Plattformen können private Investoren Geld einzahlen, welches anschließend an andere Privatpersonen oder Firmen als Kredit ausgegeben wird. Hierfür gibt es Zinsen, die über die Plattform wieder an den Investor zurückfließen. Dabei sind Renditen von über 10 Prozent pro Jahr möglich – das habe ich beispielsweise 2018 erwirtschaften können. Die Investitionen unterliegen jedoch einem hohen Ausfallrisiko, weshalb wir hier nur einen kleinen Anteil des Gesamtvermögens investieren sollten.

Kryptowährungen

Kryptowährungen wie Bitcoin, Ethereum oder Dash stellen digitale Währungen dar, die mithilfe der Blockchain-Technik verschlüsselt sind. Sie bieten eine hoch spekulative Investitionsmöglichkeit mit einem hohen Risiko und der Chance auf eine extrem hohe Rendite. Als Investition sind Kryptowährungen daher allenfalls für einen kleinen Teil des Gesamtvermögens interessant.

Aktien und Indexfonds

Crashs, Spekulationen und Unwissenheit halten die meisten Menschen erfolgreich von Aktien fern. Eine Aktie ist ein Wertpapier, das den Anteil an einem Unternehmen verbrieft. Durch den Erwerb von Aktien werden dem Anteilseigner bestimmte Rechte zugesprochen, und er wird zum Miteigentümer an der Firma. Dahinter stecken reale Werte wie Immobilien, Maschinen, Wissen und Patente.

Im langfristigen historischen Durchschnitt erzielten Aktien

trotz Krisen, breit gestreut auf die größten Unternehmen der Welt, eine Rendite von 5 Prozent pro Jahr, nach Abzug der Inflation. Diese erhielt jedoch nur, wer auch in Zeiten von Börsencrashs wie 1987, als die Kurse um 41 Prozent in 5 Monaten zurückgingen, beim Platzen der Internetblase zwischen 2000 und 2002 oder während der Finanzkrise 2008 nicht panisch verkaufte. Wer die Nerven behielt, wurde auf lange Sicht belohnt. Durch einen langen Anlagehorizont sowie eine Streuung auf viele Länder und Branchen lässt sich das damit einhergehende Risiko deutlich reduzieren.

Es ist dabei nicht notwendig, Stunden mit der Auswahl der besten Unternehmen zu verbringen: Durch Aktien-ETFs können wir uns an den größten Firmen der Welt beteiligen. Über einen Aktiensparplan können wir regelmäßig jeden Monat schon kleine Beträge ab 50 Euro investieren. Umgekehrt ist auch der Teilverkauf kleinerer Tranchen von Aktien möglich – wohingegen wir bei einem Haus nicht nur den Schornstein verkaufen können. Ein weiterer Vorteil: Durch die Investition in Aktien werden wir am Unternehmensgewinn beteiligt, indem wir bei vielen Firmen passive Erträge in Form von Dividenden erhalten, die einmal oder mehrmals pro Jahr ausgezahlt werden.

Aufgrund der Wertschwankungen, die es bei Aktien immer gibt, eignen sich diese nicht für die kurzfristige Geldanlage über nur wenige Jahre. Das Risiko, aufgrund von Marktschwankungen einen Verlust zu machen, ist viel zu hoch. Die Wahrscheinlichkeit, die Durchschnittsrendite der Vergangenheit von 5 Prozent pro Jahr nach Abzug der Inflation zu erwirtschaften, wird umso größer, je länger wir die Aktien halten, über mindestens 10 Jahre. Da uns durch Ausschüttungen laufend Erträge zufließen, möchten wir sie möglicherweise auch gar nicht verkaufen.

Eine Investition in ausgewählte Einzelaktien kann ebenfalls lukrativ sein, eignet sich jedoch nur dann, wenn das notwendige

Wissen und die Zeit für die Recherche zur Verfügung stehen. Für den Durchschnittsanleger, der möglichst wenig Aufwand mit der Geldanlage haben möchte, stellen einige gut ausgewählte ETFs die langfristig bessere Variante dar. Dass jedoch auch mit der Investition in ausgewählte Einzelaktien Erfolg möglich ist, zeigt das Beispiel von Thomas.

Unternehmensberater Thomas: Rente mit 38 in Zürich

Thomas lernte ich kennen, als ich seine Nachricht auf Facebook las: »Danke für eure Unterstützung, ich habe es geschafft, ich bin finanziell frei und habe heute gekündigt!« Seine Investmentstrategie war riskant, aber lukrativ: Er konzentrierte sich auf wenige Einzelaktien, die er aufwendig analysierte. Dies und sein bewusster Umgang mit Konsum und Geld bescherten ihm die finanzielle Freiheit.

Der 38-jährige studierte Chemiker aus München lebt seit 2016 in Zürich und arbeitete zuletzt als Unternehmensberater. Seit seiner Kündigung im Dezember widmet er sich eigenen Projekten, treibt mehr Sport und ernährt sich bewusster als früher. Ins Bett geht er, wenn er müde ist, und steht auf, wenn er ausgeschlafen hat. Als wir uns unterhalten, ist er gerade aus einem Urlaub auf den Kanaren zurückgekehrt.

Aufgewachsen ist er im Süden von München in einer ländlichen Gegend am Starnberger See. Mit Grundschule, Gymnasium, Studium, Praktika, Jobeinstieg und Karriere trieb ihn das typische Hamsterrad. »Studiere fleißig, werde was, sei froh, wenn du mal gut verdienst, später kriegst du dann auch deine Rente«, das waren die Glaubenssätze, nach denen er sein Handeln und seinen Werdegang großteils ausrichtete. Er studierte Chemie und ergänzte es um einen Master in Betriebswirtschaft. »Diese beiden Welten zu verknüpfen, fand ich sehr spannend.« Als Unternehmensberater arbeitete er in Projekten in Deutschland, Hongkong und Peking. »Asien reizte mich, und so habe ich 2015 meine Sachen gepackt und bin nach Hongkong ausgewandert.« 2016 zog es ihn dann in die Schweiz.

Geld war in seiner Familie immer ein Thema: »Ich bin normal aufgewachsen, es hat an nichts gefehlt, dennoch war das Cash immer irgendwie knapp.« Zusätzlich war da das Gefühl, nie viel Geld zu haben, das Gefühl des Mangels. In seinem ersten Job hat er es entsprechend genossen, ein festes Einkommen zu haben. Obwohl er sich Jobs aussuchte, die ihm überwiegend Freude bereiteten, bewegte er sich stets in einem sehr engen Korsett mit vielen Verpflichtungen, die sein Leben grundlegend bestimmten. »Man baut sich ein Leben um den Job herum auf anstatt andersrum.« Irgendwann begann er nachzudenken und reflektierte. »Ich konnte mir nicht vorstellen, dass das jetzt mein Leben ist, jeden Tag meine Zeit gegen Geld einzutauschen, oft Dinge zu tun, die mir andere auftragen und im Zweifel die Arbeit immer über die Freizeit zu stellen.«

Er bildete Rücklagen, achtete auf seine Kosten und liebäugelte damit, an der Börse schnell reich zu werden. »Mein Ziel beim Start des ersten Jobs war es, möglichst schnell 10 000 Euro anzusparen und das Geld dann direkt über das Zocken an der Börse ein paarmal zu verdoppeln«, schmunzelt er. Leider war das mühsam ersparte Geld schneller verspielt, als ihm lieb war.

Er änderte seinen Ansatz und fing an, langfristig an der Börse zu investieren, statt zu zocken. Dabei setzte er bewusst auf die langfristige Strategie des Value-Investings: Er wählte nur wenige Einzelaktien aus, bei denen er überzeugt war, dass ihr innerer Wert höher war, als es ihr derzeitiger Börsenkurs widerspiegelte. Nachdem er Geschäftsberichte, Studien, Prognosen und Industriekennzahlen studiert hatte, ging er ein fokussiertes Risiko ein und setzte alles auf eine Karte: »Jeder Euro, den ich übrig hatte, alle Spesen, die ich in der Beratung bekommen hatte, jeder Bonus gingen direkt in die Aktien.« Gleichzeitig wurde kostenbewusstes Leben ein Teil von ihm. Er fing an, sich zu fragen, was er wirklich brauchte und was eigentlich nicht.

2014 stieß er auf das Thema der finanziellen Freiheit. Er las sich ein, tauschte sich mit Freunden aus. »Sich ein entsprechendes Umfeld aufzubauen diesbezüglich, ist extrem wichtig.« Das Konzept begeisterte ihn immer mehr, es blieb nur die Frage, wie er die finanzielle Freiheit erreichen sollte. »Letztlich war mein Gedanke, dass ich durch mein Vermögen eines Tages einen passiven Dividendenfluss erwirtschaften kann, von dem ich leben kann – rund 2000 Euro pro Monat.«

Finanzielle Freiheit in der teuren Schweiz

Seine Fixkosten in der Schweiz belaufen sich auf umgerechnet 2000 Euro. Die Miete stellt dabei den größten Posten mit knapp 1600 Euro dar. Zusätzlich fallen 210 Euro für die Krankenkasse, 90 Euro für Strom, Internet und Handy an, 110 Euro für den Nahverkehr und 30 Euro für das Fitnessstudio. Als Versicherung hat Thomas nur eine Haftpflicht für knapp 10 Euro im Monat. Ein Auto besitzt er nicht. Die gesamten Fixkosten von rund 2000 Euro liegen in seinem Umfeld ähnlich hoch – er ist also keine Ausnahme. »Mit etwas Mühe könnte ich noch an der Miete sparen. Jedoch genieße ich die Wohnung sehr, sodass es mir wert ist, auch als eine Art Erlebnis, schön zu wohnen.«

Worin sich seine Ausgaben von seinem Umfeld jedoch unterscheiden, sind die variablen Kosten: Jeder, der einmal zu Besuch oder auf Durchreise in der Schweiz war, kennt den Schockmoment, wenn das Schnitzel plötzlich umgerechnet 30 Euro kostet.

»Beim Einkaufen im Supermarkt komme ich meist auf 530 Euro im Monat. Wenn man nicht mehr arbeitet und Zeit zum Kochen hat, geht das umso besser.« Als er noch angestellt war, wählte er lieber den Salat oder Snack aus dem Supermarkt anstelle der Lunchbox vom Asiaten in der Mittagspause. Ins Restaurant oder in Bars ging er selten. »Ich brauche das irgendwie auch nicht.« Dennoch genießt er es, wenn es sich mit Freunden ergibt, mal ein gutes Restaurant auszuprobieren. »Lieber gehe ich spazieren oder sitze am See mit einem Picknick. Ich kenne Leute, da fließen durchschnittlich mindestens 1300 bis 1600 Euro pro Monat für Lebensmittel raus.« Hinzu kommen After-Work-Cocktails, Restaurantbesuche am Wochenende mit einem guten Wein, teure Ausflüge und Skiurlaube. Eine Summe von 3500 Euro oder mehr an variablen Kosten pro Monat ist keine Seltenheit. »Ich glaube, bei den variablen Kosten unterscheidet sich mein Lebensstil am meisten.«

Thomas lebt genügsam. Sein Fernsehgerät hat er beim letzten Umzug verkauft. »Wenn übermäßiger Konsum das Gehalt auffrisst, zerrt einen dieses Verhalten nur tiefer ins Hamsterrad.« Letztlich macht zu viel Konsum unfrei. Das ist dann ein sehr hoher Preis, der für die Anhäufung materieller Dinge oder für einen ausschweifenden Lebensstil bezahlt wird. Seinen kostenbewussten Lebensstil sieht er nicht als Einschränkung: »Für mich hatte eher die Komponente, kaum Zeit für mich selbst zu haben, im Hamsterrad zu strampeln und allen möglichen Erwartungen gerecht zu werden, mit Einschränkung zu tun.« Durch das Sparen konnte er in seine zukünftige Freiheit investieren. Das motivierte ihn mehr, und durch den geringeren Konsum spürt er mehr Leichtigkeit in seinem Alltag. Nichtsdestotrotz gönnt Thomas sich auch mal was, wenn er etwas haben möchte oder erleben will: »Für mich bedeutet frugal nicht, dass ich mich nur von Konservenessen ernähre und jeden Tag knausrig durch die Welt gehe.«

Ausgaben, die ihm Lebensfreude bringen, sind Geld für Erlebnisse oder Wissen in Form von Reisen, Ausflügen, Retreats, Weiterbildungen oder Büchern. »Für diese Sachen habe ich durchaus eine gewisse Zahlungsbereitschaft.« Die schönste Freude ist für ihn, anderen Menschen eine Freude zu machen. Das macht er gerne mit kleinen Geschenken, um seine Dankbarkeit für Freundschaften auszudrücken.

Mit dem guten Gehalt in der Schweiz und einer Sparquote von rund 62 Prozent, wuchs sein Vermögen schnell an. »Als mein Depot das erste Mal an die 100 000 Euro herankam, hatte ich eine intensive Panikattacke. Das war viel Geld für mich, ich war maßlos überfordert.« Das war ein wunderbarer Trigger für ihn, seine Glaubenssätze über Geld zu reflektieren. Mittlerweile denkt Thomas sehr positiv über Geld, kann sich mehr entspannen und blieb weiter investiert.

Im Einklang mit sich selbst

Seine Rücklagen ermöglichten ihm eine Auszeit in Nepal, wo er für 3 Monate in einem buddhistischen Kloster lebte und von ausgebildeten Mönchen lernte. »Das war eine unglaublich wertvolle Zeit, in der ich viel über mich selbst und meine Denkweisen erfahren habe.« Sparen beginnt für ihn mit der Einstellung zu Konsum. Er schaut, was wirklich notwendig ist. »Das fängt beim täglichen Kaffee und Croissant beim Kiosk an. Vielleicht gibt es auch Substitute zu unseren Lieblingsprodukten, die wesentlich kostengünstiger sind.« Gewohnheiten zu ändern, ist zu Beginn meist schmerzhaft, ermöglicht dann aber ein glücklicheres Leben und eine höhere Sparquote.

Thomas geht es nicht um schnelles Glück, kurzweilige Peaks, den nächsten Schub, sondern mittlerweile vielmehr um innere Zufriedenheit. Konkret bedeutet das für ihn, dass er sich seine

Lebenszeit selbst einteilt, Dinge macht, die er wirklich machen will und die ihn weiterbringen, statt alles einem Dritten, zum Beispiel dem Arbeitgeber, zu überlassen. Er wollte mehr »sein« und weniger »tun müssen«, er wollte mehr Leichtigkeit im Leben haben.

Da sich seine Investitionen gut entwickelt hatten, entschied sich Thomas, mit 38 den Schritt in die finanzielle Freiheit zu gehen und seinen Job zu kündigen. »Ich frage mich immer gerne, was im schlimmsten Fall eintreten kann.« Im schlimmsten Szenario würde er sein gesamtes Vermögen verzocken, pleite sein und müsste wieder arbeiten gehen und Zeit gegen Geld tauschen. »Na ja, das tat ich ja sowieso, also wo war das Risiko?«

Sein Vermögen steckt immer noch größtenteils in Aktien. »Ansonsten habe ich Barreserven aufgebaut, um für mindestens ein Jahr meinen Lebensunterhalt bezahlen zu können.« Heute genießt er die Flexibilität seiner neugewonnenen Freiheit. »Viele Gedanken drehen sich aktuell um die Fragen, nach welchen Prinzipien ich leben will, wohin mein Weg geht, wie ich die freigewordene Zeit und Lebenskraft nutze, wie ich mich weiterentwickele oder auf welche Art und Weise ich Menschen inspirieren kann, ihren eigenen Weg zu gehen. Ich habe angefangen, das alles einmal zu strukturieren und meine Gedanken und Ideen zu sortieren.«

Sein Fazit: Freiheit ist großartig und bringt eine unglaubliche Flexibilität und Möglichkeiten mit sich – im Einklang mit sich selbst zu leben, auf seinen Körper zu hören, seinen Wünschen nachzugehen, frei über seine Zeit zu bestimmen und neue Dinge auszuprobieren. »Die Energie, die man dabei spürt, ist enorm und von unschätzbarem Wert.« Das wünscht er sich auch für andere. Freiheit ist wie eine neue Reise, ein neues Abenteuer, das man beginnt.

Anfängerfehler vermeiden

An der Börse können wir Verluste machen, das ist klar. Aber unser Risiko können wir sehr stark eindämmen, wenn wir die schlimmsten und häufigsten Fehler vermeiden.

Wenig Ahnung und blindes Vertrauen

Wer Aktien kauft oder generell investiert, ohne eine Ahnung zu haben, verliert. Wer über Nacht reich werden will, indem er auf den Stammtischtipp von Egon hört, der aus geheimer Quelle weiß, dass Tesla diesen Monat todsicher steigt, macht langfristig Verluste. Auch durch eine starke Medienpräsenz von einzelnen Aktien und deren Rekordgewinnen ist die Gefahr groß, dass wir gierig werden und das Risiko außer Acht lassen. Wir mögen vielleicht einmal Glück mit solchen Tipps haben, einige Jahre richtigliegen und besser als der Markt abschneiden – wir wollen jedoch langfristig über viele Jahre hinweg eine durchschnittlich nennenswerte Rendite erzielen und unser Vermögen aufbauen. Dafür müssen wir uns allerdings unbedingt in die Grundlagen der Aktienanlage einarbeiten, was gar nicht so schwer ist. Und der Vermögensaufbau mit Aktien als langfristige Investition ist dank kostengünstiger ETFs ohne viel Aufwand möglich.

Sollten wir uns vielleicht Hilfe von außen holen, etwa von Finanzberatern? Diese stehen oft in einem Interessenkonflikt: Wenn ein Berater einer Versicherung oder Bank unsere Anlageplanung unterstützt, ist sein Hauptinteresse der Verkauf eigener Produkte, die nicht zwingend unser finanzielles Wohl als oberstes Ziel haben. Ein Beispiel aus meiner eigenen Erfahrung: Mit 15 Jahren fand ich die Erzählungen über Aktien und die möglichen Gewinne faszinierend. Mit der Erlaubnis meiner Eltern durfte ich meine ersten Aktien bei der lokalen Filialbank kaufen –

einen Aktienfonds im Bereich Biotechnologie. Das klang toll, doch ich verstand nicht wirklich, was dahintersteckte, welche Kosten tatsächlich entstehen würden, und machte alle Anfängerfehler. So kam es, dass ich bereits nach einem Jahr mit einem Verlust von 30 Prozent frustriert verkaufte. Wenn wir uns daher zuerst selbst die Grundlagen aneignen, begegnen wir Beratern auf Augenhöhe oder nehmen unsere Vermögensanlage mit wenig Aufwand selbst in die Hand.

Hin und Her macht Taschen leer

»Für Börsenspekulationen ist der Februar einer der gefährlichsten Monate. Die anderen sind Juli, Januar, September, April, November, Mai, März, Juni, Dezember, August und Oktober.« (Mark Twain)[83]

Viele, die Aktien verteufeln, haben entweder noch gar keine eigenen Erfahrungen gesammelt, haben ihre Wertpapiere in Krisenzeiten wie dem von 2000 bis 2002 dauernden Crash panisch mit Verlust verkauft und sind nie oder zu spät wieder eingestiegen. Wenn wir ständig Kurse beobachten und häufig kaufen und verkaufen, verfolgen wir eine aktive Strategie: Wir spekulieren darauf, genau zu wissen, wann welche Aktien steigen oder sinken. Hierfür müssen wir viel Aufwand in die Recherche stecken. Allerdings ist mir bisher keine Studie bekannt, die empirisch die Überlegenheit dieser aktiven Strategie gegenüber der reinen Abbildung eines Marktindex, beispielsweise durch einen Aktien-ETF, bewiesen hat. Im Gegensatz dazu steht die passive Strategie, bei der wir ungeachtet von Kursständen regelmäßig in gesamte Marktindizes investieren und erst nach Jahrzehnten oder nie wieder verkaufen. Die Anlage bedarf daher kaum laufender Betreuung und findet nahezu passiv statt.

Wir meinen, dass wir den Markt schlagen können, wenn wir erkennen, wann eine Aktie günstig ist und wann sie wieder steigt. Fällt eine Aktie, verkaufen wir meist viel zu spät, sobald es wieder bergauf geht, steigen wir ein, ebenfalls meist viel zu spät. Dass wir in der Vergangenheit mit der Strategie des aktiven Hin und Her schlechter gefahren wären, als wenn wir in den Gesamtmarkt investiert und Krisen ausgesessen hätten, beweist die Statistik. Der Grund liegt darin, dass Märkte oft impulsartig steigen und fallen – wer hier aktiv rein- und rausspringt, nimmt die Tage mit hoher Wertsteigerung nicht mit.

Zwei gute Beispiele führt der bekannte Finanzbuchautor Gerd Kommer an:[84] Der FTSE All Share Index, der die Kursentwicklung rund 600 britischer Unternehmen abbildet, hatte zwischen 1986 und 2005 eine jährliche Durchschnittsrendite von 11,5 Prozent. Lassen wir jedoch nur die besten 25 Tage der Zeitspanne von 20 Jahren aus der Berechnung heraus, weil der aktive Anleger währenddessen möglicherweise gerade nicht investiert war, sinkt die Rendite auf 6,2 Prozent pro Jahr. Das verdeutlicht sehr eindrucksvoll, wie groß der Effekt ist, wenn wir auch nur wenige Tage nicht investiert haben, weil wir meinen, den Markt voraussagen zu können.

Ein anderes Beispiel ist eine Studie aus den USA, die 32 Börsenbriefe mit Empfehlungen, wann gekauft und verkauft werden sollte, über 10 Jahre untersucht hat. Das Ergebnis: Keine der 32 Empfehlungen war während dieses Zeitraums besser, als wenn wir passiv durch einen ETF, der die größten 500 börsennotierten US-Unternehmen repräsentiert, investiert und die Aktien einfach gehalten hätten. Dies sind nur ausgewählte Beispiele und repräsentieren nicht alle Börsenbriefe und aktiven Fonds dieser Welt. Trotzdem ist es besonders für den Anleger, der einen geringen Aufwand mit seiner Geldanlage anstrebt, eine gute Argumentation für das passive Investieren in einen gesamten Markt mit ETFs.

Der passive Investor vertraut auf das langfristige Marktwachstum und bleibt während der Auf- und Abwärtsbewegungen des Aktienmarkts gelassen und unternimmt nichts. Je länger das Aktienportfolio unverändert gehalten wird, desto eher nähert sich die Rendite dem langfristigen Durchschnitt an – am Beispiel des MSCI World Index 5 Prozent pro Jahr nach Inflation.

Wenn wir in Aktien investieren, müssen wir lernen, das Auf und Ab der Märkte auszuhalten. Es gab und wird immer Crashs an den Börsen geben. Wenn Preise durch gierige Spieler am Markt in die Höhe getrieben werden, ist es normal, dass der Markt dies von Zeit zu Zeit korrigiert und Aktien auf ihren wahren Wert zurückführt. Wir müssen lernen, dass unser Aktienvermögen auch einmal über mehrere Jahre, zumindest auf dem Papier, weniger statt mehr wird.

Tim, der in New York lebt und seit jeher auf Aktien setzt, besitzt viele Wertpapiere bereits seit 10 bis 20 Jahren. Die großen Unternehmen zahlen immer eine Dividende, da macht er sich keine Sorgen. »Wenn es an der Börse kracht, kann ein 1-Millionen-Depot im schlimmsten Fall auf 500 000 abstürzen. Ja, das kann passieren. Das Depot wird sich aber wieder erholen. Du darfst nur nicht die Nerven verlieren.« Zudem hat er einen schönen Batzen Notgroschen aufgebaut. Als die Kurse 2008 bebten, konnte er sich damit günstig weitere Aktien hinzukaufen – und das hat sich für ihn ausgezahlt.

Mit einem ETF-Sparplan ist das monatliche Investieren oft sogar ohne Kaufgebühren möglich. Auch besteht der Vorteil, dass wir so unsere Anlage automatisieren und uns nicht mehr kümmern müssen. Mit wenig Aufwand stellen wir einmal im Jahr die von uns ursprünglich gewählte Aufteilung unserer Investitionen wieder her. Das Aktienvermögen wird kontinuierlich aufgebaut. Verkauft wird nur in Notfällen oder in der Entsparphase, zum Beispiel in der Rente.

Eine passive Anlagestrategie klingt nicht sonderlich spannend, da Geheimtipps, Gerüchte und Spekulationen keine Rolle spielen. Passives, langfristiges Investieren ist vielleicht langweilig, aber ziemlich erfolgreich. Wer hingegen das Risiko und den Aufwand für die Auswahl von Einzelaktien nicht scheut, wie Thomas es gemacht hat, kann auch mit einer aktiven Strategie erfolgreich sein.

Wenn wir von hohen Renditen profitieren möchten, müssen wir bereit sein, ein hohes Risiko zu tragen. Dieses können wir durch einfache Strategien reduzieren. Solange wir nicht verkaufen, wenn die Kurse niedrig sind, haben wir noch keinen echten Verlust realisiert – lediglich auf dem Papier steht ein Buchverlust. In solchen Zeiten gilt es, einen kühlen Kopf zu bewahren, auf die langfristige Strategie zu vertrauen und dafür mit einer lukrativen Rendite belohnt zu werden.

Zu hohe Risiken durch mangelnde Diversifikation

Versuchen, besser als der Index zu sein, der die Kursentwicklung eines gesamten Markts repräsentiert, kostet. Die Auswahl von Einzelaktien (»Stock-Picking«), die besonders vielversprechend scheinen, und die Entscheidung, wann gekauft und verkauft wird (»Market-Timing«), bringt ein höheres Risiko mit sich. Geringere Schwankungen bedeuten geringeres Risiko. Durch die Aufteilung unserer Investition auf mehrere Anlageklassen (Diversifikation) können wir unser Risiko reduzieren: Cash, Aktien, Immobilien oder Rohstoffe als auch eine Verteilung innerhalb dieser Anlageklassen. Im Idealfall verteilen wir unser Geld auf unterschiedliche Anlagen, deren Kursentwicklungen einen möglichst geringen Zusammenhang (Korrelation) aufweisen.

Die Depots vieler Privatanleger sind oft drastisch unterdiversifiziert. Die meisten Anleger begehen den gleichen Fehler und investieren zum Großteil nur in inländische oder westeuropäische Standardaktien. Dies führt jedoch zu einem unnötig hohen Risiko. Bei gleicher Renditeerwartung könnte das Risiko durch eine breitere Streuung auf mehrere Länder und Branchen reduziert werden.

Statt mit viel Geld die Aktien mehrerer hundert Unternehmen eines Marktindex zu kaufen, empfehlen sich Fonds, die das enthaltene Kapital auf mehrere Aktien verteilen. Gegenüber Einzelaktien haben sie den großen Vorteil, dass wir uns bereits mit geringem Kapital durch den Kauf von Fondsanteilen gleichzeitig an vielen verschiedenen Unternehmen beteiligen können.

Die Mehrheit der Fonds, die uns Banken und Versicherungen anpreisen, sind aktiv gemanagte Fonds. Hierbei wird durch aktives Kaufen und Verkaufen von Aktien versucht, eine höhere Rendite als der Vergleichsindex zu erzielen. Verantwortlich für den Kauf und Verkauf der Aktien ist ein Fondsmanager, dessen Service wir durch hohe laufende Gebühren bezahlen, oft zwischen 1 und 4 Prozent pro Jahr.

Hier kommen Indexanlagen ins Spiel: Das sind einfache Investmentprodukte, mit denen sich die Rendite eines Wertpapierindex fast exakt nachbilden lässt. Steigt der Index um 2 Prozent, steigt auch der Wert der Indexanlage um 2 Prozent – und umgekehrt. Nachbilden lässt sich fast jeder Index, sei es der DAX, der Dow Jones, der sich aus den 30 größten börsennotierten US-Unternehmen zusammensetzt, der DIMAX, bestehend aus den 50 größten deutschen Immobilienfirmen, oder Rohstoffindizes.

Warum wir von unserem Finanzberater[85] selten davon erfahren? Durch die geringen Kosten verdienen sie an solchen Indexfonds fast nichts. Und die Kosten sind so niedrig, weil kein aktiver und teurer Fondsguru mehr entscheiden muss, wann er welche Aktien kauft. Aktien-ETFs als einfaches Werkzeug für den langfristigen Vermögensaufbau ermöglichen eine Buy-and-hold-

Strategie, bei der passiv investiert wird – bei geringen Kosten und bereits ab kleinen Beträgen zum Beispiel als monatlicher Sparplan.

Im Bekanntenkreis bekomme ich allerdings oft die Befürchtung zu hören: »Mit Zahlen bin ich nicht so gut, ich blicke bei Aktien niemals durch.« Dabei kann ich anhand vieler Beispiele berichten, dass es kein Hexenwerk und einfach erlernbar ist. Hinter einem vernünftigen Vermögensaufbau stecken keine geheimen Formeln, die nur wenige Menschen kennen.

In der Facebook-Gruppe berichtete eine Frau, dass sie zunächst überhaupt keine Ahnung von Geldanlage gehabt und dann angefangen habe, die Diskussionen in der Gruppe zu verfolgen und mein E-Book *Deine Finanzen in 7 Tagen* an einem Wochenende durchzuarbeiten. Sie informierte sich anschließend in einer Finanzzeitschrift und las ein weiteres Finanzbuch. Zwei Wochen später hatte sie einen genauen Überblick über Einnahmen und Ausgaben, hatte sich auf eine Strategie zum Investieren festgelegt und startete mit zwei monatlichen Sparplänen. So schnell kann es gehen, wenn man etwas an seiner Situation verbessern möchte.

Praxisaufgabe: Erstelle deinen finanziellen Masterplan
- Überlege dir, wie hoch dein Notgroschen auf dem Giro- oder Tagesgeldkonto sein soll, damit du dich wohlfühlst: 3, 6 oder 12 Monatsausgaben? Setze dir das als erstes Sparziel.
- Was waren deine größten Finanzfehler? Was würdest du heute anders machen?
- Mit welcher Risikoaufteilung fühlst du dich wohl? Wie viel der Überschüsse, die den Notgroschen übersteigen, sollen risikolos in Cash investiert werden? Welcher Prozentsatz soll risikoreicher mit höherer Rendite investiert werden?
- In welche Anlageklasse möchtest du den risikoreichen

Anteil investieren? Einzelaktien, ETF, Immobilien, P2P-Kredite oder Gold?

- Wenn du dich für den risikoreichen Anteil für Aktien entscheidest und monatlich in einem Sparplan oder als Einmalanlage in ETF investieren möchtest, findest du eine Schritt-für-Schritt-Anleitung als E-Book oder Videokurs im Anhang.

9
Freiheit für ein glückliches Leben schaffen

Natascha: Genügsame Unternehmerin in Freiheit

Als ich mich mit Natascha, 33, aus Berlin, unterhalte, gefällt mir ihre direkte und sympathische Art. Nach dem BWL-Studium arbeitete sie bei Google und Parship. Mit 26 kündigte sie, um sich Vollzeit ihrem Unternehmen zu widmen, das sie nebenbei gegründet hatte – ein Online-Wohnungsportal. Dieses sowie ihr Finanzblog Madame Moneypenny wurden schnell so erfolgreich, dass sie finanzielle Freiheit erreichte. Arbeiten wird sie wahrscheinlich trotzdem bis ins hohe Alter – aber nach ihren eigenen Vorgaben. Ihr Umgang mit Finanzen und ein genügsamer Lebensstil helfen ihr dabei, Risiken als Unternehmerin einzugehen und trotz des Erfolgs bescheiden, unbeschwert und glücklich zu leben.

Unternehmertum nebenbei

Nach dem Studium in Hamburg war sie zum ersten Mal in Festanstellung und baute zeitgleich ein Wohnungsportal für WGs. »Es lief ungefähr ein halbes Jahr parallel.« Kurze Zeit später bekam sie ein Angebot von Immobilienscout24 aus Berlin, das sich an ihrem Unternehmen beteiligen wollte. Viel Geld hatte sie mit 25 Jahren und etwa 35 000 Euro Jahresgehalt noch nicht gespart.

Mit einer Perspektive durch den Einstieg des großen Portals jedoch stand ihr Entschluss fest: Vollzeitunternehmerin. »Das war es aber auch schon, wir hatten da noch nichts unterschrieben, das war alles eher nach dem Motto: ›Hey, kommt mal nach Berlin, und wir schauen mal, wie es läuft.‹« Jugendlicher Leichtsinn: Es war eine mündliche Vereinbarung, die Verträge waren grob in einer E-Mail zusammengeschrieben. »Ich glaube, meine Eltern wissen das bis heute nicht, dass das damals so war.« Nichts war sicher, aber es fühlte sich doch relativ sicher an – und so sattelte sie komplett um.

Damals, vor etwa 7 Jahren, waren die Start-ups und Unternehmertum noch nicht so cool wie heute. »Das war eher: Oh je, sollen wir das wirklich machen?« Was sie jedoch am Angestelltenverhältnis gestört hatte: eingeschränkt zu sein, sowohl zeitlich als auch inhaltlich. »Obwohl alle ja immer von Gleitzeit reden, wird trotzdem erwartet, dass du bis 7 Uhr da bist, auch wenn du eigentlich seit 3 Stunden nichts mehr machst.« Inhaltlich konnte sie sich teilweise mit manchen Projekten kaum identifizieren und dachte oft: »Boah, das würde ich komplett anders machen, ganz anders denken, ganz anders aufziehen.« Sie musste jedoch den Auftrag des Vorgesetzten umsetzen, und das nervte sie immer mehr.

Der Wunsch, etwas Eigenes zu machen, führte letztlich dazu, dass sie das Risiko einging und Vollzeitunternehmerin wurde. »Zurück in den Job kannst du immer«, sagte sie sich. Der Meinung ist sie auch heute noch, wenn Gründerinnen auf sie zukommen und den Schritt aus dem Angestelltenverhältnis wagen wollen, aber zögerlich sind. »Ich sage dann immer: Du findest deinen Job doch gerade mies, oder? Ja. Gut, einen miesen Job findest du auch noch in 3 oder 5 Jahren, wenn es nicht geklappt haben sollte. Und dann hast du noch eine geile Story zu erzählen.« Eine gesunde Naivität half Natascha schon immer.

Irgendwann begann sie, sich näher mit ihren eigenen Finanzen zu beschäftigen. Nachdem sie aus Unwissenheit einer Beraterin blind vertraut und mehrere tausend Euro an Gebühren verloren hatte, hinterfragte sie ihre Ausgaben: »Ich habe gesehen: Hey, eigentlich ist nicht Geldausgeben cool, sondern es nicht zu tun.« Cool findet sie auch, emotional die Sicherheit zu haben, dass sie durch ein Polster vor so ziemlich allen finanziellen Überraschungen gewappnet ist, was immer auch kommen könnte. »Nicht alles Spitz auf Knopf oder eine Arztrechnung, die ich nicht bezahlen kann.« Sie wollte Geld als Sorgenthema einfach ausschließen.

Das war es ihr wert, unnütze Ausgaben aufzuspüren und sehr bald eine Sparquote von rund 40 Prozent zu haben. Sicherheit und dann die Freiheit, »das ist mir einfach wichtiger, als jetzt 3-mal im Jahr nach Thailand zu jetten«. Eine Zeit lang führte sie ein Haushaltsbuch, um sich einen Überblick zu verschaffen: »Ich habe immer mehr gespart. Das war eigentlich mehr, um es mir selbst zu beweisen, wie hart ich das Thema treten kann.«

Auch hinterfragte sie ihre Gewohnheiten: Alkohol trank sie ohnehin kaum, sie rauchte nicht und brauchte in Berlin kein Auto. Sie hatte keine Zeitschriften abonniert und war in keinem Fitnessstudio angemeldet. Sie schaute jedoch gerne fern – eher eine angewöhnte Routine ohne viel Lebensfreude. »Nach Feierabend habe ich mich erst einmal hingesetzt, etwas rumgezappt, gegessen und bin dann ins Bett. Irgendwann habe ich gemerkt: Hey, da geht so viel Zeit drauf, und ich habe echt andere Ziele im Leben, als GZSZ auswendig zu können«, lacht sie. Bei einem Umzug fiel dann die Entscheidung, das Fernsehgerät gar nicht mehr mitzunehmen. »Ich habe es nie bereut. Das war eher ein befreiendes Gefühl.« Die freie Zeit füllte sie mit Lesen, ein Buch pro Woche. Wenn sie fern schaute, dann gezielt am Laptop: *Tatort* für 90 Minuten. »Das ist einfach eine andere Qualität, wie ich über meine Zeit entscheide.« Aus Autos oder Luxusartikeln macht sie sich nichts. »Ich glaube, ich bin auch sehr befreit von den Urteilen anderer Menschen.«

Geringe Fixkosten helfen

Als besten Spartrick gibt sie an, ein Ziel zu haben, das sie motiviert. Für sie war das die Freiheit, selbst zu entscheiden: »Wenn ich mit 45 nicht mehr arbeiten will, dann arbeite ich mit 45 nicht mehr. Und wenn ich doch bis 80 arbeite, worauf es wahrscheinlich hinauslaufen wird, dann mache ich das auch. Wenn ich mit 37 aufhören will, höre ich eben mit 37 auf.« Das war ihr Ansporn, raus aus der Tretmühle, raus aus diesem Hamsterrad und zu sagen: »Hey, ich reiße mir ein paar Jahre hier den Arsch auf, habe dann aber die Freiheit zu machen, worauf ich Lust habe, oder es halt einfach auch mal sein zu lassen und 3 Jahre nichts zu machen.«

Früher als erwartet erreichte sie rechnerisch durch ihr Unternehmen die finanzielle Freiheit. »Ich könnte mein ganzes Vermögen aus der Firma ziehen und davon leben.« Durch ihre geringen Ausgaben ist sie jedoch nicht auf das Geld angewiesen. Sie entschied, ihr Geld im Unternehmen zu lassen: »Da arbeitet es ja noch viel krasser für mich als am Aktienmarkt.«

Ihr Fokus richtete sich nach Zielerreichung auf etwas anderes: »Was kann ich da eigentlich für einen Einfluss in der Makroperspektive haben?« Von ihrem persönlichen Ziel der finanziellen Freiheit wurde es zu einem unternehmerischen Ziel: Mit ihrem zweiten Unternehmen möchte sie »Frauen in Sachen Finanzen fit machen«. Was sie selbst gelernt hat, gibt sie weiter. Sie glaubt, dass viele Menschen gerne unabhängiger leben möchten, sich aber oft nicht trauen, das anzugehen. Frauen, die noch immer oft weniger verdienen als Männer, sagt sie: »Ja, dann macht eben einfach euer eigenes Business auf.« Sie weiß, dass das nicht für jede etwas ist. Sie möchte wachrütteln: »Wo steht geschrieben, dass ich nicht 50 Prozent meines Einkommens sparen kann? Wo steht geschrieben, dass ich nicht in 3 Jahren Millionärin werden kann?« Es haben schon andere Leute geschafft, warum soll es denn dann für mich unmöglich sein? Das Einkommen stellt für viele eine sehr attraktive Stellschraube dar. Gegen das Argument, die Zeit sei zu knapp, hat sie einen Rat: »Fernseher raus, und du hast schon 4 Stunden mehr am Tag, um dir etwas aufzubauen!«

Je weniger Fixkosten oder sonstige Ausgaben monatlich anfallen, desto eher lässt sich vom eigenen Unternehmen leben: »Ich könnte davon leben, wenn mein Unternehmen 2000 Euro pro Monat bringen würde. Durch das Internet war es noch nie so leicht, etwas nebenher zu verdienen – das ist doch total machbar.« Sie bricht gerne eine Lanze dafür, endlich das eigene Ding zu machen und sich einen passiven Einkommensstrom nebenbei aufzubauen. »Es müssen ja auch nicht alle immer direkt ihren Job an den Nagel hängen. Aber mit so einem Nebengewerbe – ich meine, wenn ich nur irgendetwas finde, womit ich 1000 Euro mehr im Monat verdiene –, ist das super. Die kommen direkt ins Aktiendepot.« Für sie ist das immer noch der schnellste Weg zum Ziel. Es gibt sehr viele Möglichkeiten, aber Natascha glaubt, die meisten sind einfach zu gefangen im Trott aus »Ausbildung, arbeiten bis 67, Rente, vorbei«.

Steigendes Einkommen, sinkende Ausgaben

Durch die erfolgreiche Entwicklung ihrer Unternehmen stiegen Einkommen und Vermögen, ihre Ausgaben jedoch kaum: »Im Gegenteil sogar. Ich bin tatsächlich innerhalb Berlins 2-mal umgezogen und habe immer etwas Günstigeres gesucht und auch gefunden.« Sie wohnt immer noch in der selben Wohnung, für die sie relativ wenig Geld bezahlt. »Hier im dreckigen Wedding«, lacht sie. Gemessen an ihrem Einkommen beziehungsweise Vermögen gibt sie sehr wenig aus. »Ich fahre 2- bis 3-mal im Jahr in den Urlaub, gehe in den Bioladen und kaufe mir dort mein Essen.«

Sie wüsste auch gar nicht, wofür sie mehr Geld ausgeben sollte. Ihr Vorhaben, zum ersten Mal Langstrecke in der First Class zu fliegen, brach sie kurz davor ab: »Jetzt 3000 Euro für den Flug, klar, das könnte ich natürlich machen. Aber irgendwie dachte ich mir dann: Ach komm, die 10 Stunden, da penn ich doch eh, bedenke, was ich stattdessen mit dem Geld machen könnte.« Das Gleiche gilt für das Auto: »Wofür brauche ich in Berlin ein Auto? Ich könnte mir eines kaufen, auch einen Porsche, aber wozu? Ich habe ein Fahrrad, ein Bahnticket, das reicht mir.« Weil Autofahren zu viel Stress ist, freut sie sich, Alternativen zu haben. »Mir geht es eigentlich nicht darum, die Kohle wirklich rauszuhauen, sondern darum, die Wahlmöglichkeit zu haben und mich zu entscheiden: Ich könnte erster Klasse fliegen, wenn ich wollte, aber eigentlich ist es mir das doch nicht wert.«

Was sich in den letzten Jahren geändert hat: Sie gönnt sich mehr Ruhe und Entspannung. Zeit allein, ohne Handy. »Ich fahre gerne in ein gutes Spa, das dann auch 40 Euro am Tag kostet, aber das ist mir dann so was von egal. Meine Apfelschorle und selbst geschmierten Brote bringe ich mir aber trotzdem mit«, sagt sie und lacht. Ihr geht es ja nicht um das gute Essen, sondern um die Ruhe. Im Januar war sie in Afrika, um etwas Neues zu sehen, um Ruhe zu haben. »Ich glaube, alles, was mit Gesundheit, Ruhe und Entspannung zu tun hat – und dazu gehört auch Lesen –, das hat in den letzten Jahren sehr viel an Wert gewonnen bei mir.« Hierfür ist sie gerne bereit, mehr Geld auszugeben.

Kürzlich wurde sie von FDP-Politiker Christian Lindner in dessen Podcast interviewt. Darin sagte sie, spätestens mit 45 in Rente gehen zu wollen. Ob der Plan noch aktuell ist? »Ich glaube tatsächlich, ich muss irgendetwas machen und bin zu getrieben von meiner Mission, als dass ich sagen könnte: Jetzt habe ich meine Millionen verdient, ich stampfe alles wieder ein.« Dafür ist sie zu sehr Unternehmerin: »Ich meine, ich fange gerade erst an, Leute einzustellen. Es wird größer statt kleiner. Aber klar, wahrscheinlich sogar früher als mit 45, stelle ich mir schon in näherer Zukunft auf jeden Fall eine Auszeit vor.« Höchstwahrscheinlich eine Auszeit von mehreren Jahren: Familiengründung, eine Basis schaffen, so lautet ihr kurz- bis mittelfristiger Plan. In einigen Jahren, mit 35 oder 36 könnte sie sich vorstellen, mal die Rente auszutesten. »Bewusst Hausfrau und Mutter zu sein, da habe ich auch ein bisschen Bock drauf. Eine kleine Hütte irgendwo in Bayern mit den Kids und meinem Gemüsegarten, das kann ich mir sehr gut vorstellen.«

Langfristig glaubt Natascha, dass sie jedoch wieder etwas Neues starten möchte, ein Unternehmen oder ein Projekt. »Aber der Gedanke an sich ist natürlich total schön und natürlich auch krasser Luxus, so zu denken, dass ich sage: Mit Mitte 30 hört eigentlich mein Arbeitsleben auf. Aber es ist der Plan, die Freiheit zu haben, es machen zu können.« Ob sie es dann wirklich so durchzieht, steht auf einem anderen Blatt.

Finanzielle Freiheit und dann?

Kritiker fürchten sich davor, dass die FIRE- und Frugalismus-Bewegung immer mehr um sich greift. Die Sorge: Wenn alle genügsam leben, bricht die Wirtschaft zusammen.

Dieser Meinung bin ich nicht: Je mehr Menschen einen bewussten Umgang mit Finanzen und Konsum lernen, desto achtsamer wählen sie aus, wofür sie ihr Geld einsetzen. Die Nachfrage nach Billigware von schlechter Qualität geht zurück, stattdessen steigt die Nachfrage nach Qualitätsprodukten, die langfristig Freude bereiten, statt auf Kurzfristbelohnung abzuzielen. Menschen, die finanziell frei leben, leiden weniger an Unzufriedenheit und Stress, was ihrer Gesundheit dient. Selbst verschuldete Krankheiten wie Fettleibigkeit oder Diabetes würden zurückgehen.

Es braucht einen Plan

Eine andere Befürchtung jedoch ist berechtigt und wird mir auch von anderen Frugalisten bestätigt: Die Zeit nach Erreichung der finanziellen Freiheit sollte gut vorbereitet werden.

Frugalist Lars erzählte mir, dass »die meisten das Glück überschätzen, wenn man nicht mehr für Geld arbeiten muss«. Die finanzielle Unabhängigkeit war für ihn ein riesengroßes Ziel. »Wenn man auf dem Berg ist, geht es erst einmal auf allen Seiten abwärts, und man braucht ein neues Ziel.« Viele sind an einem Arbeitsplatz, an dem sie unzufrieden und gestresst sind, oder in einem Beruf, den sie eigentlich nicht machen wollen. Da gibt es nichts Schöneres, als sich vorzustellen, wie es wäre, 3 Monate einfach nichts zu machen, am Strand zu liegen oder im Biergarten zu sitzen. »Das ist dann auch sicherlich schön für ein paar Wochen, aber irgendwann geht es los, dass einem die Decke oder die Sonne auf den Kopf fällt. Es wird langweilig.« Erholungsphasen sind wichtig für Körper und Geist, aber irgendwann brauchen wir wieder eine Aufgabe. Wenn wir die nicht haben, stellt sich trotz finanzieller Unabhängigkeit eine schleichende Unzufriedenheit ein. Bei Lars kam es so, weil er plötzlich keine sinnvolle

Aufgabe mehr hatte: Direkt nach Erreichen der finanziellen Unabhängigkeit und nach Kündigung seines Jobs, in dem er zunehmend unzufrieden war, unternahm er zwar eine Radtour und besuchte Freunde, doch schon nach wenigen Wochen war er trotz tollem Frühlingswetter unzufrieden. »Das ist auch ein Zeichen des Lebens. Das Leben gibt dir Druck, dass du etwas machst, aktiv bist und wächst.« »Die Aufgabe muss nichts Berufliches sein, es kann auch die Familie oder ein Verein sein.« Lars besuchte viele Seminare und vernetzte sich mit Gleichgesinnten. »Dann habe ich neue Ziele definiert, und dafür stehe ich auch morgens spätestens um 6 Uhr voller Freude und Tatendrang auf.«

Unternehmensberater Thomas merkte nach seiner Kündigung schnell: Freiheit ist nicht immer einfach. »Nach 3 bis 4 Wochen kam ich sehr schnell wieder in einen Rhythmus, produktiv sein zu wollen.« Er fing an, sich selbst Druck aufzubauen. All die Ideen, die sich in ihm angesammelt hatten, wollte er gleichzeitig angehen und ausarbeiten. »Man muss aufpassen, sich damit nicht sein eigenes, neues Hamsterrad zu bauen.« Er fand es interessant, sich selbst dabei zu beobachten und wahrzunehmen. »Insgesamt bemerke ich eine viel höhere Achtsamkeit mir selbst gegenüber, wie ich denke.« Er beschäftigt sich mit den Themen Gesundheit, Ernährung, Schlaf und Selbstreflexion sowie mit der Verwaltung seiner Investitionen. »Nur weil man aus dem Arbeitsleben ausgestiegen ist und nun zeitliche und vielleicht auch finanzielle Freiheit hat, heißt es noch lange nicht, dass man auch mental frei ist.« Das war seine erste Erkenntnis in den ersten Monaten seiner neuen Freiheit.

Robert und Emma White sind sich sicher: »Einfach nur finanzielle Sicherheit zu haben, genug Geld auf dem Konto, wird einen sicherlich nicht sehr lange glücklich machen.« Sie sind nun in einer Phase, in der sie mehr Glück dadurch erreichen können, dass sie positive Veränderungen in ihrer Umgebung bewirken.

»Jeder, der auf dem Weg zur finanziellen Freiheit ist, sollte sich diese Phase gut überlegen. Was kommt nach Erreichung der finanziellen Freiheit, was ist der Plan?« Was würden wir tun? Den Job kündigen? Okay, das ist schnell erledigt. Dann eine Weltreise, für ein Jahr? Wieso nicht. Aber danach? Was erfüllt uns langfristig? »Ich habe den Eindruck, dass viele sich nur die Zeit kurz nach Erreichung der finanziellen Unabhängigkeit überlegen«, meint Emma. Dabei ist es sehr wichtig, langfristig zu denken und sich einen Plan zu machen, was man machen möchte. So befreit man sich nicht nur von etwas, sondern man wechselt gleich in etwas. Robert empfiehlt, dies mit einer begrenzten Auszeit zuvor einmal auszuprobieren.

Live FI, before FI

Hierin erkenne ich meinen eigenen Weg gut wieder. Ich habe die finanzielle Unabhängigkeit noch nicht erreicht. Ich habe ein gutes Polster angespart und investiert, aber unabhängig bin ich noch nicht. Trotzdem habe ich mich entschieden, bereits heute gewohnte Pfade zu verlassen und Neues auszuprobieren. Vielleicht arbeite ich in den nächsten Monaten wieder in einem Angestelltenverhältnis, vielleicht als Freelancer oder Gründer.

Während ich das Buch schrieb, besuchte ich 2019 die Financial Independence Week Europe in Budapest. Ein Teilnehmer, der im Jahr zuvor kurz vor seinem Ziel stand, hatte mittlerweile gekündigt und plante seine neue Freiheit. Ich nahm für mich vor allem ein Motto aus der diesjährigen Veranstaltung mit: »Live FI, before FI!«. Lebe bereits jetzt so, als wärst du finanziell unabhängig, auch bevor du es tatsächlich bist. Genau dafür habe ich mich mit meiner Kündigung entschieden und konzentriere mich auf Tätigkeiten, die mir derzeit viel Freude bereiten. Das ist für mich eine tolle Erfahrung, die ich nicht missen möchte.

Glücklich in ein freies, bewusstes Leben!

Wege und Ziele zur finanziellen Freiheit und zu einem frugalistischen, bewussten Leben können sehr unterschiedlich sein. Peter mochte seinen Job meist, genießt es heute jedoch sehr, seinen Sohn aufwachsen zu sehen. Er hat vor Kurzem einen Coworking-Space gegründet, plant eine Stadt, in der nur Fahrräder fahren, und freut sich auf seine weitere Zukunft in Freiheit. Ich habe den Schritt gewagt und einen sicheren Job als Ingenieur gekündigt, um neue Dinge auszuprobieren. Durch vorsichtige Ausgaben und Investitionen in Aktien mache ich mir finanziell keine Sorgen. Lars arbeitete beim Wetterdienst und war beinahe pleite, als er sein Leben finanziell umkrempelte und seitdem selbstbestimmt lebt. Familie Fischer erfüllte sich einen Traum und bereist seit über einem Jahr mit ihrer Tochter die Welt. Geringverdiener Michael hörte auf zu rauchen und zu trinken und hat weniger finanzielle Sorgen. Ranga kam mit 19 nach Deutschland und arbeitete für ein finanziell sorgenfreies Leben mit Mitte 30. Alexander liebt seinen Zahnarztberuf, strebt jedoch trotzdem die finanzielle Freiheit an, die ihm mehr Lebensfreude schenkt. Sofia aus Wien geht minimalistisch ihrer Leidenschaft nach, ohne ständig ans Geld denken zu müssen. Frugalist Oliver genießt das Leben mit seiner neugeborenen Tochter, arbeitet in Teilzeit und eignet sich neue Fähigkeiten an. Journalist Tim lebt frugalistisch in New York, glücklich und finanziell frei, und schreibt weiterhin aus Leidenschaft, nicht um Geld zu verdienen. Familie White ist nach Rumänien ausgewandert und kümmert sich dort um finanzielle Bildung sowie die Beseitigung von Plastikmüll. Nico genießt die Zeit mit seinem Sohn und möchte mit Mitte 40 die Option haben zu kündigen. Jenny fühlt sich bereits jetzt finanziell sorglos und genießt ihr bewusstes Leben bei geringen Kosten. Thomas aus Zürich konnte sich den Traum von der Selbstständigkeit erfüllen, dank eines guten Umgangs mit Geld, dank Investitionen und dank eines minimalistischen Lebensstils. Vincent aus Hamburg brachte es ohne Studium mit Anfang 40 zu finanzieller Freiheit – und arbeitet jetzt 15 Stunden die Woche, obwohl er auf das Geld nicht mehr angewiesen ist. Unternehmensberater Thomas aus Zürich erreichte die finanzielle Freiheit mit 38 und plant die ersten Schritte in seinem neuen Lebensabschnitt als Privatier. Unternehmerin Natascha investiert ihre Überschüsse in Aktienfonds und in ihre eigenen Unternehmen – arbeiten möchte sie vielleicht bis 80, aber nach ihren Regeln.

Ob mit oder ohne Studium, als Single oder mit Kindern, in New York oder Stuttgart, als Angestellter, Unternehmer, Freiberufler oder digitaler Nomade: Die Voraussetzungen sind unterschiedlich, die Ziele und Wege ebenfalls. In jedem Fall führte der Frugalismus zu einer verbesserten Lebensqualität.

Oft treffen wir unsere Lebensentscheidungen nicht rational. Was ist sinnvoller? Zehn weitere Jahre in einem Job zu verbringen, den wir nicht mögen, um dann eine Extra-Million gespart zu haben, um auf eventuelle Gesundheitsprobleme im Alter vorbereitet zu sein? Oder diesen Job heute zu beenden oder zu wechseln und diese 10 Jahre Lebenszeit zu nutzen, um ein gesünderes, entspannteres Leben mit besseren Beziehungen und neuen Fertigkeiten zu führen? Wir sollten uns mehr auf uns konzentrieren statt auf unseren Kontostand. Gewohnheiten sind mächtig, und wir können sie uns zunutze machen und so die Chance auf ein gutes Leben erhöhen: mehr Glück bei besserer Gesundheit und weniger negativem Stress. Die Lösungen sind simpel, das führt uns eine Zusammenfassung der wichtigsten Bereiche noch einmal vor Augen:

Gesundheit: Unser Gehirn steuert unseren Alltag und unsere Emotionen. Es wird nur dann am besten arbeiten, wenn wir unsere Gesundheit an oberste Stelle setzen: frische, gesunde Mahlzeiten und regelmäßiger Sport, ohne Ausnahme.

Soziale Beziehungen: Harvard-Probanden, die über Jahrzehnte begleitet wurden, zeigten eindrucksvoll, was unser Lebensglück am tiefgreifendsten beeinflusst: soziale Beziehungen. Wenn uns unsere Finanzen ruhig schlafen lassen, wir einer Aktivität nachgehen, die uns gefällt, haben wir mehr Energie für unser soziales Umfeld.

Mentale Gesundheit: Wenn wir darauf achten, womit wir unsere Gedanken füttern, können wir dafür sorgen, dass wir wertvolle, positive Erfahrungen machen. Weiterbildung, Lesen oder Meditation wirken wie ein Fitnessprogramm für unsere mentale Gesundheit. Nicht jeder muss das Fernsehgerät abschaffen, ein Hinterfragen von Gewohnheiten reicht aus.

Wachstum und unbequeme Wege: Wenn wir nicht regelmäßig schwitzen, Neues lernen, kreativ sind und Probleme lösen, leben wir unser Leben nicht intensiv. Indem wir uns regelmäßig aus der Komfortzone wagen und Probleme kreativ lösen, statt sie mit Geld zu bewerfen, werden wir glücklicher und selbstständiger.

Belohnungen und Genuss: In unserer westlichen Welt gibt es ausreichend Wohlstand, um finanziell frei zu werden, auch ohne perfekte Selbstdisziplin. Sobald wir Belohnungen, Genuss und Luxus jedoch als Selbstverständlichkeit ansehen und diese erwarten, verlieren wir. Luxus und Belohnungen sind meist kurzfristige Vergnügen: Wir müssen sie uns gönnen, wenn wir sie uns leisten können. Wir müssen jedoch langfristig auf kein Glück verzichten, wenn wir uns entscheiden, ihnen zu widerstehen.

Frugalismus und die FIRE-Bewegung verkörpern die Idee, unser bestmögliches Leben in allen Bereichen zu führen, nicht nur finanziell. Sie sind keine Religion oder starres System, vielmehr geht es um Selbstwahrnehmung, Experimente und kontinuierliche Verbesserungen. Sie können jederzeit weiterentwickelt werden und jeder entscheidet selbst, welche Ideen er für sich umsetzen möchte. Der Grund, warum in den USA und zunehmend auch in Europa viele Menschen von diesen Konzepten fasziniert sind: Frugalismus und FIRE funktionieren! Leute probieren diese Ideen aus und teilen ihre Erkenntnisse mit Freunden. Glück lautet das Ziel. Dabei geht es um die Frage, wie effizient wir es erreichen können, im Hinblick auf Ressourcen, Lebensqualität und Gesundheit.

Enden möchte ich mit einem Zitat von Peter, der mich zu dem Konzept des Frugalismus und finanzieller Freiheit geführt hat und es treffend formuliert: »Wenn du denkst, dass auch nur die geringsten Schwachstellen hinter der Idee des Frugalismus stehen, hast du das Konzept wahrscheinlich noch nicht ganz verstanden. Der ganze Grund, auch nur eine Idee des Frugalismus umzusetzen, besteht darin, das glücklichste und zufriedenste Leben zu führen, das du dir vorstellen kannst.«[86] Diese Auffassung teile ich und wünsche mir daher für dich, dass du dich inspirieren lässt, neue Anregungen findest und damit dein Leben zu deinem bestmöglichen machst.

Praxisaufgabe: Welche Inspiration nimmst du für dein Leben mit?
- Wie sieht dein bestmögliches Leben aus?
- Was kannst du heute tun, um dein Leben freier und glücklicher zu gestalten?
- Welche finanziellen Ziele hast du? Mache dir einen Plan, wie und wann du sie erreichen möchtest.

Informationen

Online-Videokurs

Obwohl ich Bücher sehr schätze, lerne ich in vielen Fällen einfacher, wenn ich etwas praktisch gezeigt bekomme. Wer so schnell wie möglich ins Handeln kommen möchte, wird im Kurs praktisch angeleitet zu allen wichtigen Themen, um direkt mit dem Vermögensaufbau starten zu können. Hier findest du alle Infos zum Online-Videokurs: www.geldschnurrbart.de/video-kurs.

E-Book

Das E-Book *Deine Finanzen in 7 Tagen. Schritt-für-Schritt den Grundstein für deinen Vermögensaufbau legen* habe ich geschrieben, weil Freunde und Bekannte meist immer dieselben Fragen zum Thema Finanzen und Investieren hatten. Ich wollte all das Rüstzeug, das mir geholfen hat, mit wenig Aufwand einen Überblick über meine Finanzen zu bekommen und mit einfachen Mitteln vernünftig zu investieren, in einem einzigen Buch zur Verfügung stellen. Die angesprochenen Punkte aus diesem Buch setzen wir Schritt für Schritt um: Von der Festlegung deiner Vermögensaufteilung, der Eröffnung des Aktiendepots bis zur Einrichtung eines Sparplans ist alles dabei. Wenn du also Lust hast, noch mehr über das Thema Geldanlage zu lernen und dein Wissen konkret umzuset-

zen, ist das E-Book genau das Richtige für dich. Hier findest du eine Leseprobe und weitere Informationen:
www.geldschnurrbart.de/ebook

Weiterführende Links

Empfehlungen für Giro- und Tagesgeldkonto:
www.geldschnurrbart.de/girokonto-vergleich
Empfehlungen für ein Aktiendepot:
www.geldschnurrbart.de/aktiendepot
Übersicht Investition in P2P-Kredite:
www.geldschnurrbart.de/p2p-kredite
Bücherempfehlungen:
www.geldschnurrbart.de/buecher-ueber-aktien
Facebook-Gruppen:
www.facebook.com/groups/geldschnurrbart
www.facebook.com/groups/frugalisten

Bonus für Rezensenten

Ich hoffe, dass du viel Freude an diesem Buch hattest. Falls du es empfehlenswert findest, würde ich mich freuen, wenn du mir deine Meinung per E-Mail an info@geldschnurrbart.de mitteilst. Schreibe in wenigen Sätzen, was dir am Buch gefallen hat (oder nicht) und wie es dir geholfen hat.

Als Dankeschön erhältst du von mir eine ausführliche Liste mit Quellen, die mich zum Thema Frugalismus, finanzielle Freiheit und Investieren weitergebracht haben. Das sind vor allem Blogs, Bücher, Podcasts, Youtube-Kanäle und Facebook-Gruppen.

Danksagung

Ein besonderer Dank geht an meine Familie und Freunde, die sich den Finanzkram immer anhören und zum Teil sogar lesen müssen.

Die Idee zum Buch stammt neben eigenen Erfahrungen aus unzähligen Blogartikeln, Büchern, Podcasts, Webinaren meiner schlauen Kolleginnen und Kollegen aus dem Austausch auf Seminaren wie der Financial Independence Week Europe sowie Diskussionen auf Facebook in der Geldschnurrbart- und Frugalisten-Community. Danke für die Anregungen, Fragen und das Teilen eurer Erfahrungen!

Auch geht ein großer Dank an meine Interviewpartner, die so offen über Geld, Glück und ihre Erfahrungen gesprochen haben!

Danken möchte ich auch dem Team des Econ-Verlags mit Silvie Horch und Michael Schickerling für das produktive Lektorat und Feedback.

Besonderer Inspirationsdank geht an die Wegbegleiter in der Entwicklung: Peter Adeney (www.mrmoneymustache.com), Oliver Noelting (www.frugalisten.de), Tim Schäfer (www.timschaefermedia.com), Natascha (www.madamemoneypenny.de), Finanzwesir (www.finanzwesir.com), Finanzrocker (www.finanzrocker.net), AktienMitKopf (www.aktienmitkopf.de), Lars Hattwig (www.larshattwig.com), Thomas (www.sparkojote.ch), Vincent (www.freakyfinance.net), Familie White (www.whatlifecouldbe.eu), Familie Fischer (www.reisefamily.com), Sophia (www.youtube.com/sophiacolombo), Jenny (www.exstudentin.wordpress.com), Nico (www.finanzglueck.de), Unternehmensberater Thomas (www.freiheitsmensch.ch), Alexander (www.teleskop-beratung.de), Fortunalista (www.fortunalista.de), Marielle und Mike (www.beziehungs-investoren.de), Lars Wrobbel (www.passives-einkommen-mit-p2p.de), Steffen Kriese (www.wirtschaftleichtverstehen.de), Christof Herrmann (www.einfach bewusst.de) sowie Dominik Fecht (www.finanziell-frei-mit-30.de).

Literatur

Adeney, P. (22. 2. 2013): *Mr. Money Mustache*. Abgerufen am 5. 1. 2019 von www.mrmoneymustache.com.

Adeney, P. (29. 12. 2018): »Opinion: Mr. Money Mustache says Suze Orman has it wrong on financial independence and early retirement«, *MarketWatch*. Abgerufen am 26. 3. 2019 von www.marketwatch.com/story/mr-money-mustache-wants-suze-orman-and-everyone-else-to-understand-these-8-things-about-the-fire-movement-2018-10-05.

Amon, K. (3. 2. 2019): »Das Tiny House ist nicht nur Freiheit auf Rädern«. Abgerufen am 13. 3. 2019 von www.n-tv.de/leben/Wohnen/Das-Tiny-House-ist-nicht-nur-Freiheit-auf-Raedern-article-20826923.html.

Bischoff, C. (28. 10. 2017): »Christian Bischoff Podcast«. Abgerufen am 9. 4. 2019 von medium.com/@bischoffch/sei-zufrieden-aber-gib-dich-nicht-zufrieden-9dc483a4c366.

Bogle, J. (2010): *Was wirklich zählt. Für mich, mein Konto, meinen Job.* Kulmbach: Börsenmedien.

Creditreform Wirtschaftsforschung (13. 11. 2018): »SchuldnerAtlas Deutschland 2018«. Abgerufen am 9. 1. 2019 von www.creditreform.de/aktuelles-wissen/pressemeldungen-fachbeitraege/show/schuldneratlas-deutschland-2018.

Csíkszentmihályi, M. (2010): *Das Flow-Erlebnis. Jenseits von Angst und Langeweile: Im Tun aufgehen.* Stuttgart: Klett-Cotta.

Dudenredaktion (2. 7. 2017): »Geiz«. Abgerufen am 17. 1. 2019 von www.duden.de/rechtschreibung/Geiz.

Duhigg, C. (2013): *Die Macht der Gewohnheit.* Berlin: Piper.

Duhigg, C. (18. 8. 2013): »The Power of Habit: Charles Duhigg at TEDx-TeachersCollege«. Abgerufen am 3. 2. 2019 von www.youtube.com/watch?v=OMbsGBlpP3o.

Fischer, A. (24. 11. 2017): »Studie der Uni Magdeburg. Der innere Schweinhund – jetzt wissenschaftlich untersucht«. Abgerufen am 3. 4. 2019 von www.mdr.de/wissen/mensch-alltag/belohnungen-beeinflussen-entscheidungen-100.html.

Fisker, J. L. (2010): Early Retirement Extreme - A philosophical and practical guide to financial independence. USA: Jacob Lund Fisker.

Gallup (29. 8. 2018): »Die Ergebnisse der bekanntesten Studie zur Mitarbeiterbindung. Engagement Index Deutschland«. Abgerufen am 17. 8. 2018 von www.gallup.de/183104/engagement-index-deutschland.aspx.

Gauger, B. (20. 2. 2019): »Tiny House Dorf ›Seekamp Süsel‹ – Details«, Rolling Tiny House. Abgerufen am 13. 3. 2019 von rolling-tiny-house.de/tiny-house-dorf-brietlingen-details.

Gilbert, D. (2/2004): »Dan Gilbert fragt: Warum sind wir glücklich?«, TED. Abgerufen am 6. 6. 2019 von www.ted.com/talks/dan_gilbert_asks_why_are_we_happy?language=de.

Heinrich, C. (28. 8. 2012): »Langzeitstudie. Wie ein glückliches Leben gelingt«, Spiegel online. Abgerufen am 10. 2. 2019 von www.spiegel.de/gesundheit/psychologie/grant-studie-wie-ein-zufriedenes-leben-gelingt-a-851729.html.

Heller, G. (2014): Der einfache Weg zum Wohlstand. München: Finanzbuch.

Hintze, N. (28. 11. 2015): »Was kostet ein Baby?«, Finanzglück. Abgerufen am 17. 4. 2019 von finanzglueck.de/was-kostet-ein-baby.

Hoffmann, T. (11. 10. 2018): »Knausern für die Rente mit 30«, TAZ. Abgerufen am 20. 1. 2019 von www.taz.de/!5538152.

Hundt, P. (2018): Ich gönn' mir Freiheit. Wie genügsamer Konsum zu weniger Arbeit und mehr Freiheit führt. Leipzig: Eigenverlag.

Irvine, W. (2009): A Guide to the Good Life. New York: Oxford University Press.

Jones, C. (3. 1. 2018): »Das richtige Zitat als Motivation«. Abgerufen am 9. 5. 2019 von www.valyourself.com/zitate-motivation.

Kahneman, D. (2010): Does Money Buy Happiness? A Brief Summary of »High Income Improves Evaluation of Life«. Princeton: PNAS Early Edition.

Kasischke, R. (2016): *Die neue Lehre über Leben und Geld*. Norderstedt: BoD.

Kommer, G. (2007): *Souverän investieren mit Indexfonds, Indexzertifikaten und ETFs*. Frankfurt a. M.: Campus.

Kommer, G. (2018): *Souverän investieren mit Indexfonds & ETFs*. Frankfurt a. M.: Campus.

Konfuzius (4. 3. 2017): »Konfuzius Heute – Gib einem Mann einen Fisch und du ernährst ihn ...«, *Konfuzius sagt ...* Abgerufen am 24. 11. 2018 von www.konfuzius-weisheiten.de/konfuzius-heute/konfuzius-heu-te-gib-einem-mann-einen-fisch-und-du-ern%C3%A4hrst-ihn.

Merten, M. (14. 11. 2017): »Ich gehe mit 40 Jahren in Rente«, *Wirtschaftswoche*. Abgerufen am 12. 3. 2019 von www.wiwo.de/finanzen/vorsorge/frugalist-im-interview-ich-gehe-mit-40-jahren-in-rente/20579240.html.

Mill, J. S. (1. 1. 1907): »On Social Freedom: Or the Necessary Limits of Individual Freedom Arising out of the Conditions of our Social Life«, *Oxford and Cambridge Review*, S. 69.

Networthify (13. 1. 2012): »When can I retire?«, *Networthify*. Abgerufen am 20. 3. 2019 von networthify.com/calculator/earlyretirement.

Orth, C. (29. 11. 2018): »Ruhestand mit 40: Sich jung reich sparen, geht das?«, *mehr/wert*. Abgerufen am 26. 3. 2019 von www.br.de/mediathek/video/mehr-wert-29112018-ruhestand-mit-40-sich-jung-reich-sparen-geht-das-av:5c002f1a6d26b900171da079.

Rindermann, H. (2000): »Hawthorne-Effekt«, *Spektrum*. Abgerufen am 2. 8. 2018 von www.spektrum.de/lexikon/psychologie/hawthorne-effekt/6381.

Robin, V., und Dominguez, J. (2018): *Your Money or Your Life. 9 Steps to Transforming Your Relationship with Money and Achieving Financial Independence*. New York, Penguin.

Schäfer, B. (2003): *Der Weg zur finanziellen Freiheit*. München: DTV.

Schäfer, B. (2012): *Die Gesetze der Gewinner*. München: DTV.

Schäfer, T. (18. 2. 2019): »Deine Emotionen entscheiden über deinen Wohlstand«. Abgerufen am 2. 4. 2019 von timschaefermedia.com/deine-emotionen-entscheiden-ueber-deinen-wohlstand.

Schümann, H. (22. 6. 2017): »Boris Becker und die Pleite. Kann man mit 800 000 Euro im Jahr leben?«, *Tagesspiegel*. Abgerufen am 10. 1. 2019 von www.tagesspiegel.de/gesellschaft/panorama/boris-becker-unddie-pleite-kann-man-mit-800-000-euro-im-jahr-leben/19967690.html.

Sinek, S. (2017): *Find your Why.* New York: Sinek.

Skoeries, M. (9. 5. 2015): »Die Speicherstadt«, *Spiegel online.* Abgerufen am 10. 1. 2019 von www.spiegel.de/auto/aktuell/amsterdam-wo-fahrraeder-das-auto-verdraengen-a-999580.html.

Sofortkredit (2. 12. 2017): »Anteil der finanzierten PKW – 2012 bis 2017«, *Sofortkredit.* Abgerufen am 8. 2. 2019 von www.sofortkredit.org/statistiken/autokredite-zur-finanzierung-von-neu-und-gebrauchtwagen-2017/#Anteil_der_finanzierten_PKW_-_2012_bis_2017.

Stanley, T. J., und Danko, W. D. (2010): *The Millionaire Next Door. The Surprising Secrets of America's Wealthy.* Maryland: Taylor Trade.

Statistisches Bundesamt (29. 1. 2018): »Konsumausgaben und Lebenshaltungskosten«. Abgerufen am 15. 4. 2019 von www.destatis.de: www.destatis.de/DE/Themen/Gesellschaft-Umwelt/Einkommen-Konsum-Lebensbedingungen/Konsumausgaben-Lebenshaltungskosten/_inhalt.html.

Statistisches Bundesamt (12. 4. 2019): »Inflationsrate Deutschland«. Abgerufen am 3. 2. 2019 von de.statista.com/statistik/daten/studie/ 1045/umfrage/inflationsrate-in-deutschland-veraenderung-des-verbraucherpreisindexes-zum-vorjahresmonat.

Statistisches Bundesamt (1. 2. 2019): »Musterhaushalt«. Abgerufen am 7. 5. 2019 von www.musterhaushalt.de/durchschnitt/einkommen-und-ausgaben/singlehaushalt.

Statistisches Bundesamt (1. 1. 2019): »Nettoeinkommen und verfügbares Nettoeinkommen privater Haushalte in Deutschland nach sozialer Stellung in Euro«. Abgerufen am 2. 4. 2019 von de.statista.com/statistik/daten/studie/5742/umfrage/nettoeinkommen-und-verfuegbares-nettoeinkommen.

Stegmaier, G., und Santer, B. (1. 5. 2015): »Auto Restwert 2015. So wird der Wertverlust ermittelt«, *Focus online.* Abgerufen am 10. 11. 2018 von www.focus.de/auto/ratgeber/kosten/tid-21978/auto-restwert-2015-so-wird-der-wertverlust-ermittelt_aid_618333.html.

Twain, M. (1894): *The Tragedy of Pudd'nhead Wilson.* Library of Alexandria.

Umweltbundesamt (1. 8. 2018): »›Earth Overshoot Day 2018‹: Ressourcenbudget verbraucht«. Abgerufen am 28. 3. 2019 von www.umweltbundesamt.de/themen/earth-overshoot-day-2018-ressourcen-budget.

Vaynerchuk, G. (30. 9. 2018): »Stupid Things to Do With Your Money«. Abgerufen am 14. 5. 2019 von www.youtube.com/watch?v=NxT-MC-09ttc.

Vaynerchuk, G. (2. 4. 2019): »The Only 2 Things Stopping People From Doing What They Love«. Abgerufen am 2. 4. 2019 von www.youtube.com/watch?v=iA1Jbj-2W5U.

Wade, P. (1. 2. 2012): »The Trinity Study and Portfolio Success Rates«. Abgerufen am 10. 2. 2019 von retirementresearcher.com/the-trinity-study-and-portfolio-success-rates.

Wagner-Roos, L. (31. 7. 1995): »Das Geheimnis des Glücks«, Focus online. Abgerufen am 1. 3. 2019 von www.focus.de/gesundheit/news/hirnforschung-das-geheimnis-des-gluecks_aid_154078.html.

Waldinger, R. (2013): »What makes a good life«, TED. Abgerufen am 11. 3. 2019 von www.ted.com/talks/robert_waldinger_what_makes_a_good_life_lessons_from_the_longest_study_on_happiness.

Wenzel, E. et al. (2012): Wie wir morgen leben werden: 15 Lebensstiltrends, die unsere Zukunft prägen werden. München: mi-Wirtschaftsbuch.

Anmerkungen

Kapitel 1

1   Adeney, 2013.
2   Ebenda.
3   Ebenda.
4   Robin und Dominguez, S. 5.
5   Gallup, *Gallup Engagement Index Deutschland*, 2018.
6   Statistisches Bundesamt, 2019.
7   Creditreform Wirtschaftsforschung, 2018.
8   Vaynerchuk, 2018.
9   Umweltbundesamt, 2018, S. 1.
10 Robin und Dominguez, 2018, S. 55.
11 Robin und Dominguez, 2018, S. 165.

Kapitel 2

12 Fisker, *Early Retirement Extreme*: Createspace, 2010.
13 Siehe www.whatlifecouldbe.eu/fiwe sowie firehub.eu.
14 Wenzel, 2012.
15 Waldinger, 2013.
16 Waldinger, 2013.
17 Merten, 2017, S. 1.
18 Csíkszentmihályi, 2010, S. 8.
19 Wagner-Roos, 1995, S. 1.
20 Sinek, 2017.
21 Heinrich, 2012, S. 1.
22 Wagner-Roos, 1995, S. 1.
23 Wagner-Roos, 1995.
24 Adeney, 2013.

25 Hoffmann, 2018.
26 *Duden*, 2017.
27 *Duden*, 2017.
28 Adeney, 2013.
29 Hundt, 2018, S. 156.
30 Amon, 2019.
31 Gauger, 2019.

Kapitel 3

32 Kasischke, 2016, S. 103.
33 Adeney, 2013.
34 Pfau, 2012.
35 Statistisches Bundesamt, 2019.
36 Networthify, 2012.
37 Marketwatch, 2018.
38 Networthify, 2012.
39 Bayrischer Rundfunk, 2018.
40 Hundt, 2018, S. 111 ff.

Kapitel 4

41 Name geändert.
42 Robin und Dominguez, 2018, S. XXVIII.
43 Kahneman, 2010, S. 2.
44 Statistisches Bundesamt, 2019.
45 Adeney, 2013.
46 Eigene Darstellung in Anlehnung an Robin und Dominguez, 2018, S. 26.
47 Robin und Dominguez, 2018, S. 27 ff.
48 Bogle, *Was wirklich zählt*, Börsenmedien, 2010, S. 244.
49 Adeney, 2013.
50 Irvine, 2009, S. 173 ff.
51 Adeney, 2013.
52 *Das Streben nach Glück*, 2006.
53 Mill, 1907, S. 69.
54 Schäfer, 2019.
55 Gilbert, 2004.
56 Fischer, 2017.
57 Duhigg, *Die Macht der Gewohnheit*, Berlin, 2013.
58 Duhigg, *Die Macht der Gewohnheit*, 2013.

Kapitel 5

59 Bischoff, 2017.

Kapitel 6

60 Hundt, 2018, S. 171.
61 Stanley und Danko, 2010, S. 40.
62 Beispiel: Geldschnurrbart.
63 *Spektrum*, 2000.

Kapitel 7

64 Name geändert.
65 Statistisches Bundesamt, 2018.
66 Siehe whatlifecouldbe.eu.
67 Hintze, 2015.
68 Robin und Dominguez, 2018, S. 64.
69 Übliche Kilometerpauschale in Deutschland.
70 *Focus*, 2015, S. 16.
71 Bankenfachverband, 2017.
72 Ebenda.
73 Skoeries, 2015.
74 Statistisches Bundesamt, 2019.

Kapitel 8

75 Konfuzius, 479 vor Chr.
76 Jones, 2018.
77 Statistisches Bundesamt, 2019.
78 *Zeit*, 2005.
79 Erweiterte Darstellung in Anlehnung an Kommer, 2018, S. 215.
80 Kommer, 2018, S. 214.
81 Kommer, 2007, S. 320.
82 Mein Erfahrungsbericht ist unter www.geldschnurrbart.de/mintos abrufbar.
83 Twain, 1894, Kapitel 13.
84 Kommer, 2007, S. 102.

85 Eine Ausnahme stellen unabhängige Honorarberater dar, die keine Provisionen erhalten dürfen.

Kapitel 9

86 Adeney, 2013.